Shuzhi Shidai Renli Ziyuan Guanli Shixun Jiaocheng

数智时代人力资源管理实训教程

张爽 ◎ 编著

中央民族大学出版社
China Minzu University Press

图书在版编目（CIP）数据

数智时代人力资源管理实训教程 / 张爽编著. --北京：中央民族大学出版社，2025.7. --ISBN 978-7-5660-2529-6

Ⅰ. F243

中国国家版本馆 CIP 数据核字第 2025H83Q03 号

数智时代人力资源管理实训教程

编　　著	张　爽
责任编辑	舒　松
封面设计	舒刚卫
出版发行	中央民族大学出版社
	北京市海淀区中关村南大街 27 号　邮编：100081
	电　话：(010)68472815(发行部)　传真：(010)68932751(发行部)
	(010)68932218(总编室)　(010)68932447(办公室)
经 销 者	全国各地新华书店
印 刷 厂	北京鑫宇图源印刷科技有限公司
开　　本	787×1092　1/16　印张：22.25
字　　数	330 千字
版　　次	2025 年 7 月第 1 版　2025 年 7 月第 1 次印刷
书　　号	ISBN 978-7-5660-2529-6
定　　价	85.00 元

序 言

在数字经济与智能技术深度融合的时代背景下，人力资源管理正从传统经验驱动转向数据智能驱动。大数据、人工智能等新兴技术正在重塑人力资源管理的理论体系和实践模式。如何借助数智技术实现人力资源管理的精准化、战略化与创新化，已成为组织可持续发展的关键议题。随着数智技术在人才招聘、绩效评估、人才发展等核心领域的深度渗透，行业对具备数智思维和管理技能的专业人才需求呈指数级增长。为适应这一变革趋势，我们编写了《数智时代人力资源管理实训教程》，旨在帮助读者掌握数智时代人力资源管理的新理念、新方法和新技术。

本教程立足数智时代对人力资源管理人才的新要求，在整合人力资源管理知识点的基础上，创新性地融入数据素养培养与数智工具应用内容。全书共十章，涵盖人力资源管理基础、大数据分析、战略规划、工作分析、人才招聘、职业发展、培训开发、绩效管理、薪酬福利及劳动关系等，旨在培养学生运用现代管理理论分析和解决问题的实践能力，全面提升人力资源管理综合实践水平。

本教程的特色主要体现在以下几个方面。

1. 理论与实践深度融合：每章节注重实践方法和技能训练，帮助读者将理论知识转化为实际工作能力。

2. 数智技术创新视角：充分运用大数据、人工智能等技术，展示人力资源管理的数字化转型路径。

3. 系统性和前瞻性：从战略高度构建人力资源管理知识框架，引导读者建立前瞻性管理视野。

本教程适用于高等院校经济管理类专业学生的学习和教学使用，既能够作为实验实训课程的专业教材，也能够作为理论课程的课后辅导。本书也适用于人力资源管理相关从业者和对人力资源管理感兴趣的人士阅读与参考。

希望通过本教程，读者能深入理解人力资源管理的战略价值，掌握现代管理方法，不断提升个人专业能力，为组织的人才战略和可持续发展贡献力量。

本书编写过程中参考了国内外大量教材、专著、相关文章和教学平台资料，谨向所有参考文献的作者表示诚挚的谢意。受限于作者理论水平，书中难免存在不足，敬希专家、读者批评指正，以便后续不断完善。

本书编者

2025 年 4 月

目 录

第1章　人力资源管理概论

学习目标

1. 了解人力资源的定义、特征、相关概念，以及人力资源管理的基本概念、特征、目标和作用。

2. 理解人力资源管理的职能构成，以及人力资源管理所处的内外部环境，并认识数智时代对人力资源管理方式重构的影响。

3. 掌握人力资源管理的基本理论知识，能够辨析相关概念，并初步具备在实际工作中应用这些知识的能力。

1.1　人力资源

1.1.1　人力资源的含义

现代人力资源可从能力和统计两个维度理解。从能力维度看，人力资源是劳动者创造性劳动能力的集合，包括体力与智力。通过技术整合、资源优化配置和价值转化，人力资源能与物质、技术、信息等要素协同，提升组织绩效。这种能力既体现在个体，也反映在群体素质。从统计维度看，人力资源指特定社会经济系统内可供利用的劳动力总量，包括适龄劳动人口数量（潜在劳动力）和有效劳动供给量（实际参与经济活动的人口）。该维度反映了人口资源转化为生产力的潜力，是国家人力资本战略的重要参考。

人力资源的构成可从宏观和微观两个层面理解。宏观上，人力资源以国家或地区为单位统计；微观上，以部门、企业（以下统称为组织）等用人单位为单位计量。人力资源是质与量的统一，质量和数量是衡量其的重要指标。人力资源的质量，即劳动者素质，是完成任务的基础，包括生理素质和心理素质。生理素质涉及体质、体力和精力；心理素质则涵盖文化、智能、品德、心理健康及其他个体素质。人力资源的数量包括以下五个方面。

1. 劳动就业人口：处于劳动年龄之内、正在从事社会劳动的人口。

2. 未成年劳动者或未成年就业人口：尚未达到劳动年龄已经从事社会劳动的人口。

3. 老年劳动者或老年就业人口：已经超过劳动年龄、继续从事社会劳动的人口。

4. 待业人口：处于劳动年龄之内、具有劳动能力并要求参加社会劳动的人口。

5. 暂时未参加劳动的适龄人口：处于劳动年龄之内而未从事劳动的人口，其中包括求学人口、从事家务劳动的人口、服兵役的人口及其他人口。

其中前三类人口属于现实的人力资源，后两类属于潜在的人力资源。

1.1.2 人力资源的特征

1. 生物性

人力资源以人体为自然载体，是具有生命体征的活性资源。其形成、开发与效用发挥均受人类生理机制制约，与个体生命周期紧密相关。

2. 能动性

作为具有主观意识的社会主体，人力资源具有区别于其他生物的特殊能动性，主要体现如下。

（1）自我开发机制：通过终身学习体系实现素质提升，包括正规教育、职业培训和实践经验积累。

（2）职业选择自主：在市场经济条件下，劳动者依法享有职业选择权与流动自由。

（3）劳动创新潜能：通过技术创新、流程优化等创造性劳动持续提升生产效能，这是人力资源价值实现的核心路径。

3. 增值性

相较于自然资源的消耗性特征，人力资源具有显著的边际收益递增特性。

（1）体力增值：科学训练可使生理机能维持高效状态，当然这种增值是有限度的。

（2）智力增值：经验积累与知识更新形成复合增值效应。

（3）协同增值：团队协作产生“1+1>2”的增值效果。

4. 时效性

人力资源开发受生物学规律制约，呈现明显的生命周期特征。

（1）形成期：童年及少年时期为潜在人力资源储备阶段。

（2）开发期：法定劳动年龄为价值创造黄金期。

（3）衰退期：生理机能衰退导致劳动效能递减。劳动效能会随生理机能衰退而降低。不同工种衰退速度不同，脑力劳动者衰退较慢，体力劳动者则衰退较快。因此，人力资源具有时效性，人力资源管理需遵循生物学规律，合理规定劳动年龄，并充分利用劳动适龄期的劳动能力。

5. 再生性

人力资源再生机制包含双重维度。

（1）代际更替：通过人口再生产实现总量补充。

（2）可再生性：人力资源具有可再生性，体现在两个方面：一是生理再生，劳动能力消耗后可通过休息和补充恢复；二是素质再生，劳动者的素质（如知识、技能等）可以通过各种措施提升。这种可再生性要求在使用人力资源的同时，要保障其可再生产，并通过人力资源管理不断挖掘潜力，以充分发挥人力资源的作用。

6. 社会性

人力资源本质上是社会关系的集合，是一种社会资源，属于整个社会。从宏观层面看，人力资源的形成、配置、开发和使用都与社会环境密切相关，是一种社会活动。从微观层面看，人类劳动是群体性劳动，劳动者通常处于不同的劳动集体中，构成了人力资源社会性的基础。

1.1.3 人力资源相关概念辨析

1. 人力资源与人口资源、劳动力资源及人才资源

人口资源是指一个国家或地区的人口总量，是最基本的人口数量。

劳动力资源是指一个国家或地区，在一定时点或时期内，拥有的劳动适龄人口数量，劳动力资源以人口资源为基数。

人才资源是指一个国家或地区中，具有较多科学知识、较强劳动技能，并在价值创造过程中起关键或重要作用的人，是优质的人力资源。

人口资源通过年龄结构筛选、素质优化和价值创造强化，依次转化为劳动力资源、人力资源和人才资源。三者数量上呈递减关系：劳动力资源数量最多，其次是人力资源，人才资源最少。

2. 人力资源与人力资本

人力资本是指体现在人身上，可以带来未来收入的才干、知识、技能和经验，是相对于物质资本而言的。人力资源与人力资本都以人为基础，研究对象都是人的智力和体力，但两者在内涵和本质上有所区别。

（1）人力资本与人力资源在社会价值传导路径上有所不同。人力资本具有投资属性，通过教育、培训等投入产生技能溢价，其价值增值是投资驱动的结果。人力资源则具有要素禀赋属性，通过劳动过程直接创造财富，其价值实现是经济绩效反哺要素优化的过程。

（2）人力资本与人力资源在价值创造过程中的研究视角不同。人力资本侧重于投资收益，研究通过投资形成的技能溢价，关注投资成本与收益的平衡。人力资源则侧重于产出，研究人力资源对经济发展的贡献，关注其对经济增长的推动作用。

（3）人力资本与人力资源在计量维度上存在本质差异，源于资本与资源的经济属性不同。人力资源指一定时空内，能为价值创造做出贡献并可被利用的体力和脑力总和。人力资本则既可从流量角度核算，关注经验积累、技能提升和体能损耗；也可从存量角度核算，关注教育、培训、迁移和健康等方面的投入。

实训 1-1

数智时代人力资源特性与价值

1. 实训目的

（1）了解人力资源质量和数量的衡量指标。

（2）理解人力资源的含义和特征。

（3）掌握人力资源的独特性及数智时代人力资源的核心特征变化。

2. 实训任务

（1）个人任务

课前，请学生在课下仔细阅读背景资料及问题并深入思考，鼓励学生提出具有创新性的问题。

（2）小组讨论与报告

在课堂上，每组 5～7 人展开课堂讨论。要求以小组为单位将达成共识的讨论要点或者关键词抄写在黑板上的指定位置并进行简要报告。

（3）师生互动

在课堂上，老师针对学生的报告与问题进行互动，同时带领学生对关键知识点进行回顾，并对学生提出的观点进行追问，引导学生对问题做进一步思考，激发学生深度学习。

Tips：背景资料及问题

在资源基础理论框架下，人力资源展现出区别于物质资源的独特禀赋：其核心价值不仅在于生物属性的劳动力供给，更源于社会属性的知识创造与情感联结能力。相较于被动配置的自然资源，人力资源具有“能动性”与“边际收益递增性”，但可再生性受制于生理极限与组织开发强度。数字革命正重构人力资源的时空维度，远程办公使人才资源从物理集聚转向分布式存在，云端协作平台催生“数字孪生劳动力”，零工经济则重塑人力资源的产权边界。这种变革激化了人力资源的价值悖论——传统会计体系将其列为成本项，而人力资本理论揭示其资本属性。

(1) 从资源分类视角解析“人力资源”的独特性，探讨人力资源的“可再生性”边界。

(2) 梳理数字时代人力资源的核心特征变化，探讨远程办公趋势对人力资源空间属性的重构。

(3) 人力资源的价值悖论——成本还是资本？

1.2 人力资源管理

1.2.1 人力资源管理的内涵

1. 人力资源管理的概念

人力资源管理旨在有效管理和利用员工的才能与热情，以实现组织目标，最大化经济效益和社会效益。其核心在于如何最有效、最合理地管理人力资源。对于人力资源管理的含义，可归纳为以下五类。

第一类观点侧重于目标导向，认为人力资源管理旨在通过有效管理员工，实现组织目标。

第二类观点则关注过程导向，将人力资源管理视为一系列活动，强调其职能。

第三类观点强调人力资源管理的实体构成，将其定义为与员工相关的制度和政策。

第四类观点从主体角度出发，认为人力资源管理是人力资源部门或管理者的工作。

第五类观点则综合了目标与过程，认为人力资源管理是人事管理的更高阶段。它通过科学、系统的方法，对人力资源的获取、开发、保持和有效利用进行计划、组织、领导和控制，最终实现组织目标。

2. 人力资源管理的特征

（1）人本特征

人力资源管理以人为本，视员工为组织核心资产，关注员工福祉，并通过人文关怀与组织培养，实现人力资源的有效利用。

（2）专业性与实践性

人力资源管理是组织核心管理职能，具有高度专业性，体现在精细的专业分工和深入的专业知识。其价值在于实现组织目标。

（3）双赢性与互惠性

人力资源管理追求组织绩效与员工满意度的双重提升，强调组织与员工的共同利益，从而激发员工的积极性和责任感。

（4）战略性与全面性

人力资源管理是组织高层决策的战略性活动，以员工为基础，以知识员工为中心。它涵盖招聘、任用、培训、发展等全过程，涉及所有人员参与的活动。

（5）理论基础的学科交叉性

人力资源管理融合管理学、心理学、经济学、法学、社会学等多学科理论，这对专业人员的专业素质提出了更高要求。

（6）系统性和整体性

人力资源管理采用系统取向，兼顾技术系统和社会心理系统，强调各项职能之间的一致性以及与组织战略的协同，以支持整体战略目标的实现。

3. 人力资源管理的目标

人力资源管理的目标在于明确其活动所要达成的职责和绩效。它以实现组织目标为基础，同时兼顾员工的个人发展。通过实现组织目标与员工全面发展的协同，最终达成组织和员工的双赢局面。

人力资源管理是组织管理活动的一部分，其最终目标是帮助组织更好地实现其既定目标。不同组织的基本目标都是创造价值以满足相关利益群体的需要。

人力资源是组织运行的第一资源，其六大特征决定了其在组织发展中的关键作用。组织间的竞争，本质上是人力资源的竞争。因此，人力资源管理的目标在于：对组织而言，提高生产力、增强竞争力，进而实现组织目标；对员工而言，提高工作、生活质量和工作满意度，进而实现工作与生活的平衡。

1.2.2 人力资源管理的职能

1. 基于战略的人力资源规划

人力资源规划是组织战略的重要组成部分，是人力资源管理各项工作的起点。其目标是在组织未来发展过程中，使人员需求量与拥有量相匹配，以实现组织目标和个人利益。基于战略的人力资源规划，是在组织战略的指导下，对人力资源需求与供给进行战略性规划，从而促进组织目标的实现。它立足组织战略目标，科学预测人力资源供求关系，有效配置人力资源，并指导人力资源管理的各个环节，确保其与组织的战略方向和目标一致。

2. 基于价值链的岗位分析与评价

岗位分析与评价是现代人力资源管理的基础性工作，通过收集、分析和综合工作信息，全面确认工作整体。基于价值链的岗位分析与评价，则侧重于运用价值链分析方法，关注关键环节的竞争优势。科学的岗位分析与评价对提高效率、推动组织发展至关重要，它影响着组织的定岗定编、薪酬福利、绩效管理、招聘选拔、教育培训和职业发展等多个方面。只有科学全面的工作分析，才能保证人力资源管理活动的成功。

3. 基于组织规划的员工招聘与配置

员工招聘与配置是组织发展的基础，其质量在很大程度上决定了人力资源的质量。员工招聘是指组织通过各种途径获取员工的管理活动，员工配置是将合适的员工安排到合适岗位的过程。招聘与配置必须以组织人力资源规划为前提。基于组织规划的招聘与配置，是在组织规划的指导下，通过科学方法和先进手段，选拔并配置组织所需的人力资源。其核心在于以人为本，选拔和调整人才，并进行高效管理。

4. 基于胜任力的员工职业生涯规划

职业生涯是指个体职业发展的历程。职业生涯规划，也称职业生涯管理，是指个人结合自身情况，为自己确立职业方向、目标，制定行动计划。基于胜任力的员工职业生涯规划，立足于激发员工优势与潜能，结合绩效考核结果，培养员工的核心专长与技能，实现员工与组织共同发展。加强职业生涯管理能够激发员工的自我激励能力，实现员工发展与组织发展的最佳结合。

5. 基于素质模型的员工培训与开发

注重人力资源的培训与开发，是现代人力资源管理的重要特征。成功的培训与开发体系已成为组织核心竞争力的一部分。岗位素质模型作为有效工具，广泛应用于员工培训与开发。通过建立岗位导向的素质模型并评估其对业绩的影响，可以建立起高效的员工培训与开发体系，为组织发展提供人力保障。

6. 基于关键业绩指标的绩效管理

绩效管理是对员工工作表现进行系统、全面的考查与评价，并以此为依据进行奖惩、晋升等管理活动。有效实施绩效管理的关键在于对员工关键业绩的评价，以关键绩效指标为基础，促进组织目标的实现。合理的绩效管理应与组织目标结合，激励员工改进绩效，并公平地分配奖励。绩效管理是人力资源管理的重要组成部分，它能帮助员工明确发展方向，找到不足，并促进员工与组织的沟通交流，融洽关系。

7. 基于绩效与能力的薪酬管理

薪酬管理是现代组织人力资源管理的重要组成部分，它传达组织的价值导向，并与组织发展战略保持一致。基于绩效与能力的薪酬管理，主要根据员工的绩效与能力，结合职务和市场变化设计和调整薪酬。薪酬管理是人力资源管理体系的基本职能，也是组织经营管理的焦点。良好的薪酬制度是组织吸引、保留和激励员工的关键。

8. 基于和谐组织的劳动关系管理

组织劳动关系特指劳动者与所在单位在劳动过程中发生的关系，主要涉及所有者、经营管理者、普通员工和工会组织之间的责、权、利关系。基于和谐组织的劳动关系管理，强调以人为本，树立和谐理念。加强劳动关系管理，旨在规范双方行为，保障权益，维护劳动关系的稳定和谐，促进组织的稳定运行和健康发展。

9. 基于核心职能的人力资源管理第三方服务（外包）

随着市场竞争的加剧，组织对人力资源管理部门提出了更高的要求，使其承担起内部服务供应商、内部顾问和策略家的角色。人力资源管理外包应运而生，因为人力资源部门某些工作具有基础性、重复性和机构化的特点，且咨询服务机构的蓬勃发展提供了外部条件。基于核心职能的人力资源管理外包，旨在使组织专注于战略性核心职能，将日常事务性工作外包给专业机构，从而使人力资源管理部门能够专注于更高层次的开发与管理。

1.2.3 人力资源管理的作用

人力资源是组织运行的第一资源，其可变性会影响各项工作效果。人力资源管理旨在有效解决因人力资源可变性带来的问题，为组织发展提供支持。因此，人力资源管理是组织整体管理的重要组成部分，其在组织中的作用如下。

1. 促进组织各种资源的合理配置

人力资源是组织的重要资源，人力资源管理通过有效地整合人力资源与其他资源，发挥其组合的最大效用，从而促进组织各种资源的合理配置。

2. 提高员工工作的积极性，提升劳动效率

现代人力资源管理注重“以人为本”，通过营造员工乐于接受的工作环境，激发员工的积极性，从而提高劳动效率，为组织创造更大效益。

3. 控制经营成本，增强市场竞争实力

人力资源管理中的人力资源费用规划，通过预算、核算、审核、结算和控制等步骤，对经营人工成本和人力资源管理费用进行整体规划，从而控制经营成本，增强组织的市场竞争实力。

4. 有效利用和节约资源，带动经济效益的提高

人力资源管理通过合理配置资源，避免盲目投入，以科学的方法助力组织经营活动，从而有效利用和节约资源。这有利于资源的充分开发和利用，减少不合理消耗，使组织以较小的资源消耗获取较高的经济效益。

1.2.4　人力资源管理的环境

人力资源管理环境是指影响人力资源管理活动的各种因素。了解管理环境有助于实现人力资源管理与环境的协调。从系统角度来看，人力资源管理环境可分为外部环境和内部环境。

1. 人力资源管理的外部环境是指组织外部影响人力资源管理活动的因素。组织需要根据外部环境的变化，适时调整人力资源管理策略

（1）政治环境是指国家的政治稳定性、政府治理模式及政策法规体系等对组织人力资源管理有影响的各种要素。

（2）经济环境主要指一个国家或地区的社会经济体制、经济发展水平、产业结构、劳动力市场结构等。其中，经济体制和劳动力市场状况对组织人力资源管理活动影响最大。

（3）法律环境是指国家制定或认可的、由国家强制力保证实施的、具有普遍约束力的社会规范，包括法律法规、规章、规定等。任何个人和组织都必须遵守。

（4）技术环境涵盖技术水平、相关政策、创新能力和发展趋势。技术进步对人力资源管理的影响主要体现在管理方式的变革和人力资源需求的改变上，后者又具体表现为对人才数量和质量的不同要求。

（5）竞争环境指的是与本组织争夺相同资源的其他组织。因人力资源是关键资源，组织间的人力资源管理策略会相互影响。

2. 人力资源管理的内部环境，指的是组织内部能够影响人力资源管理活动的因素，这些因素皆可由组织直接控制

（1）组织战略是指组织为适应未来环境变化，对生产经营和持续发展所做的全局性、长远性、纲领性谋划和决策，对组织内部各项工作具有重要指导意义。人力资源管理必须服从并服务于组织战略。

（2）组织结构是组织成员为实现目标，在管理工作中进行分工协作所形成的结构体系，本质上是一种分工协作体系。组织结构影响着人力资源管理的各项活动。

（3）组织生命周期分为创业、聚合、规范化、成熟、再发展或衰退五个阶段，每个阶段的组织结构、领导方式、管理体制和员工心态都有所不同。企业生命周期理论旨在为不同阶段的组织找到与其特点相适应的组织结构形式，以保持发展能力，延长生命周期。因此，在不同的生命周期阶段，人力资源管理的目标、内容和方式也会有所不同。

（4）组织文化是在特定条件下，组织在活动中形成的独特精神财富和物质形态，其核心是价值观念。组织文化对人力资源管理的影响主要体现在管理方式和管理内容两个方面。

实训 1-2

顺丰之道：卓越人力资源管理实践

1. 实训目的

（1）了解人力资源管理的主要活动内容。

（2）理解人力资源管理的概念、作用和职能。

（3）掌握人力资源管理各个模块之间的关系，为今后走向人力资源管理岗位奠定基础。

2. 实训任务

（1）个人任务

课前，请学生在课下仔细阅读背景资料及问题并深入思考，鼓励学生

提出具有创新性的问题。

(2) 小组讨论与报告

在课堂上，每组 5～7 人展开课堂讨论。要求以小组为单位将达成共识的讨论要点或者关键词抄写在黑板上的指定位置并进行简要报告。

(3) 师生互动

在课堂上，老师针对学生的报告与问题进行互动，同时带领学生对关键知识点进行回顾，并对学生提出的观点进行追问，引发学生对问题做进一步思考，激发学生深度学习。

Tips：背景资料及问题

顺丰历经 21 年发展，已成为国内物流行业的领军企业，拥有自有航空和庞大的员工队伍，其发展模式备受关注。顺丰凭借对人力资源的重视，构建了完善的人力资源制度，这与企业的发展壮大密不可分。顺丰的发展历程和内部管理，也因其独特的风格而充满神秘感，并成为行业内的学习典范。

顺丰在人才选拔时格外谨慎。所有岗位的面试通常都要进行 2～4 轮，从初试、笔试、复试到岗前体验，需要经过层层筛选。除了一线快递员和分拣员，其他岗位面试合格率往往低于 10%。员工入职之后，招聘人员会时时对其进行跟踪，入职 3 天后，会对其进行新员工访谈，入职满一个月后进行 2 次访谈。入职一个月内，顺丰会组织新员工座谈会。员工离职后，顺丰会在一个月内进行电话回访。对于员工高流失的分点部，人力资源招聘组会协同员工关系组、分点部负责人进行走访，及时地分析问题并给出相应的报告，制定改善措施。在校招方面，顺丰也是不惜下血本，每年校招遍及全国各大高校集中的城市，对于学生的需求量至少在 2000 人以上。

顺丰内部岗位职责明确，各环节紧密衔接。招聘完成后，培训组负责新员工培训，顺丰高度重视人才培养，总部常年固定承包一些酒店以供培训使用，它的培训同时在线上和线下进行。除了组织全公司常规的新员工培训和业务技能提升培训外，各分部还定期组织回炉培训，针对业务能力或专业技能不足的员工进行专项培训。此外，顺丰还建立了内部大学，独立开发课程、编写教材，并自主研发在线学习系统，同时培养专业的讲师团队。

在人才管理方面，顺丰很早就提出了赛马机制，建立了很完善的人才梯队体系。所以顺丰是围绕体系制度来运行的，而非体系跟着人走。在一些其他公司中，一旦重要岗位有变动，立马会给公司带来不可估量的损失，但是顺丰能将这种损失降到最低。一个年产值上亿的地区，总经理说换就换，而且换掉之后人才储备池里的后备总经理一抓一大把，顺丰人才储备量充足，就连最基层的仓管岗位人力储备也是 1∶2，而且岗位越高比例越大，以保证公司随时有人用。顺丰的人才管理，不仅增强了自己的人才团队，而且让员工自身不断升值，使员工忠诚度越来越高。顺丰大学门口有一句宣传语："谋士如云，将士如雨，"这也印证了顺丰对于人才的重视以及顺丰人才团队的强大。

做好培训和人才管理，是为了让员工不断实现增值，这对员工来说是至关重要的，但是这样还远远不够。马云说过，员工流失无非两个原因：第一是钱给不到位，第二是干得不开心，所以不仅要留住员工的身，还要留住员工的心，给予他们科学、公平、有竞争性的酬劳，才能更好地留住优秀人才。顺丰员工收入高于同行水平，这是众所周知的事情，特别是在北上广深这些一线城市，快递员月收入过万是很普通的事情，特别是每年的 11 月和 12 月。顺丰内部经常开玩笑说，这两个月薪资不过万，出门都不好意思开口。顺丰的企业文化是非常务实和低调的，所以老板或其他管理者既不会给员工画饼，也不会让员工活在宣传口号中，他们会让所有员工脚踏实地地努力工作，给每个人自己所应得的一部分。

顺丰员工的忠诚度很高，而且执行力很强，企业文化就跟老板的性格一样，非常低调又很务实。王卫不会像马云那样激情高昂地演讲，也不像柳传志一样家喻户晓，甚至在百度上很少能找到关于他的照片，但是在顺丰人眼里，王卫就像"神"一样的存在。除了每年的新年寄语之外，内部刊物上很少报道关于老板的新闻。入职十几年的员工，手里拿着"10 年服务奖杯"，却没有见过一次老板的面；有些内部员工借出差的机会，在深圳总部大楼底下偷偷地等待半天，就为了能见老板一面，而且还是远距离偷偷地看一下。就是这么神秘、低调的老板，企业员工数已达到 33 万，而且每年还在以 50%的人员净增长率疯狂扩张。外界对顺丰的认识依旧很模糊，只知道它是一家快递公司，正如王卫给所有人的神秘感一样。

外界对顺丰企业文化的褒贬不一，顺丰就像一座围城。外边的人想进去，进去之后却发现很难适应企业的文化；内部员工想出去，出去之后却又觉得难和社会接轨。有人将顺丰形容为职业经理人的绞肉机，有人怀疑这样的顺丰还能走多远而国内某物流专家却说："给你 10 年时间和 30 亿元，你也打造不出第二个顺丰。"

这就是顺丰的企业文化和顺丰的人力资源管理，严格的招聘流程、完善公平的薪酬体系、强大的人才管理和疯狂的培训，最终造就了强大的企业文化。而正是这样的企业文化，使得顺丰成为国内发展最迅速、净利润高、口碑好、客户满意度高、时效性强和安全性高的快递公司。顺丰还未止步，它还在地产物流、冷链运输、门店、电商产业园和国际电商以及金融保险等领域大步跨进。未来的顺丰，究竟走向哪里，更值得期待。

资料来源：http：//www. 360doc. com/content/16/0124/01/22551567_530139590. shtml.

(1) 什么是人力资源管理？顺丰的人力资源管理者做了哪些具体的工作？

(2) 顺丰的人力资源管理有什么特色，它的这些特色与其快速发展之间存在怎样的关系？

(3) 如果你是顺丰的人力资源管理者，你有什么创新的管理措施能够促进快递员更加积极地工作？

1.3　数智时代与人力资源管理方式重构

数智时代，即数字化和智能化技术快速发展的时代，对人力资源管理产生了全方位且深远的影响。这些影响不仅改变了人力资源管理的模式和方法，还重塑了组织与员工的关系，提升了人力资源的整体效能。

1. 数智化转型驱动下的人才能力重构

数字化转型驱动下，劳动力市场呈现出能力结构快速迭代特征。从业者需构建“T型”复合能力，即深化专业知识，拓展数智化能力，并具备技术迁移能力。同时，员工需发展“技术敏捷性”，通过持续学习适应新兴技术。这种能力重构是组织智能化转型与个体数字素养提升的协同演进，体现为技术赋能与人力资本增值的螺旋上升关系，重塑了现代组织的核心竞争力。

2. 数智化人力资源管理的组织效能重构

数智化人力资源管理系统通过重塑人才遴选、绩效监控和个性化发展，实现了组织效能的重构。人才遴选方面，深度学习算法提升了招聘的效度与信度；绩效监控方面，智能诊断系统实现了实时反馈；个性化发展方面，赛博空间教育场域构建了贯穿职业生命周期的能力认证生态。这种智能化转型是技术接受模型与组织学习理论的协同演进，底层逻辑是算法赋能的决策支持系统与管理者认知框架的交互重构。

3. 数智技术驱动的组织结构转型

数字化转型驱动下，组织结构正从机械式科层制向生物型有机体转变。纵向上，区块链赋能的去中心化决策网络提升了决策响应速度；横向上，数字孪生技术构建的虚拟指挥网实现了跨地理边界的敏捷型组织编织。组织社交图谱分析表明，神经形态计算架构的协作平台提升了知识流动效率，AI代理的中介化沟通缩短了协作耗时。这种变革符合复杂适应系统的演化规律，底层逻辑是数字基座与组织管理的协同重构。

4. 数智化员工体验：战略性重构

在人力资本数字化转型背景下，数智化技术重塑了员工体验管理，从标准化供给向生态化服务跃迁。组织通过构建员工认知情感图谱，实现个性化配置；基于边缘计算的智能排班系统提升了工作生活融合度。这种体验升级符合资源保存理论，其核心在于技术赋能与情感资源再分配的协同效应，员工体验管理也因此成为战略性人力资本增长引擎。

5. 数智化转型：人力资源管理的新挑战

在数智时代，人力资源管理面临多重挑战：技术快速迭代带来的持续学习压力；员工隐私和数据安全保障；人机协作的有效协调；组织文化对新工作方式和管理方式的适应。

实训1-3

基于《“十四五”数字经济发展规划》的人力资源管理变革

1. 实训目的

（1）了解数智化转型中人力资源管理的战略价值。

（2）理解数智化转型中人力资源管理的职能重构。

（3）掌握数智时代人力资源管理从业者的素质能力要求，为今后走向人力资源管理岗位奠定基础。

2. 实训任务

（1）个人任务

课前，请学生在课下仔细阅读背景资料及问题并深入思考，鼓励学生提出具有创新性的问题。

（2）小组调研与报告

课前，每5～7人自由结合成立调研小组。明确小组成员的分工，确定调查访谈对象、内容并拟定调查访谈的问卷，开展实地调查访谈并收集、整理、分析调查访谈材料，形成调查报告。

（3）师生互动

在课堂上，每个小组以PPT的形式展示所有内容，小组互评，教师点评并对学生提出的观点进行追问，引发学生对问题做进一步思考，激发学生深度学习。

Tips：背景资料及问题

数字经济是继农业经济、工业经济之后的主要经济形态，是以数据资源为关键要素，以现代信息网络为主要载体，以信息通信技术融合应用、全要素数字化转型为重要推动力，促进公平与效率更加统一的新经济形态。数字经济发展速度之快、辐射范围之广、影响程度之深前所未有，正推动生产方式、生活方式和治理方式深刻变革，成为重组全球要素资源、重塑全球经济结构、改变全球竞争格局的关键力量。“十四五”时期，我国数字经济转向深化应用、规范发展、普惠共享的新阶段。为应对新形势新挑战，把握数字化发展新机遇，拓展经济发展新空间，推动我国数字经济健康发展，依据《中华人民共和国国民经济和社会发展第十四个五年规划和2035年远景目标纲要》，制定了《“十四五”数字经济发展规划》①。

请仔细阅读国务院国发〔2021〕29号文《国务院关于印发“十四五”数字经济发展规划的通知》（https：//www. gov. cn/zhengce/zhengceku/2022-01/12/content_ 5667817. htm? ivk_ sa=1023197a），思考并回答以下问题。

（1）数字经济给企业带来哪些挑战和机遇?

（2）数字经济对人力资源管理产生何种影响?数智技术赋能背景下人力资源管理的职能重构与价值创造路径为何?

（3）数字经济下人力资源管理从业者该具备什么样的素质能力?

---

① 国务院国发〔2021〕29号文《国务院关于印发“十四五”数字经济发展规划的通知》（https：//www. gov. cn/zhengce/zhengceku/2022 - 01/12/content _ 5667817. htm? ivk _ sa = 1023197a）

第 2 章　人力资源大数据分析与应用

学习目标

1. 了解大数据、大数据时代的基本概念，人力资源大数据及其特点和价值，以及数智时代人力资源管理面临的挑战与机遇。

2. 理解大数据分析在人力资源管理中的应用，以及人力资源大数据分析框架，并掌握不同人力资源业务需求分析的方法。

3. 掌握运用大数据分析方法进行人力资源基本情况、运营能力、效率和风险预警分析，从而支持人力资源决策和优化。

2.1　大数据概述

2.1.1　数据

1. 数据的概念

数据是对客观事件进行记录的可识别符号，是构成信息的基本单位，包括数字、文字、图像、声音等多种形式。数据已成为重要的生产要素，推动组织创新和决策，是组织获取核心竞争力的关键。数据资源与物质资源、人力资源一样，是国家的重要战略资源。数据具有规模报酬递增、非竞争性、低成本复制的特点，能产生倍增效应。

2. 数据的价值

数据的根本价值在于作为信息载体和生产要素，为社会、经济发展赋能，其价值会随着使用和重组而增加。数据的潜在价值往往超出收集者的想象，因此应尽可能长时间地保存数据，并适时共享，以产生更多价值。大数据时代，数据已具备资本属性，成为创造经济价值的重要商品。

3. 数据要素

数据要素是指经过确权、登记，具备资产属性的数据，具有可量化、可定价、可流通、可交易、可使用、可监管等特征，并能应用于生产。数据要素的价值不断提升，为数字经济和数字化转型提供了强大动力。2020年4月，我国印发《中共中央 国务院关于构建更加完善的要素市场化配置体制机制的意见》，正式将数据要素列为五大生产要素之一，与其他要素（土地、劳动力、资本、技术）并列。

4. 数据生产力

数据是人类社会生产要素和生产力的新形态。在数智化时代，数据作为关键生产要素，带动数据生产力快速发展。数据生产力以数据为基础和核心，是人类生产力更高层次的延续，标志着人类生产方式从“以土地为起点”“以劳动为起点”“以资本为起点”向“以数据为起点”深入发展。

2.1.2 大数据与大数据时代

1. 数据爆炸

人类文明的数据量级跃迁始于造纸术与印刷术的发明。进入信息社会后，数据呈现指数级增长。当前，在5G和物联网技术的驱动下，人类正经历第二次数据爆炸式增长，数据生成速率与体量已突破传统治理范式，构成大数据时代的核心特征。

应对大数据时代的挑战，需要设计更灵活高效的数据存储、处理和分析工具。在存储领域，构建大规模分布式存储系统；在网络传输维度，优化路径选择；在数据中心发展方面，开发绿色节能的新一代数据中心。这些技术创新将推动云计算架构的弹性扩展、数据仓库的实时处理能力升级以及数据挖掘算法的突破。

2. 大数据时代

数字时代是社会范式转变的关键时期。它以互联网为基础，利用数字技术重塑生产关系和文明形态，是“互联网+”战略的核心实践，具有以下典型特征。

（1）数字化：数字时代的核心在于信息“脱介质化”，即通过二进制编码将物理世界转化为数字孪生。这彻底改变了知识的生产和传播方式。

（2）数据驱动：在数字时代，数据成为关键的生产要素。组织通过数据分析，深入了解用户、市场和运营情况，从而优化决策、推动创新，并实现个性化、精准化的产品和服务。

（3）超链接拓扑：基于IPv6（互联网协议第6版）和5G技术，数字时代构建了万物互联的网络。这种网络呈现出复杂的生态，既有去中心化的特点，也存在再中心化的趋势。

（4）数字平权：开源架构与API（应用程序编程接口）开放策略降低创新门槛，个体通过数字身份实现价值创造，组织依托云原生架构突破资源约束。

（5）敏捷迭代：技术采纳周期遵循摩尔定律指数级缩短，倒逼主体建立持续学习机制与动态能力体系。

（6）安全与隐私风险：数字时代亦面临一系列的安全和隐私问题，需要确保信息的安全和隐私受到保护，防范网络攻击、数据泄露和滥用。

数字时代的开启对于人们的生产和生活具有重要影响。

（1）传播范式革新：社交网络算法推送重构信息分发逻辑，引发注意力资源配置机制的根本性转变。

（2）产业解构与重构：数字技术的广泛应用推动了产业结构的升级和创新，新兴科技企业的涌现促使传统行业进行数字化转型，推动了经济的快速发展。

（3）全球化进程：数字时代促进了全球化的进程，互联网和数字通信技术使跨国合作更加容易，国际贸易更为便捷，全球文化和经济的交流更加频繁。

（4）生产效率：自动化和人工智能的应用提高了生产效率，生产过程的数字化和智能化使组织能够更高效地生产产品和提供服务。

（5）社交和交流：社交媒体和通信应用的普及使人们能够随时随地进行交流，加强了人际关系，打破了地域和时间的限制，促进了信息共享和合作。

2010 年前后，第三次信息化浪潮推动了大数据时代的到来（见表 2-1）。存储、计算和网络技术的进步，为海量数据的产生、处理和传输奠定了坚实的技术基础，标志着大数据时代的全面开启。

表 2-1　三次信息化浪潮

浪潮名称	发生时间（大致）	主要技术特征	带来的机遇与挑战
第一次信息化浪潮：计算机化	20 世纪 50 年代—80 年代	大型计算机、穿孔卡片、磁带存储、批量处理	机遇：提高效率，解放人力，为更深入的分析和战略决策奠定基础。 挑战：系统复杂，操作难度高，需要专业 IT 人员维护；数据安全性问题；缺乏灵活性，难以适应快速变化的需求。
第二次信息化浪潮：网络化	20 世纪 90 年代—21 世纪初	互联网、局域网、电子邮件、C/S 架构（客户端/服务器架构）、数据库技术	机遇：提高效率，降低成本，增强员工参与感，拓展招聘渠道，提升信息透明度。 挑战：数据安全和隐私保护问题更加突出；系统集成复杂，需要整合不同模块；员工需要具备一定的计算机技能。
第三次信息化浪潮：智能化	21 世纪 10 年代至今	云计算、大数据、人工智能（AI）、移动互联网、社交媒体、物联网	机遇：实现人力资源管理的智能化、自动化，提高决策质量，提升员工体验，增强组织竞争力。 挑战：技术门槛高，需要专业人才；数据安全和隐私保护问题更加复杂；伦理问题（如算法歧视）需要关注；需要改变传统的人力资源管理思维。

人类社会的数据产生方式大致经历了三个阶段：运营式系统阶段、用户原创内容阶段和感知式系统阶段（见图 2-1）。数据产生方式的变革是

大数据时代到来的重要因素。

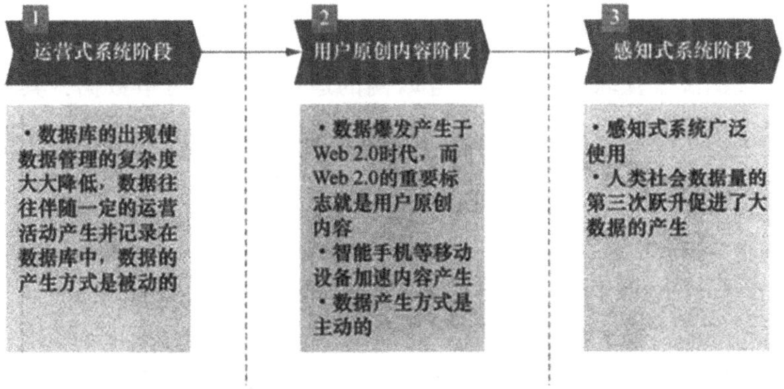

图 2-1 数据生产方式的变革

资料来源：林子雨．数字素养通识教程：大数据与人工智能时代的计算机通识教育［M］．北京：人民邮电出版社，2025：81.

3. 大数据

大数据是指需要新处理模式才能发挥其决策、洞察和流程优化能力的海量、高增长、多样化的信息资产。它源于数据量与现代信息技术的结合，具有四大特征：数据量大、类型多样、处理速度快、价值密度低。

（1）数据量大：从数据量来看，大数据指的是传统技术难以在合理时间内获取、管理和处理的巨量数据。由于其规模庞大，需要可伸缩的计算架构来支持其存储、处理和分析。

（2）数据类型繁多：其数据来源广泛，各行各业每时每刻都在不断产生各种类型的数据。主要分为结构化和非结构化两类。结构化数据约占 10%，主要存储于关系型数据库；非结构化数据约占 90%，包括文本、音视频、社交媒体等。随着消费者、金融、医疗、城市、工业等领域数据的爆发式增长，数据量已从 TB 级别跃升至 PB 级别甚至达到 ZB 级别或 YB 级别，并更多地存储在 NoSQL 数据库（非关系型的数据库）中，这给数据集成带来了新的挑战，需要进行数据转换。

（3）处理速度快：大数据时代的数据产生速度极快，许多应用需要对实时数据进行快速分析，以指导生产和生活。因此，数据处理和分析的速度通常需要达到秒级甚至毫秒级，以满足实时响应的需求。

（4）价值密度低：在大数据时代，许多有价值的信息分散于海量数据之中，其数据价值密度远低于传统关系数据库中的数据。

大数据源于互联网的发展，互联网的运行产生了海量数据，其快速发展也推动了大数据应用的规模化。大数据的发展大致可分为三个重要阶段（见表 2-2）。

表 2-2 大数据发展三阶段

阶段名称	发生时间（大致）	主要特征	典型技术与工具	对业务的影响	面临的挑战
数据收集与初步探索	2000 年代初—2010 年代初	数据量开始爆发式增长，数据来源多样化，传统数据库难以应对，初步探索数据存储和处理技术	Hadoop 生态系统：HDFS（分布式文件系统）存储海量数据；MapReduce（分布式计算框架）处理数据。 NoSQL 数据库：MongoDB，Cassandra，HBase 等，用于存储非结构化和半结构化数据。 ETL 工具：提取、转换、加载（Extract，Transform，Load）数据。	解决数据存储瓶颈：能够存储海量数据，为后续分析奠定基础。 初步的数据分析：进行简单的统计分析和报表生成。 探索数据价值：尝试从数据中发现一些初步的业务规律。	技术门槛高：Hadoop 等技术学习曲线陡峭。 数据处理效率低：MapReduce 框架的效率较低，处理时间长。 缺乏实时性：主要进行离线批处理。 数据质量问题：数据来源多样，数据质量参差不齐。
数据分析与价值挖掘	2010 年代初—2020 年代初	数据分析技术快速发展，机器学习算法广泛应用，关注数据价值的深入挖掘，数据分析成为主流	Spark：内存计算框架，提高数据处理速度。 机器学习库：Scikit-learn，TensorFlow，PyTorch 等，用于构建预测模型、分类模型等。 数据可视化工具：Tableau，Power BI，用于将分析结果可视化。 数据仓库/数据湖：进一步完善数据存储和管理。	深入的数据分析：进行预测分析、聚类分析、关联分析等。 业务决策支持：为业务决策提供数据支撑。 个性化推荐：例如，电商平台的商品推荐。 风险管理：例如，金融风控。 数据驱动的业务转型：开始尝试用数据驱动业务创新。	数据分析人才短缺：需要具备统计学、机器学习等知识的专业人才。 模型解释性问题：部分机器学习模型（如深度学习）的可解释性较差。 数据安全与隐私保护：数据分析过程中需要保护用户隐私。 数据治理问题：数据质量、数据标准等问题需要加强治理。 技术选型复杂：需要根据业务需求选择合适的技术和工具。

续表

阶段名称	发生时间（大致）	主要特征	典型技术与工具	对业务的影响	面临的挑战
数据智能与全面赋能	2020 年代至今	人工智能技术（AI）深度融合大数据，强调数据驱动的智能化应用，关注自动化、实时性和泛在性，数据成为核心生产要素	云计算平台：AWS，Azure，GCP 等，提供弹性计算、存储和分析服务。 AI 平台：TensorFlow，PyTorch 等，提供 AI 开发和部署平台。 边缘计算：将计算任务推向边缘设备，提高实时性。 自动化机器学习（AutoML）：自动化模型选择、参数调优等。 知识图谱：构建知识图谱，实现数据之间的关联和推理。 RPA（机器人流程自动化）：自动化业务流程。	智能化决策：实现自动化决策，例如，智能客服、智能风控。 实时数据分析：实现实时数据分析和响应。 个性化服务：提供更加个性化的服务和体验。 业务流程自动化：利用 RPA 等技术实现业务流程自动化。 数据驱动的创新：数据成为组织核心竞争力，驱动产品和服务创新。	AI 伦理问题：算法歧视、数据隐私等伦理问题需要关注。 技术复杂性：需要掌握多种技术，包括云计算、AI、大数据、物联网等。 数据安全风险：数据安全风险更加复杂，需要加强安全防护。 人才需求更高：需要具备 AI、大数据、业务等多方面知识的复合型人才。 数据治理难度增加：数据量更大，数据来源更复杂，数据治理难度增加。

大数据对社会发展产生了深远影响，主要体现在以下几个方面：大数据驱动决策模式变革，提升国家治理能力，促进信息技术与各行业深度融合，并不断催生新技术和新应用。

4. 大数据技术

大数据技术是处理海量结构化、半结构化和非结构化数据的关键技术，涵盖了数据的采集、存储、分析和应用。从数据分析全流程来看，大数据技术主要包括数据采集与预处理、数据存储与管理、数据处理与分析、数据可视化以及数据安全与隐私保护等几个方面（见表 2-3）。

表 2-3 大数据技术各层面及其功能

技术层面	核心功能
数据采集与预处理	该层面主要负责从多种异构数据源（如数据库、日志文件、传感器、API 接口等）实时或批量获取原始数据，并进行初步处理。核心功能包括：通过工具（如 Kafka、Flume）实现高吞吐量数据流采集，利用 Sqoop、DataX 完成结构化数据的批量迁移；对原始数据进行清洗（去重、缺失值填充、异常值检测）、格式标准化（时间戳统一、编码转换）以及敏感信息脱敏，确保数据质量满足后续分析需求。
数据存储和管理	针对海量数据的持久化存储和高效管理，支持结构化、半结构化和非结构化数据。核心功能涵盖：采用分布式文件系统（如 HDFS、AWS S3）存储原始数据，使用关系型数据库（MySQL、PostgreSQL）管理事务型数据，NoSQL 数据库（MongoDB、Cassandra）处理高并发读写；通过数据仓库（Snowflake、Redshift）实现结构化数据的历史分析，数据湖（Delta Lake）支持原始数据灵活存取；元数据管理工具（Apache Atlas）追踪数据血缘和生命周期。（注：数据血缘是专有名词，人名数据谱系）
数据处理与分析	完成数据的计算、转换及深度挖掘，包括批处理、流处理和机器学习。核心功能涉及：使用 MapReduce、Spark 进行离线批量计算（如 ETL 流程），通过 Flink、Kafka Streams 实现实时流处理（如用户行为分析）；利用 SQL 引擎（Hive、Presto）执行交互式查询，OLAP 工具（ClickHouse、Doris）支持多维分析；集成机器学习框架（TensorFlow、PyTorch）构建预测模型，结合 Spark MLlib 进行分布式模型训练和特征工程。
数据可视化	将分析结果转化为直观的可视化图表或仪表盘，辅助决策。核心功能包括：通过 BI 工具（Tableau、Power BI）生成交互式报表（如销售趋势图、用户画像），利用开源库（ECharts、D3. js）开发定制化可视化界面；实时监控场景中采用 Grafana 展示时序数据（如服务器性能指标），地理信息系统（GIS）工具实现空间数据地图化呈现。
数据安全和隐私保护	确保数据全生命周期的机密性、完整性和可用性。核心功能涵盖：通过加密技术（AES、TLS）保护数据传输和存储安全，基于 RBAC（角色权限控制）和工具（Apache Ranger）管理数据访问权限；采用脱敏技术（如数据掩码）隐藏敏感信息，结合差分隐私（Differential Privacy）和联邦学习（Federated Learning）实现隐私计算；合规性审计工具（如 Apache Atlas）记录数据操作日志，满足 GDPR 等法规要求。

5. 大数据应用

大数据应用已渗透到各行各业，无处不在。大数据价值创造的关键在于其应用。随着大数据技术的快速发展，大数据应用不断深化，并呈现出多样化的发展趋势（见表 2-4）。

表 2-4　大数据在各个领域的应用情况

领域	应用情况
制造业	大数据技术通过连接生产线传感器、生产执行系统（MES）及供应链数据，实现智能制造优化。例如，利用设备振动、温度数据预测机械故障（预测性维护），减少停机损失；结合历史生产数据与 AI 算法优化工艺参数（如注塑成型温度调控），提升良品率；通过供应链数据分析（如供应商交货周期、原料价格波动）动态调整采购策略，降低库存成本。
金融业	在风险管理领域，银行通过整合用户交易数据、征信记录及社交媒体行为，构建反欺诈模型（如随机森林算法），识别可疑交易的准确率；量化投资机构利用自然语言处理（NLP）分析新闻舆情与财报数据，驱动高频交易策略；保险业借助车联网数据（如驾驶行为、路况信息）实现动态保费定价，提升风险客户识别效率。
医疗健康	医院通过整合电子病历（EMR）、医学影像（CT/MRI）及基因测序数据，辅助疾病诊断。例如，深度学习模型（如 ResNet）提高肺癌 CT 图像的检测准确率；穿戴设备实时监测患者心率、血糖数据，结合 AI 预警系统降低急性病症发生率；在药物研发中，利用分子结构数据库与机器学习筛选潜在化合物，缩短新药研发周期。
零售与电商	基于用户浏览、购买历史及地理位置数据，构建个性化推荐系统（协同过滤算法），提高转化率；通过客流热力图分析（视频监控+Wi-Fi 探针）优化门店货架布局；供应链端利用销量预测模型（时间序列分析）动态调整库存。
交通运输	城市交通管理部门通过融合 GPS 轨迹、摄像头及气象数据，实时预测拥堵路段（神经网络图），动态调整信号灯配时；物流企业利用路径优化算法（遗传算法）规划配送路线，降低燃油成本；航空领域分析发动机传感器数据，实现故障预警（如涡轮叶片裂纹检测），减少维修成本。
能源与环保	电网公司通过智能电表数据监测用电负荷，结合天气预测调整发电计划（如风电/光伏波动性补偿），降低能源浪费；环保部门利用卫星遥感数据（如 MODIS）与地面传感器监测空气质量，定位污染源；石油勘探中，地震波数据与机器学习结合识别油气储层，提高钻井成功率。

续表

领域	应用情况
农业	农业物联网（IoT）系统整合土壤湿度、光照强度及气象数据，指导精准灌溉与施肥；无人机航拍图像结合计算机视觉（如 YOLO 模型）检测病虫害；市场行情预测模型（ARIMA）分析历史价格与气候数据，帮助农户选择最佳作物品种。
教育	教育机构通过分析学生在线学习行为（如视频观看时长、习题正确率），构建知识掌握度模型，个性化推荐学习内容（如 Khan Academy 自适应系统）；利用 NLP 技术自动批改作文并生成反馈；高校招生部门结合历史录取数据与社会经济指标优化生源结构。
政务	政府部门整合社保、税务、公共安全等多源数据，实现“一网通办”服务（如上海“随申办”），压缩办事流程；通过舆情监测系统（爬虫+情感分析）预警群体性事件，提升响应速度；经济决策支持系统融合宏观经济指标（GDP、CPI）与企业经营数据。
文娱与媒体	视频平台（如 Netflix）基于用户观看偏好与内容特征数据，优化内容推荐与版权采购策略；游戏公司通过玩家行为日志分析（如关卡失败率、道具使用频率）动态调整难度设计，提升付费转化率；新闻机构利用 AI 生成热点报告内容提高生产效率。
安全领域	大数据技术在网络安全、公共安全和数据隐私保护中发挥关键作用。例如，网络安全公司通过分析网络流量日志（如 DNS 请求、API 调用）识别异常行为（如 DDoS 攻击特征），利用机器学习模型（如孤立森林算法）实时检测入侵行为；公共安全部门整合摄像头、社交媒体及通信数据，构建犯罪预测模型（如时空聚类分析）；个人数据隐私保护中，采用差分隐私技术（如 Apple 的 iOS 本地化模型训练）确保用户行为数据脱敏，防止信息泄露。
个人生活	大数据技术深度融入日常生活场景：智能家居系统（如 Amazon Alexa）通过分析用户语音指令与行为习惯，自动调节室内温度、灯光亮度，降低能耗；健康管理应用（如 Apple Health）整合穿戴设备数据（心率、睡眠质量）与电子病历，生成个性化健康建议（如运动计划调整）；出行导航软件（如 Google Maps）实时融合交通流量、事故报告与用户位置数据，动态规划最优路线，缩短通勤时间；社交媒体平台（如 TikTok）基于用户互动数据（点赞、停留时长）优化内容推荐算法。

基于数据开发利用的深度差异，大数据应用可划分为三个递进层级。

第一层级为描述性分析，其核心在于通过数据归纳和特征提取，构建可视化表征，旨在回答“发生了什么”的问题，从而完整呈现事物的演变过程。

第二层级属预测性分析，依托关联规则挖掘和模式识别技术，揭示变量间的统计相关性，构建预测模型，从而回答“可能发生什么”的问题，实现态势预判。

第三层级系指导性分析，基于前序认知构建决策仿真系统，通过方案推演与效果模拟，提供“应当如何决策”的优化建议。

目前，大数据应用实践中，描述性和预测性分析已较为成熟，而指导性分析等深度应用尚未形成规模效应。从决策科学角度看，人类决策流程包括认知现状、预测未来、选择策略三个阶段，分别对应大数据应用的三种分析层级。随着应用层级的深化，计算机系统在数据处理和模型构建等环节的自主性增强，分析效率和决策价值也随之提升。因此，兼具预测精准度与决策智能度的深层次应用将是未来技术演进的核心方向。

大数据产业是指所有支持大数据组织管理和价值发现的经济活动的总和。该产业涵盖多个环节，包括 IT 基础设施层、数据源层、数据管理层、数据分析层、数据平台层和数据应用层（见表 2-5）。

表 2-5　大数据产业环节

环节	简　介
IT 基础设施层	这是大数据产业的基石，提供支撑整个数据处理流程的硬件和基础软件环境。它包括计算资源、存储资源和网络资源。计算资源提供数据处理的算力，存储资源用于海量数据的持久化存储，而网络资源则保障数据在不同节点之间的快速传输和交换。这一层级的稳定性和性能直接影响着整个大数据系统的效率和可靠性。例如，它需要支持大规模并行计算，满足高并发的数据访问需求，并提供灵活的资源伸缩能力以应对业务量的变化。
数据源层	数据源层是数据的来源，涵盖了各种各样的数据产生方式和数据类型。数据可以来自结构化数据库、半结构化数据（如日志文件、JSON 文件），以及非结构化数据（如文本、图像、音频、视频）。数据源的范围非常广泛，包括组织内部的业务系统、外部的互联网数据、传感器数据、社交媒体数据等等。这一层级的关键在于数据的采集、接入和初步清洗，确保数据的质量和多样性，为后续的数据处理和分析提供可靠的输入。

续表

环节	简介
数据管理层	数据管理层负责对来自不同数据源的数据进行整合、存储、清洗、转换和治理，确保数据的质量、一致性和安全性。它包括数据仓库、数据湖、数据治理平台等。数据仓库通常用于存储结构化数据，并支持复杂的查询和分析；数据湖则可以存储各种类型的数据，包括原始数据和经过处理的数据，为数据科学家和分析师提供更灵活的数据访问方式；数据治理平台则负责定义数据标准、监控数据质量、管理数据安全和合规性。这一层级的目标是构建一个统一的、可信赖的数据资产，为后续的数据分析和应用提供支持。
数据分析层	数据分析层是利用各种分析方法和工具，从数据中提取有价值的信息和知识。它包括描述性分析、诊断性分析、预测性分析和指示性分析等。描述性分析用于总结过去发生的事情，诊断性分析用于找出问题的原因，预测性分析用于预测未来的趋势，指示性分析则用于指导决策。这一层级依赖于各种分析工具和算法，例如统计分析、机器学习、深度学习等，将数据转化为洞察力，帮助组织做出更明智的决策。
数据平台层	数据平台层提供一个统一的、可扩展的、易于管理的数据处理和分析平台，支持数据从采集、存储、处理到分析的全流程。它通常包括分布式计算框架、数据存储系统、数据处理引擎、数据可视化工具等。例如，分布式计算框架可以支持大规模并行计算，数据存储系统可以存储海量数据，数据处理引擎可以进行数据清洗、转换和整合，数据可视化工具可以将分析结果以图表的形式呈现出来。这一层级的目标是降低数据处理和分析的复杂性，提高效率，并为用户提供自助式的数据分析能力。
数据应用层	数据应用层是将数据分析的结果应用于实际业务场景，创造价值。它包括各种各样的应用，例如个性化推荐、风险控制、客户关系管理、智能制造、智慧城市等。数据应用层需要根据具体的业务需求，将数据分析的结果转化为具体的行动方案，并与组织的业务流程相结合。这一层级的目标是实现数据的商业价值，例如提高销售额、降低成本、改善客户体验、优化运营效率等等。

6. 大数据与其他新兴数字技术

云计算、物联网、大数据、人工智能、区块链和赛博空间等新兴数字技术相互关联，共同驱动数字经济发展。物联网产生海量数据，云计算提供存储和计算能力，大数据技术深度挖掘数据价值，人工智能赋予机器自主决策能力，区块链保障数据安全可信，赛博空间则构建沉浸式数字空间。这些技术协同创新，推动科技进步和产业升级。

2.1.3 大数据分析

大数据分析是指利用先进技术和方法，从海量、多样、快速增长的潜在价值数据中提取信息、洞察模式、发现规律并预测趋势的过程。大数据分析流程包括五个递进式工作阶段，形成一个完整的知识发现闭环。

1. 业务理解与问题定义：理解业务问题，确定数据分析与挖掘的目标。

大数据分析的第一步是理解业务场景。通过深入研究行业运作机制、组织架构和业务流程，梳理业务难点。明确问题后，进行问题分析，提出并验证假设，从而准确把握业务需求，为后续分析指明方向。关键在于建立“问题域”与“数据域”的对应关系，例如，利用 5W2H 分析法明确核心需求，形成可量化的分析指标体系。

2. 数据采集与整合：确定数据来源，收集方法，制定数据收集方案。数据来源主要分为内部和外部。

内部数据收集方法有：

（1）信息管理系统采集：从组织内部已有的信息管理系统中提取相关数据。

（2）上报数据：由各部门或人员按照规定向上汇报的数据。

（3）问卷调查：设计问卷，向特定对象发放，收集他们反馈的数据。

（4）深度访谈：与相关人员进行深入交流，获取更详细、深入的数据。

外部数据收集途径包括：

（1）第三方发布：例如专业数据机构定期发布的数据报告。

（2）网络搜索：通过搜索引擎，查找公开的相关信息。

（3）爬虫软件采集：利用专门编写的爬虫软件，在网页上抓取数据。

（4）程序语言爬取：借助编程语言编写程序，实现对网络数据的爬取。

3. 数据预处理：数据预处理是将收集到的原始数据转化为适合分析的格式。这一过程包括多种操作，例如缺失值处理、异常值处理、数据集成、数据变换、降维和数据消减等，目的是使数据更加规范、统一，为后续分析做好准备。

（1）数据清洗是数据预处理的关键步骤，旨在提高数据质量，解决数据中的错误、重复和不一致问题。

①缺失值处理，如删除、填充或重新获取缺失数据。

②噪声数据处理，如分箱平滑、聚类去噪、回归去噪，以消除异常波动和孤立点。

③解决数据不一致问题，如去重、去除不合理值和修正不一致数据。

（2）数据集成是将来自不同数据源的数据整合到统一的数据库中，以提高数据挖掘的速度和质量。数据集成主要解决以下问题。

①模式集成，统一不同数据源的数据结构和定义。

②数据冲突检测与消除，通过检测规则解决数据不一致问题，选择可靠数据源或进行数据合并。

③冗余数据处理，清洗、去重、补充缺失值，确保数据的准确性和完整性，避免误导分析结果。

（3）数据变换是将数据转换为更规范、更适合分析的格式，例如标准化，使不同量级的数据能够在同一标准下进行分析。

①平滑噪声处理，如分箱、聚类和回归。

②聚集（合计）处理，进行数据总结或合计。

③数据泛化（概化）处理，用更抽象的概念替代低层次数据。

④规范化（规格化）处理，将属性数据按比例投射到特定范围。

⑤属性构造处理，根据现有属性集构造新属性。

（4）数据规约（数据消减）旨在从海量数据中获取精简数据集，同时保留关键信息，减少处理量，不影响分析结果。主要策略包括如下。

①数据立方体聚集，用于构造数据立方体。

②维规约，消除无关、弱相关或冗余属性。

③数据压缩，利用编码技术压缩数据集。

④数值规约，用更简单的数据表达形式替代原有数据。

⑤离散化与概念层次生成，利用取值范围或更高层次概念替换初始数据，从而挖掘不同抽象层次的模式知识。

4. 数据分析与挖掘：大数据处理的核心步骤，包括数据分析、数据挖掘模型构建、模型评估与优化和数据可视化。数据分析为数据挖掘奠定基础，数据挖掘是数据分析的深化。分析与挖掘的结果通常通过可视化方式呈现，以便更直观地发现数据中的未知信息，并进行交互处理。

（1）数据分析是指通过统计分析方法，深入研究数据，提取有用信息并得出结论。其核心在于揭示数据中的模式和趋势，侧重于描述性分析和解释性分析，以理解现有数据并揭示其背后的规律。常用的方法包括统计学方法和基础的机器学习算法。

（2）数据挖掘是在数据分析的基础上，通过算法从大量数据中搜索隐藏信息。它选择和开发合适的算法模型，侧重于预测性分析和发现性分析，旨在发现新的、有价值的知识并预测未来趋势。常用的方法包括更高级的机器学习算法，如聚类、分类、关联规则挖掘和异常检测。数据挖掘还涉及特征工程、模型评估和模型优化等深入步骤。

（3）数据分析与挖掘主要采用机器学习和深度学习技术。

①机器学习使计算机从数据中学习并进行预测或决策，分为监督学习、无监督学习和强化学习，常用算法包括回归、分类和聚类。典型的机器学习流程包括数据收集、预处理、特征工程、模型选择、训练、评估和部署。常用的机器学习方法包括深度学习、支持向量机、决策树和朴素贝叶斯等。

②深度学习是机器学习的分支，通过多层神经网络处理复杂数据。机器学习流程包括数据收集、预处理、特征工程、模型选择、训练、评估和部署。常见任务类型包括：回归分析、分类分析、聚类分析、文本分析（情感分析、意见挖掘、倾向分析）和时间序列分析。

回归分析通过考察自变量对因变量的影响，建立模型并进行预测。常见的回归算法包括一元线性回归、多元线性回归、岭回归和弹性回归等。

分类分析将对象按照预定义的类别进行分类，属于监督学习。分类器需要由人工标注的分类数据训练。常见的分类算法包括逻辑回归、支持向量机、决策树和朴素贝叶斯等。

聚类分析是无监督学习方法，根据相似性原则将数据集中的个体分组，形成不同的类别（或称为簇）。其目标是自动发现数据中潜在的结构和模式，常见的聚类算法包括 K 均值聚类、层次聚类和密度聚类等。

文本分析、情感分析、意见挖掘和倾向分析是对带有情感色彩的主观性文本进行分析处理，例如词云词频分析、主题分析等。

时间序列分析是将同一统计指标的数值，按时间先后顺序排列而成的数列，主要用于根据历史数据预测未来趋势，例如ARIMA算法（自回归积分滑动平均法）。

（4）数据可视化：数据可视化，广义上是将抽象信息转化为易于理解的视觉形式。狭义上，它利用计算机图形学和图像处理技术，将数据转化为图形或图像，并通过交互式分析，帮助我们发现数据中隐藏的知识。这项技术融合了计算机图形学、图像处理、计算机视觉等多个学科，是研究数据表示、数据处理和决策分析的综合方法。

①数据可视化具有直观性、交互性、洞察力和沟通性四大特征。直观性通过图形化方式简化复杂信息；交互性允许用户探索数据，进行深入分析；洞察力帮助用户发现数据中的模式和关联，从而获得新见解；沟通性则确保分析结果清晰、有说服力，促进有效沟通和决策。

②数据可视化常用的理论模型包括：视觉编码模型，将数据属性映射到视觉元素；交互设计模型，关注用户与可视化界面的交互，设计直观易用的操作。

③数据可视化工具包括：通用工具（如Tableau和Power BI），操作简便，功能强大；编程工具（如Python的Matplotlib、Seaborn、Plotly和R语言的ggplot2），功能灵活，可定制性高；Web前端框架（如D3. js），能创建高度定制化、交互性强的可视化应用。此外，还有满足特定领域需求的专业工具，如GIS用于地图可视化，医学影像处理软件用于医学图像可视化。

④数据可视化图表类型：柱状图（比较不同类别数据）、折线图（展示数据随时间变化的趋势）、饼图（展示各部分在整体中的占比）、散点图（展示两个变量之间的关系）、漏斗图（展示流程转化率）、树状图（展示多个类别的数据，突出占比）、热力图（通过颜色深浅表示数值大小）。选择图表时，应结合数据类型、要传达的信息和目标受众，选择最合适的图表类型。

5. 报告撰写：撰写大数据分析项目报告时，需要重点关注知识发现与应用建议。

（1）标题：反映报告的核心主旨。

（2）目录：展现报告的逻辑结构。

（3）前言：阐述报告目的、背景、待解决的问题、分析方法、数据来源，并给出总结性结论。

（4）正文：逻辑清晰，层次分明，结论明确。通过可视化图形、挖掘分析等手段呈现分析结果，并进行解释说明，最终提出合理的建议或改善策略。

通过以上步骤，可以从复杂数据中提取有价值的信息，并转化为可操作的洞察，从而为决策提供支持。

实训 2-1

探索大数据：从观察报告到数据分析

1. 实训目的

（1）了解数据、大数据、大数据时代的定义、特征和发展趋势，以及大数据分析的基本概念。

（2）理解大数据时代对社会、经济和科技发展的影响，以及大数据分析在不同领域的应用场景。

（3）掌握数据获取、清洗、存储、分析和可视化的基本流程，并能够运用常用工具进行初步的数据分析实践。

2. 实训任务

（1）个人任务

课前，请学生在课下仔细阅读背景资料及问题并深入思考，结合自身生活和学习，观察并记录大数据在不同场景下的应用，撰写一份大数据时代观察报告，包含观察场景描述、数据应用分析、个人体验和思考，报告字数：800～1000 字。

（2）小组调研与报告

课前，每 5～7 人自由结合成立调研小组。明确小组成员的分工；选择一个感兴趣的领域并提出一个具体的研究问题；从公开数据源中选取相关数据集，利用一款简单易用的数据分析工具，进行数据导入、清洗、分析和可视化，形成调查报告，包括研究问题描述、数据来源和描述、数据预处理方法、分析方法、分析结果和讨论、结论和建议等内容，字数3000～5000字。

(3) 师生互动

在课堂上，每个小组以PPT的形式展示所有内容，小组互评，教师点评并提出改进建议，引发学生对问题做进一步思考，激发学生深度学习。

Tips：背景资料及问题

大数据时代不仅是技术上的变革，更是一场深刻的社会变革。随着互联网、移动互联网、物联网以及云计算等技术的飞速发展和广泛应用，我们每时每刻都在产生海量的数据。这些数据来自社交媒体的互动、电子商务的交易、传感器的监测、科学研究的实验……其规模之大、增长之快、类型之多样，都远超以往任何时代。面对如此庞大的数据资源，如何从中提取有价值的信息，成为一个关键问题。这正是数据分析崛起的背景和意义所在。数据分析是指运用适当的统计分析方法、机器学习算法以及可视化技术，对收集来的数据进行处理、分析、解读，从而发现数据中隐藏的规律、趋势、关联，并形成有洞见的结论。数据分析是一门技术，更是一门艺术，它需要我们具备敏锐的洞察力、严谨的逻辑思维和扎实的专业知识。通过数据分析，企业可以更精准地了解客户需求、优化运营流程、预测市场趋势；政府可以更有效地制定公共政策、提升社会治理水平；科研机构可以更快地发现新的科学规律、推动科技进步。数据分析的应用已经渗透到我们生活的方方面面，并深刻地改变着各行各业。例如，在电子商务领域，个性化推荐、精准营销、销量预测等都离不开数据分析；在金融行业，风险控制、量化交易、客户关系管理等都依赖于数据分析；在医疗健康领域，疾病预测、个性化治疗、药物研发等都得益于数据分析；在交通运输领域，智能交通管理、路线规划、自动驾驶等都以数据分析为基础。此外，在公共安全、城市管理、环境保护、教育科研等领域，数据分析也发挥着越来越重要的作用。可以说，数据分析已经成为我们认识世界、改造世界的重要工具。

仔细阅读并思考以下问题。

(1) 大数据时代对社会发展有哪些积极和消极的影响?

(2) 未来大数据技术的发展趋势是什么? 大数据分析在哪些领域有广泛的应用前景?

(3) 如何保护个人隐私, 避免大数据滥用?

(4) 大数据分析在人力资源管理专业领域有哪些应用?

2.2 人力资源大数据应用

2.2.1 数智时代人力资源管理面临新挑战与机遇

1. 大连接

人与人、人与组织、组织与组织、人与物、物与物之间的连接日益增强。这种充分连接给管理带来了复杂性挑战，个体关系的重构成为新的研究课题。

2. 数字化

数字技术的应用催生了许多跨界和颠覆性的案例。数字经济的特征更多体现在工作和生活中沟通协作等方面的数字化。

3. 智能化

新技术不仅改变了用户习惯，也深刻影响了组织文化。智能化技术的成熟给组织的生产经营方式、管理方式以及组织文化带来了新的挑战。

4. 新人类

90 后 00 后为主的新一代员工成为劳动力市场的主力军。他们更注重尊重和参与，难以接受程式化的管理模式。如何激发他们的活力，使其更好地为组织服务，成为新的挑战。

5. 员工体验

新一代员工更关注员工体验和精神激励，强调深度参与、及时反馈和评价。营造良好的员工体验，成为组织管理者面对新一代员工的首要任务。

6. 未来组织

在多重因素的共同作用下，我们所处的环境发生了巨大变化。组织结构不再局限于传统的科层制，而更应向适应全链接的去中心化或扁平化组织转变。

2.2.2 人力资源大数据的价值

为应对大连接、数字化、智能化、新人类、员工体验和未来组织等因素带来的挑战，人力资源大数据通过大数据思维与技术，对人力资源规划、招聘、培训、绩效、薪酬、组织与人才运营等进行分析，为人力资源运营与决策提供支持，从而推动组织发展。其价值主要体现在以下三个方面。

1. 深度洞察，数据驱动决策。在数据时代，人力资源部门需要提供更精确的建议，以协助高层管理和经理开展业务。人力资源分析部门将成为变革核心，基于复杂算法，提出与业务相关的信息和建议。

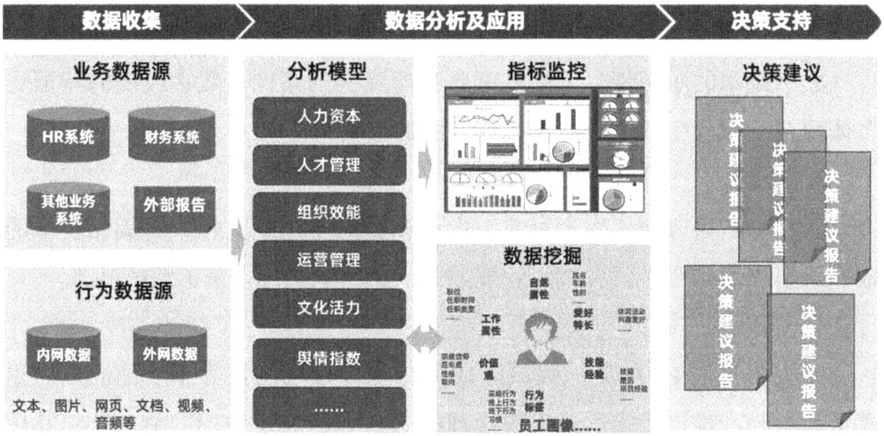

图 2-2 数据驱动决策流程

资料来源：《新道 DBECloud：数智实践教学平台》

2. 尊重差异，个性化精细化管理。大数据能精准捕捉员工个体差异。组织可为员工量身定制职业发展路径与工作安排，实现个性化管理。这不仅提升员工满意度，还能充分挖掘员工潜力，提高整体效能。

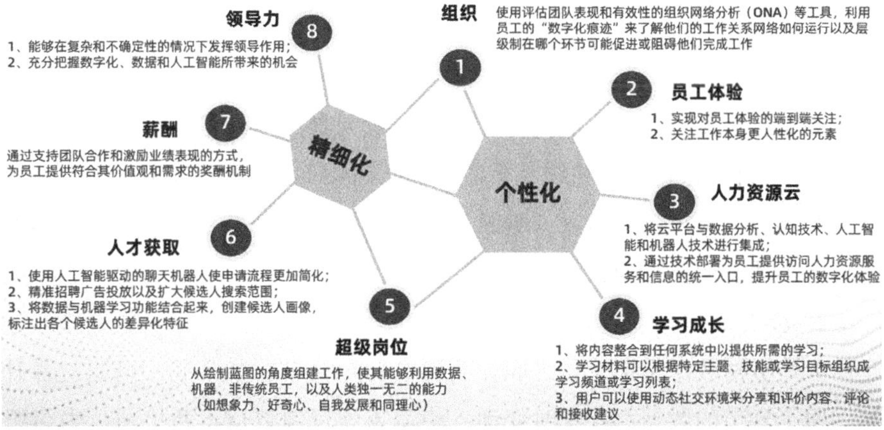

图 2-3　个性化、精细化管理模式

资料来源：《新道 DBECloud：数智实践教学平台》

3. 智能服务，人力资源服务智能化。借助大数据与人工智能技术，组织可构建智能人力资源服务平台，自动处理烦琐事务，如智能筛选简历、自动安排培训课程。同时，通过智能分析提供实时决策支持，推动人力资源服务向智能化迈进。

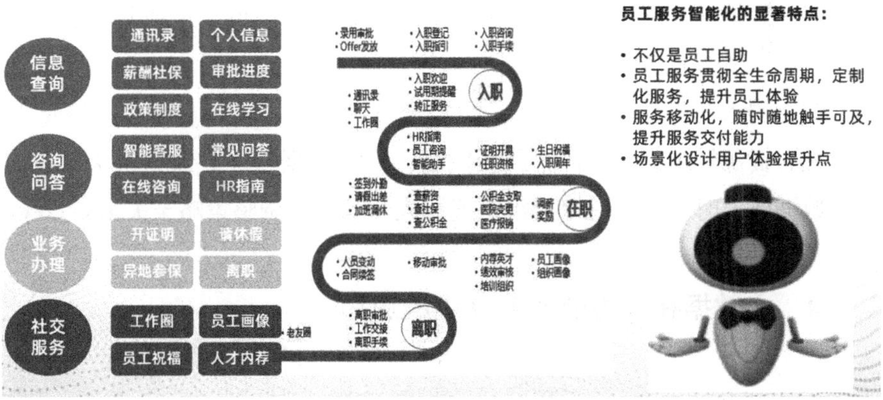

图 2-4　人力资源管理智能化服务

资料来源：《新道 DBECloud：数智实践教学平台》

2.2.3 人力资源大数据的特点

1. 相关性

数据融合，构建全方位视角。人力资源大数据分析需要整合组织内部HR数据、外部数据以及组织经营数据。HR内部数据反映员工状态，外部数据提供行业人才趋势信息，组织经营数据则与人力资源策略的成效相关联，三类数据相互影响，构建全方位视角。

2. 动态性

人力资源数据贯穿于员工职业生涯的各个环节，如入职、离职、晋升等。每个环节的数据都会实时变动，使得人力资源数据不断更新，为组织实时掌握员工情况提供依据，助力组织及时调整管理策略。

3. 分散性

人力资源数据分散于人力资源各部门、组织内部其他部门以及外部机构。这种分散状况增加了整合难度，因此组织需建立高效的数据收集与管理系统，以便充分挖掘人力资源大数据的价值。

4. 多样性

人力资源数据来源广泛，涵盖结构化数据（如员工档案、绩效报表）、半结构化数据（如XML报告）和非结构化数据（如员工反馈邮件、社交媒体评论）等多种类型。

5. 时效性

人力资源管理决策需依据最新数据，过时数据可能导致错误决策。因此，数据的实时性和及时性对组织把握人才动态、调整策略至关重要。

2.2.4 大数据在人力资源管理中的应用

1. 人才招聘环节

在人才招聘领域，大数据可整合多渠道数据，构建人才画像。通过分析过往优秀员工数据，画像涵盖专业技能、工作经验、教育背景、性格特质等多维度信息。招聘时，将候选人数据与人才画像比对，能快速筛选出匹配度高的潜在人选，提高招聘效率与精准度。

2. 员工培训与发展

大数据助力组织制定个性化员工培训计划。通过分析员工日常工作数据，分析员工技能短板与发展潜力。例如，针对数据分析能力薄弱的员工，推送数据分析课程；针对沟通协作能力待提升的员工，安排团队合作训练。通过定制化培训，可以显著提升员工能力，推动组织业务发展。

3. 绩效管理评估

大数据使绩效管理更加客观公正。它整合多方数据，如上级评价、同事互评、客户反馈、工作成果量化数据等，全面评估员工绩效。例如，在销售部门绩效评估中，综合考虑销售额、客户满意度、新客户开发数量等。如此，能更精准地评估员工对组织的贡献，激发其工作积极性，并为薪酬调整和晋升决策提供可靠的参考。

4. 员工留存与离职预测

组织可利用大数据预测员工离职风险，从而主动采取措施。通过分析员工的工作满意度、职业发展、薪酬水平以及外部市场数据等，可以评估离职的可能性。针对高风险员工，组织可以提前沟通，例如调整薪酬、提供晋升机会或改善工作环境，以降低人才流失率。

实训 2-2

解码人力资源大数据：洞察、赋能与创新

1. 实训目的

（1）了解数智时代对人力资源管理的影响，以及人力资源大数据的基本概念。

（2）理解人力资源大数据的价值、特点。

（3）掌握数据技术在人力资源管理各模块中的应用。

2. 实训任务

(1) 个人任务

课前，请学生在课下仔细阅读背景资料及问题并深入思考，鼓励学生提出具有创新性的问题。

(2) 小组调研与报告

课前，每5～7人自由结合成立调研小组。明确小组成员的分工，通过网络搜索、文献查阅等多种方式，深入调研数智时代背景下人力资源管理领域正在发生的新趋势、面临的新挑战以及蕴藏的新机遇。调研内容应包括但不限于数字化招聘与人才测评、智能培训与发展、绩效管理数字化、员工关系与敬业度管理数字化以及人力资源共享服务中心等方面的变革。最终形成3000～5000字调研报告，报告内容应涵盖调研的具体内容、对这些变革的分析总结，以及小组的观点和深入思考。

(3) 师生互动

在课堂上，每个小组以PPT的形式展示所有内容，小组互评，教师点评并对学生提出的观点进行追问，引发学生对问题做进一步思考，激发学生深度学习。

Tips：背景资料及问题

人力资源大数据具有显著价值，能够提高人力资源管理的效率和科学性，并为企业战略决策提供有力支持。通过挖掘、分析海量的人力资源数据，企业可以实现更精准的人才画像，优化招聘流程，提高人才选拔的准确性；可以根据员工的技能和兴趣进行个性化培训，提升培训效果；可以预测员工的绩效表现和离职风险，提前采取干预措施；还可以优化薪酬福利体系，提高员工满意度和敬业度。例如，谷歌公司利用大数据分析员工的绩效数据和行为特征，预测员工的离职倾向，并采取针对性的措施留住人才；IBM公司利用人工智能技术分析员工的技能和职业发展路径，为员工推荐个性化的学习资源和职业发展机会；联合利华公司利用大数据分析招聘广告的投放效果，优化招聘渠道，降低招聘成本。这些成功的应用实例表明，人力资源大数据已经成为企业提升人力资源管理水平、增强核心竞争力的重要工具。

仔细阅读并思考以下问题。

（1）人力资源大数据与传统人力资源数据相比有哪些优势？

（2）如何利用人力资源大数据提升企业竞争力？

（3）人工智能在人力资源管理中最有潜力的应用场景是什么？

（4）在应用人力资源大数据时，需要注意哪些伦理和法律问题？

2.3 人力资源大数据分析

2.3.1 人力资源业务需求分析

人力资源业务需求分析是指系统、全面地识别和记录组织在人力资源管理方面所面临的业务问题、目标、需求和期望的过程，是一项战略性和系统性的工作。它连接了组织的业务战略、人力资源战略和具体的人力资源管理实践，为人力资源部门提供了决策依据，指导了人力资源管理流程的优化、人力资源系统的建设和实施以及人力资源服务的改进。其目标是确保人力资源管理活动和系统能够有效地支持组织的战略目标，提高人力资源管理的效率和效果，并最终提升组织的整体绩效。主要包括以下几个方面。

1. 组织战略与人力资源战略的对齐。确定组织战略目标，分析组织对人力资源的需求，确保人力资源战略与组织战略一致。分析重点包括组织使命、愿景、价值观、业务模式、竞争环境、发展战略等。

2. 人力资源管理流程需求。分析组织现有的人力资源管理流程，识别流程中的问题和改进机会，定义优化的流程需求。分析重点包括招聘与选拔、培训与发展、绩效管理、薪酬福利、员工关系和劳动合同管理等。

3. 人力资源数据与报告需求。确定组织需要收集、存储和分析的人力资源数据，以及需要生成的报告类型和内容。分析重点包括员工基本信息、绩效数据、薪酬数据、培训数据、离职数据、考勤数据等。

4. 人力资源管理系统功能需求。结合以上需求，定义人力资源管理系统需要具备的功能，包括核心功能和扩展功能，如招聘管理、培训管理、绩效管理、薪酬管理、员工自助服务、报表分析等。

5. 合规性需求。确保人力资源管理活动严格遵守相关法律法规及行业标准，包括但不限于劳动法、社会保险法、个人信息保护法以及反歧视政策。

6. 用户需求。了解不同用户群体（如 HR 部门、管理者、员工）对人力资源管理的需求，包括易用性、个性化等方面，如用户角色、工作职责、使用场景、工作习惯等。

人力资源业务需求分析方法包括访谈、问卷调查、流程分析、标杆分析、工作坊和原型设计等（见表 2-6）。分析完成后，需要将结果整理成需求文档，作为后续系统选型、实施和优化的重要依据。需求文档通常包括项目背景、业务需求、用户需求、非功能需求、需求优先级、术语表及附录。

表 2-6 人力资源业务需求分析方法

分析方法	方法	优点	注意事项
访谈	与组织内部的关键人员进行一对一或小组访谈，了解他们的需求、期望和问题。	能够深入了解用户的想法和观点，获取详细的信息。	访谈前应做好充分的准备，制定访谈提纲；访谈过程中应注意倾听和引导，鼓励用户表达真实的想法。
问卷调查	设计问卷，向组织内部的员工发放，收集他们对人力资源管理各个方面的看法和需求。	能够覆盖范围广，收集大量数据；可以进行量化分析。	问卷设计应简洁明了，问题应具有针对性；问卷发放应注意匿名性和保密性。
流程分析	绘制现有的人力资源管理流程图，分析流程中的瓶颈和问题，识别改进机会。	能够直观地展示流程，发现流程中的问题。	流程图应清晰、准确地反映实际流程；流程分析应注重发现流程中的效率低下环节。
标杆分析	了解行业内其他优秀组织的人力资源管理实践，借鉴他们的经验，为组织的需求分析提供参考。	能够学习先进的实践经验，提高分析的视野。	选择合适的标杆组织，确保标杆组织与组织的业务模式和规模相似；标杆分析应注重差异化分析，找到适合组织的改进方案。

续表

分析方法	方法	优点	注意事项
文档分析	审查组织现有的相关文档，如组织战略、人力资源战略、规章制度、流程文件等，了解组织的目标和现状。	能够获取组织的历史信息和政策文件，为需求分析提供背景资料。	文档分析应注重信息的真实性和可靠性；文档分析应与访谈、问卷调查等方法结合使用。
工作坊	组织相关人员参加工作坊，通过头脑风暴、讨论等方式，共同分析需求，达成共识。	能够促进沟通和协作，提高分析效率。	工作坊应有明确的目标和议程；工作坊应选择合适的参与者。
原型设计	设计人力资源管理系统的原型，让用户体验，并收集他们的反馈，逐步完善需求。	能够让用户直观地了解系统功能，提高需求的可理解性。	原型设计应注重用户体验；原型设计应根据用户的反馈进行迭代。

2.3.2　人力资源大数据分析框架

人力资源大数据分析框架是一套系统化方法论和技术体系，用于整合、处理、分析和应用各类人力资源数据，以支持组织的人力资源管理决策与战略制定。该框架旨在将海量、多样化、高速增长的人力资源数据转化为有价值的洞察，从而提高人力资源管理的效率、效果和战略价值。其核心组成部分通常包括以下几个方面。

1. 人力资源数据源：识别并整合组织内外部的各类人力资源相关数据。

数据来源广泛，可分为内部数据（如员工基本信息、绩效、薪酬、考勤、培训、招聘、员工关系、离职等数据）和外部数据（如行业薪酬、市场招聘、社交媒体、经济、竞争对手、政府统计等数据）。

这些数据通常具有多样性（结构化、半结构化、非结构化）、海量性、高速性、低价值密度的特点。

2. 人力资源数据存储与管理：选择合适的存储技术和管理方法，以确保对收集到的人力资源相关数据进行高效、安全、可靠的存储、清洗、整合和管理。

在技术层面，鉴于人力资源数据的多样性和复杂性，通常会采用多种存储方案：数据仓库用于存储结构化数据；数据湖用于存储原始、半结构化和非结构化数据；NoSQL 数据库用于存储非结构化数据；Hadoop、Spark 等大数据处理平台用于处理和分析海量数据，例如，对员工的离职倾向进行预测分析。

在管理层面，人力资源数据存储与管理包括数据清洗、数据整合、数据安全、数据治理和数据质量控制等关键环节。数据清洗处理缺失值、异常值和错误数据；数据整合合并来自不同系统的数据；数据安全确保数据不被未授权访问和泄露；数据治理建立数据管理的规范和流程；数据质量控制持续监控和改进数据质量。

其最终目标是确保人力资源数据的完整性、准确性、一致性和安全性，从而为后续的数据分析和建模提供高质量的数据基础，确保分析结果的可靠性。

3. 人力资源数据分析与建模是人力资源大数据分析的核心。它利用多种数据分析方法和建模技术，从大量人力资源数据中提取有价值信息。通过分析数据，可发现其中的规律、趋势和相互关系，从而为人力资源管理决策提供可靠的科学依据。

其常用分析方法如下。

(1) 描述性分析，描述人力资源数据的基本特征，提供对现有状况的整体认知。

(2) 诊断性分析，探究人力资源数据背后的深层原因，找出问题根源。

(3) 预测性分析，预测未来的人力资源趋势和结果，以辅助制定前瞻性策略。

(4) 规范性分析，为人力资源管理提供优化方案和行动建议，以实现管理目标。

其常用建模技术如下。

(1) 统计分析，包括回归分析、方差分析、相关性分析、时间序列分析等，用于分析不同人力资源变量之间的关系和趋势。

(2) 机器学习，包括聚类分析、分类分析、关联规则挖掘、决策树、支持向量机、神经网络等，用于构建更智能的预测模型和发现隐藏的数据模式。

(3) 文本挖掘，包括情感分析、主题分析、关键词提取等，从非结构化文本数据中提取信息。

(4) 网络分析，尤其是社交网络分析，可以用于理解员工之间的关系，识别团队中的关键人物和信息传播路径。

该环节的目标是发现数据中的规律、趋势和关联，从而为人力资源管理决策提供科学依据。

4. 人力资源数据可视化与报告旨在将复杂的人力资源数据分析结果转化为直观、易于理解的形式，并最终生成可供人力资源决策者参考的报告。

通过利用 Tableau、Power BI、FineReport、Excel 等数据可视化工具，将人力资源数据转化为各种类型的图表，如柱状图、折线图、饼图、散点图等，以及更具交互性的仪表盘和地图，从而清晰地展现人力资源数据之间的关系和趋势。例如，柱状图可以用来比较不同部门的员工流失率、不同职位的薪资水平；折线图可以用来追踪员工满意度、招聘时间的变化；饼图展示员工的年龄结构、学历构成；散点图分析员工的绩效与工作年限之间的关系；漏斗图展示从简历筛选到最终录用的转化过程；树状图展示不同部门的员工数量、不同技能的员工占比；热力图展示员工的绩效分布、不同时间段的离职率等。

这些可视化成果可融入各类人力资源报告中，例如，招聘分析报告、培训效果评估报告、薪酬分析报告、员工满意度调查报告等，帮助决策者快速把握关键信息，提升决策效率。

5. 应用与反馈：将数据分析的成果转化为实际行动，并驱动人力资源管理的持续改进。

在应用过程中，需要收集应用效果的反馈，评估分析结果的准确性和有效性，并根据反馈进行持续改进，最终形成一个持续改进的闭环，从而不断提高人力资源管理的效率和效果。

2.3.3 人力资源基本情况分析

人力资源基本情况分析是指对组织内部人力资源状况进行全面、系统地调查、收集、整理、分析和评估的过程。它通过量化和定性的方法，深入了解组织的人力资源结构、分布、素质、能力、效率、成本等方面情况，包括静态的人力资源总量与结构分析和动态的人力资源变动分析，通常涵盖以下几个方面。

1. 人员结构分析：包括员工数量、年龄、性别、学历、职称、工作年限、部门分布等，分析人员结构的合理性，为组织结构调整、人员配置提供依据。

2. 人员素质分析：评估员工的知识、技能、能力、经验等，包括员工的教育背景、专业技能、培训经历、职业资格等，分析员工素质与岗位要求的匹配度，为招聘、培训、晋升提供参考。

3. 人员流动分析：分析员工的入职、离职、异动情况，包括员工的招聘渠道、离职原因、离职率、员工流失率等（见表 2-7），评估人员流动的健康程度，为招聘策略、员工关系管理、薪酬福利调整提供支持。

表 2-7 人员流动分析主要指标

主要指标	定义	公式	说明
流动率	报告期内组织流动人数占总人数的比率。	流动率=（报告期内流入员工总数+报告期内流出员工总数）/报告期内平均员工总数 * 100%	反映组织与员工队伍稳定的重要指标。
净流动率	报告期内组织员工总数的变化量与期初员工总数的比率。	净流动率=（报告期期末员工总数-报告期期初员工总数）/报告期期初员工总数 * 100%	反映了组织人员规模的净增长或净减少。

续表

主要指标	定义	公式	说明
离职率	报告期内组织离职员工总数与平均员工总数的比率。	离职率=（报告期内离职员工总数/报告期内平均员工总数）＊100% 其中，平均员工总数=（期初员工总数+期末员工总数）/2	衡量人员流失情况最常用的指标，可以按月、季度或年度计算。高离职率可能表明组织存在管理问题、薪酬不具竞争力或员工满意度低等问题。
主动离职率	报告期内员工主动提出的离职人数与平均员工总数的比率。	主动离职率=（报告期内主动离职员工总数／报告期内平均员工总数）＊100%	反映员工对组织的满意度，因为员工是主动选择离开。
被动离职率	报告期内组织因裁员、解雇等原因导致员工离职的人数与平均员工总数的比率。	被动离职率=（报告期内被动离职员工总数／报告期内平均员工总数）＊100%	反映组织对员工的淘汰和管理力度，过高的被动离职率可能表明组织管理存在问题。
知识型员工离职率	报告期内组织知识型员工的离职人数与知识型员工平均总数的比率。	知识型员工离职率=（报告期内离职的知识型员工总数／报告期内知识型员工平均总数）＊100%	反映了组织知识型员工的流失程度，是衡量组织留住核心人才能力的重要指标。
新进率	报告期内新入职员工总数与平均员工总数的比率。	新员工入职率=（报告期内新入职员工总数／报告期内平均员工总数）＊100%	反映组织的人员补充能力，用于衡量招聘效果。
内部变动率	报告期内组织内部发生岗位调整、职务晋升、职务调动、轮岗等内部变动的员工总人数与平均员工总数的比率。	内部变动率=（报告期内发生内部变动的员工总数／报告期内平均员工总数）＊10	反映了组织内部员工的流动活跃程度和职业发展机会。
内部晋升率	报告期内通过内部晋升的员工总人数与总晋升人数的比率。	内部晋升率=（报告期内内部晋升员工总数／报告期内总晋升员工总数）＊100%	反映组织对内部员工的培养和发展，以及员工的职业发展机会。

4. 人员效率分析：评估员工的工作效率和工作绩效，包括员工的出勤率、工作时间、工作量、绩效考核结果等，分析员工的工作效率为绩效管理、激励机制设计提供依据。

5. 人员成本分析：分析人力资源相关的各项成本，包括薪酬福利、培训成本、招聘成本、离职成本等，评估人力资源成本的投入产出比，为薪酬管理、预算控制提供支持。

6. 人员满意度分析：调查员工对工作环境、薪酬福利、晋升机会、管理方式等方面的满意度，了解员工的心理感受和需求，为员工关系管理、组织文化建设提供参考。

2.3.4 人力资源运营能力分析

人力资源运营能力分析，是指运用系统性的方法，对组织人力资源部门在招聘、培训、绩效管理、薪酬福利、员工关系等核心人力资源管理职能上的运作效率、效果和价值进行全面、客观地评估和诊断的过程。它旨在识别人力资源运营中存在的优势、劣势、机会和威胁，为改进人力资源管理实践、提升人力资源部门的战略贡献、支持组织整体战略目标的实现提供依据。通常涵盖以下几个方面。

1. 招聘与配置分析：评估招聘流程的效率、效果和成本，为优化招聘策略提供依据。配置分析评估员工的岗位匹配度和组织内部的人力资源配置效率。关键指标包括招聘周期、招聘成本、录用率、离职率、新员工绩效、招聘人员满意度、空缺岗位数量、人员流动率等（见表 2-8）。

表 2-8 招聘与配置分析主要指标

指标名称	公式	评价标准	备注
招聘周期	招聘周期 = 最终录用日期 - 发布招聘信息日期	优秀：短；良好：适中；一般：较长；差：过长	反映招聘流程的效率，时间越短越好。
招聘成本	招聘成本 = Σ（各项招聘费用）	优秀：低；良好：适中；一般：较高；差：过高	衡量招聘投入，应控制在预算范围内。
单位招聘成本	单位招聘成本 = 招聘总成本 / 实际招聘人数	优秀：低；良好：适中；一般：较高；差：过高	更细致地衡量招聘成本，可用于不同渠道的比较。

续表

指标名称	公式	评价标准	备注
简历筛选率	简历筛选率 =（通过简历筛选的简历数量 / 收到简历总数）*100%	优秀：适中；良好：可接受；一般：过高/过低；差：严重偏离	反映简历筛选的效率和准确性，需要结合岗位要求。
面试转化率	面试转化率 =（收到录用通知的候选人数量 / 获得面试机会的候选人数量）*100%	优秀：高；良好：适中；一般：较低；差：极低	反映面试的质量，以及对候选人的评估能力。
员工离职率	员工离职率 =（报告期内离职员工总数 / 平均员工总数）*100%	优秀：低；良好：适中；一般：较高；差：过高	衡量招聘的长期效果，离职率低说明员工稳定性高。
试用期通过率	试用期通过率 =（试用期通过考核的员工数量 / 试用期员工总数）*100%	优秀：高；良好：适中；一般：较低；差：极低	评估招聘的准确性，试用期通过率高说明招聘质量好。
员工绩效	绩效考核结果	优秀：优秀；良好：良好；一般：一般；差：差	衡量员工的工作表现，是招聘质量的最终体现。
招聘满意度	问卷调查、访谈	优秀：非常满意；良好：满意；一般：有待改进；差：不满意	反映用人部门和候选人对招聘过程的感受，有助于改进招聘流程。
渠道简历数量	分别统计每个渠道收到的简历数量	评估各渠道简历来源	帮助确定简历来源的主要渠道。
渠道录用率	渠道录用率 =（通过该渠道录用的人数 / 该渠道收到的简历总数）*100%	评估各渠道招聘效果	衡量各渠道的招聘效率，优化渠道选择。
渠道成本	分别统计每个渠道的成本	评估各渠道成本效益	比较不同渠道的成本效益，优化预算分配。
胜任力模型匹配	能力评估、绩效考核、360度反馈	优秀：高度匹配；良好：基本匹配；一般：有差距；差：严重不匹配	衡量员工能力与岗位要求的匹配程度，是配置的基础。

续表

指标名称	公式	评价标准	备注
岗位胜任度	绩效考核结果	优秀：优秀；良好：良好；一般：一般；差：差	衡量员工在岗位上的工作表现，与胜任力模型匹配度相关。
员工满意度	问卷调查、访谈	优秀：非常满意；良好：满意；一般：有待改进；差：不满意	衡量员工对岗位的满意程度，影响员工的稳定性和积极性。
人员编制达成率	人员编制达成率=（实际在岗人数/编制计划人数）*100%	优秀：高；良好：适中；一般：较低；差：过低	反映人力资源配置的充足程度，影响组织运作。
人均产值	人均产值=总产值/员工总数	优秀：高；良好：适中；一般：较低；差：过低	衡量员工的生产效率，是组织效率的重要指标。
人力成本占总成本比例	人力成本占总成本比例=（人力成本/总成本）*100%	优秀：合理；良好：适中；一般：较高；差：过高	衡量人力成本的控制情况，影响组织的盈利能力。
内部晋升率	内部晋升率=（内部晋升员工数量/员工总数）*100%	优秀：高；良好：适中；一般：较低；差：过低	反映员工发展机会，有助于员工稳定和激励。

2. 培训与发展分析：包括培训需求分析、培训项目设计与实施分析和培训效果分析。关键指标有培训覆盖率、培训时长、培训成本、培训满意度、培训效果转化率（例如，绩效提升、技能提升）、培训投资回报率等（见表2-9）。

表2-9 培训效果分析主要指标

指标名称	公式	评价标准	备注
培训满意度	平均满意度=所有学员的满意度总和/学员总人数	4分以上表示满意度较高，3分表示一般，3分以下需要改进。	培训结束后立即进行，了解学员对培训内容、讲师、环境等方面的感受。
培训内容相关性	平均相关性=所有学员的内容相关性评分总和/学员总人数	高分表示培训内容与工作实际关联度高，能够帮助学员解决实际问题。	培训结束后，了解学员认为培训内容是否实用。

续表

指标名称	公式	评价标准	备注
讲师评价	平均讲师评价=所有学员的讲师评价评分总和/学员总人数	高分表示讲师授课水平高，能够激发学员的学习兴趣。	培训结束后，了解学员对讲师的评价，为改进培训提供参考。
知识掌握度	平均考试成绩=所有学员的考试成绩总和/学员总人数	与培训目标相关的知识点掌握程度。	培训前后进行测试，比较前后成绩差异，评估学习效果。
技能提升	技能提升率=(培训后平均技能水平-培训前平均技能水平)/(培训前平均技能水平)*100%	技能提升率越高，说明培训效果越好。	培训前后进行技能测试，比较前后成绩差异，评估技能提升效果。
态度转变	态度转变得分=培训后态度得分-培训前态度得分	正向的态度转变得分越高，说明培训效果越好。	培训前后进行问卷调查或访谈，了解学员态度和价值观的变化。
工作行为改变	行为改变率=（行为改变的学员人数/总学员人数）*100%	行为改变率越高，说明学员能够将所学知识应用到实际工作中。	培训后一段时间，通过观察、评估等方式，了解学员工作行为的变化。
应用频率	平均应用频率=所有学员的应用频率总和/学员总人数	应用频率越高，说明学员越能够将所学知识应用到实际工作中。	培训后一段时间，通过评估，了解学员在工作中应用所学知识和技能的频率。
生产力提升	生产力提升率=(培训后平均生产力-培训前平均生产力)/(培训前平均生产力)*100%	生产力提升率越高，说明培训效果越好。	培训前后，比较相关指标的变化。
质量改善	质量改善率=(培训前平均质量指标-培训后平均质量指标)/(培训前平均质量指标)*100%	质量改善率越高，说明培训效果越好。	培训前后，比较相关指标的变化。
成本降低	成本降低率=(培训前平均成本-培训后平均成本)/(培训前平均成本)*100%	成本降低率越高，说明培训效果越好。	培训前后，比较相关指标的变化。

续表

指标名称	公式	评价标准	备注
客户满意度提升	客户满意度提升率=(培训后平均客户满意度-培训前平均客户满意度)/(培训前平均客户满意度) *100%	客户满意度提升率越高，说明培训效果越好。	培训前后，进行客户满意度调查，比较调查结果的变化。
培训投资回报率（ROI）	投资回报率=(培训收益-培训成本)/(培训成本) *100%	ROI越高，说明培训的经济效益越好。通常，ROI大于0表示培训是有价值的。	需要收集详细的培训收益和成本数据，进行计算。

3. 绩效管理分析：包括绩效管理体系分析、绩效考核结果分析和绩效改进措施分析。关键指标有绩效考核完成率、绩效考核结果分布、绩效改进计划执行率、绩效改进效果、绩效管理成本、员工对绩效管理的满意度等（见表2-10）。

表2-10 绩效管理分析主要指标

指标名称	公式	评价标准	备注
绩效考核覆盖率	绩效考核覆盖率=（参与绩效考核的员工人数/员工总人数） *100%	覆盖率越高，说明绩效管理体系的实施范围越广。理想情况下，应覆盖所有需要进行绩效评估的员工。	评估绩效管理体系的实施范围，识别未被覆盖的员工群体。
绩效考核完成率	绩效考核完成率=（实际完成绩效考核的员工人数/应参与绩效考核的员工人数） *100%	完成率越高，说明绩效考核流程执行越顺利。	监控绩效考核流程的执行情况，识别流程中的障碍。
绩效考核周期符合率	绩效考核周期符合率=(按时完成绩效考核的员工人数/应参与绩效考核的员工人数） *100%	符合率越高，说明绩效考核流程的执行效率越高。	评估绩效考核流程的效率，识别流程延误的原因。
绩效考核反馈及时性	平均绩效反馈时间=所有员工绩效反馈时间总和/员工总人数	平均反馈时间越短，说明反馈越及时。	评估绩效反馈的效率，确保员工能够及时获得反馈。

续表

指标名称	公式	评价标准	备注
绩效考核成本	绩效考核总成本 = （绩效考核相关人员工资+绩效考核培训费用+绩效考核系统费用+其他相关费用） 人均绩效考核成本 = 绩效考核总成本 / 员工总人数	在保证绩效考核有效性的前提下，成本越低越好。	评估绩效考核的经济性，寻找降低成本的途径。
绩效等级分布	各绩效等级员工比例 = (该绩效等级的员工人数 / 员工总人数) * 100%	需要结合组织的实际情况和绩效考核目的进行分析。例如，如果组织希望提高整体绩效水平，则高绩效等级的员工比例应该相对较高。	分析绩效考核结果的分布情况，判断绩效考核的公平性和有效性。
绩效等级均值	绩效等级均值 = 所有员工绩效等级总和 / 员工总人数	均值越高，说明员工整体绩效水平越高。	比较不同时期或不同部门的绩效水平，评估绩效管理体系的改进效果。
绩效考核结果与薪酬激励的相关性	需要使用统计软件进行计算（例如，皮尔逊相关系数）	相关系数的绝对值越高，说明绩效考核结果与薪酬激励之间的关联性越强。	评估薪酬激励的有效性，确保薪酬激励能够促进员工绩效提升。
绩效改进计划执行率	绩效改进计划执行率= （实际执行绩效改进计划的员工人数 / 需要执行绩效改进计划的员工人数）* 100%	执行率越高，说明绩效改进措施的实施效果越好。	监控绩效改进计划的执行情况，确保员工能够及时改进绩效。
绩效提升幅度	绩效得分提升值 = 培训后绩效得分 - 培训前绩效得分 绩效等级提升 = 培训后绩效等级-培训前绩效等级	提升值或等级越高，说明绩效提升效果越好。	评估绩效改进措施的有效性，衡量员工绩效的提升程度。
绩效改进后行为改变	需要结合具体情况进行评估	行为改变越明显，说明绩效改进措施的效果越好。	评估绩效改进措施的长期效果，确保员工能够持续改进绩效。

续表

指标名称	公式	评价标准	备注
绩效改进对组织绩效的贡献	参考培训效果指标中的相关公式（例如，生产力提升率、质量改善率等）	对组织绩效的贡献越大，说明绩效改进措施的效果越好。	评估绩效改进措施的整体效果，衡量绩效管理对组织目标的贡献

4. 薪酬福利分析：包括薪酬体系分析、福利体系分析和薪酬福利成本分析。外部薪酬指标用于评估薪酬的市场竞争力，内部薪酬指标评估薪酬结构的公平性、合理性和激励性。关键指标有薪酬水平、薪酬竞争力、薪酬结构合理性、福利成本、员工对薪酬福利的满意度、薪酬福利的投资回报率等（见表 2-11）。

表 2-11　薪酬管理分析主要指标

指标名称	公式	备注
薪酬竞争力指数	薪酬竞争力指数 =（本公司薪酬水平 / 行业平均薪酬水平） * 100%	指数大于 100%，表示薪酬水平高于行业平均水平，具有竞争优势；指数等于 100%，表示薪酬水平与行业平均水平持平；指数小于 100%，表示薪酬水平低于行业平均水平，需要关注。评估公司薪酬在市场上的竞争力，为薪酬调整提供依据。
薪酬差距	薪酬差距 = 最高薪酬 - 最低薪酬（或：最高薪酬 / 最低薪酬）	薪酬差距过大可能导致员工不满，影响内部公平性；薪酬差距过小可能无法激励高绩效员工。需要结合行业特点和组织文化进行分析。评估内部薪酬的公平性，避免因薪酬差距过大而引发的问题。
平均薪酬	平均薪酬 = 所有员工薪酬总和 / 员工总人数	平均薪酬反映了公司整体的薪酬水平。需要结合行业、规模、职位等因素进行分析。了解公司整体的薪酬水平，为制定薪酬策略提供参考。
薪酬中位数	将所有员工薪酬按从低到高排序，取中间的薪酬值	薪酬中位数比平均薪酬更能反映薪酬的真实水平，尤其是在薪酬分布不均匀的情况下。了解公司整体的薪酬水平，避免受少数高薪员工的影响。

续表

指标名称	公式	备注
基本工资占比	基本工资占比=（基本工资总额/薪酬总额）*100%	基本工资占比反映了薪酬的稳定性。基本工资占比高，薪酬相对稳定；基本工资占比低，薪酬与绩效挂钩更紧密。需要结合行业特点和组织文化进行分析。评估薪酬结构的稳定性，并根据组织需求进行调整。
绩效工资占比	绩效工资占比=（绩效工资总额/薪酬总额）*100%	绩效工资占比反映了薪酬的激励性。绩效工资占比高，激励性强；绩效工资占比低，激励性弱。需要结合绩效管理体系进行分析。评估薪酬的激励性，并根据绩效管理体系进行调整。
福利占比	福利占比=（福利总额/薪酬总额）*100%	福利占比反映了公司对员工的福利投入。福利占比高，员工福利待遇好；福利占比低，员工福利待遇相对较差。需要结合行业标准和员工需求进行分析。评估公司对员工的福利投入，并根据员工需求和行业标准进行调整。
不同薪酬组成部分间的相关性（薪酬组成部分之间的相关性）	使用相关系数（例如，皮尔逊相关系数）分析不同薪酬组成部分之间的关系，例如基本工资与绩效工资之间的关系。	确保不同薪酬组成部分之间相互协调，避免出现负相关或不合理的情况。评估薪酬组成部分之间的关系，确保薪酬结构的合理性。
人均薪酬成本	人均薪酬成本=薪酬总额/员工总人数	了解公司平均每个员工的薪酬支出，用于与其他公司进行比较。
薪酬占总收入比例	薪酬占总收入比例=（薪酬总额/公司总收入）*100%	衡量薪酬成本在总收入中的占比。该比例过高可能影响公司盈利能力，过低可能影响员工激励。需要结合行业标准和公司发展阶段进行分析。衡量薪酬成本的合理性，为成本控制提供依据。
薪酬占总成本比例	薪酬占总成本比例=（薪酬总额/公司总成本）*100%	衡量薪酬成本在总成本中的占比。该比例过高可能影响公司盈利能力，过低可能影响员工激励。需要结合行业标准和公司发展阶段进行分析。衡量薪酬成本的合理性，为成本控制提供依据。

5. 劳动关系分析：包括员工关系管理体系分析、员工满意度分析和离职管理分析。关键指标有员工满意度、员工敬业度、离职率、员工投诉

率、劳动争议发生率、员工关系管理成本等（见表 2-12）。

表 2-12　劳动关系分析主要指标

指标名称	公式	备注
员工离职率	(报告期内离职员工总数／同期平均员工总数) * 100%	反映员工队伍的稳定性。离职率过高可能意味着员工满意度低、薪酬福利缺乏竞争力、职业发展机会不足等问题。
员工入职率	(报告期内新入职员工总数／同期平均员工总数) * 100%	反映组织吸引人才的能力。入职率低可能表明组织雇主品牌吸引力不足、招聘渠道不畅等问题。
员工留存率	(报告期末仍在职的员工数／同期初员工总数) * 100%	衡量组织留住员工的能力。留存率是评估员工忠诚度和组织人力资源管理有效性的重要指标。
员工满意度指数	通过问卷调查、访谈等方式收集员工对工作环境、薪酬福利、职业发展、管理方式等方面的满意度评分，综合计算得出。	反映员工对组织的整体满意程度。满意度高的员工通常工作积极性更高、绩效更好、流失率更低。
劳动争议发生率	(报告期内发生的劳动争议案件数／同期平均员工总数) * 100%	衡量组织劳动关系和谐程度的重要指标。劳动争议发生率高可能表明组织在劳动合同管理、薪酬福利、工作条件等方面存在问题。
劳动争议解决率	(报告期内已解决的劳动争议案件数／同期发生的劳动争议案件总数) * 100%	反映组织处理劳动争议的能力和效率。
员工建议采纳率	(报告期内被采纳的员工建议数／同期员工提出的建议总数) * 100%	衡量组织是否重视员工意见、鼓励员工参与管理的重要指标。
员工培训参与率	(报告期内参与培训的员工数／同期员工总数) * 100%	反映员工对组织培训的参与程度，也间接反映员工对个人职业发展的重视程度。
劳动生产率	报告期内组织的产出／同期投入的劳动量	衡量劳动投入的效率。劳动生产率的提高可以通过技术进步、管理优化、员工技能提升等方式实现。

续表

指标名称	公式	备注
人力成本占比	(报告期内组织的人力成本总额 / 同期组织的总成本) * 100%	反映人力成本在组织总成本中的比重。人力成本占比过高可能需要组织优化人力资源配置、提高劳动生产率。

6. 人力资源部门的组织架构与流程分析：组织架构分析评估人力资源部门的组织结构是否合理；流程优化分析评估人力资源管理流程的效率、规范性和标准化程度；人力资源信息系统分析评估信息系统的应用情况及其对人力资源管理效率和效果的提升作用。这些分析的关键指标包括人力资源部门的人员配置情况、人力资源管理流程的效率、人力资源管理成本，以及人力资源信息系统的使用率等。

7. 人力资源战略分析：战略匹配性分析评估人力资源战略与组织整体战略的契合程度；战略执行效果分析评估人力资源战略的实际执行效果及其对组织战略目标的贡献；未来发展趋势分析预测人力资源管理领域的发展趋势，并据此提出人力资源战略的调整建议。这些分析的关键指标包括人力资源战略目标的达成率、人力资源战略对组织绩效的贡献程度，以及人力资源战略的适应性等。

2.3.5　人力资源效率分析

人力资源效率指标是指通过系统地收集、整理、分析和评价人力资源管理活动的数据，以衡量人力资源投入与产出之间的关系，评估人力资源管理活动的有效性和经济性，并发现改进机会的过程。投入包括人力成本、招聘成本等；产出涵盖员工绩效、生产效率、创新能力、员工满意度等；效率是投入与产出之间的比率关系，反映了人力资源管理活动的有效性和经济性（见表 2-13）。

表 2-13 人力资源效率分析部分指标

指标名称	公式	备注
全员劳动生产率	全员劳动生产率=总产值/平均员工人数	总产值：指组织在一定时期内生产的产品或提供的服务的总价值（通常以销售收入衡量）。平均员工人数：指在计算期间内的平均在岗员工数量，可以用年初人数加年末人数除以 2 计算。衡量组织员工的整体生产效率，反映了单位员工创造的价值。可用于不同时期、不同组织间的对比。
人均销售收入	人均销售收入=总销售收入/平均员工人数	总销售收入：指组织在一定时期内的总销售额。衡量单位员工创造的销售收入，反映了销售效率。可用于评估销售团队的效率，以及不同部门间的对比。
人均净利润	人均净利润=总净利润/平均员工人数	总净利润：指组织在一定时期内的总净利润，即扣除所有成本和费用后的利润。衡量单位员工创造的利润，反映了组织的盈利能力。衡量组织盈利能力的重要指标，可用于不同时期、不同组织间的对比。
万元工资销售收入	万元工资销售收入=总销售收入/总工资支出*10000	总工资支出：指组织在一定时期内支付给员工的工资总额。衡量每万元工资带来的销售收入，反映了工资的投入产出比。用于评估工资对销售收入的贡献，可以帮助优化薪酬结构。
万元工资净利润	万元工资净利润=总净利润/总工资支出*10000	衡量每万元工资带来的净利润，反映了工资对盈利的贡献。用于评估工资对利润的贡献，可以帮助优化薪酬结构。
万元人工成本净利润	万元人工成本净利润=总净利润/总人工成本*10000	总人工成本：指组织在一定时期内支付的全部人力资源相关成本，包括工资、福利、社保、培训以及其他相关支出。衡量每万元人工成本带来的净利润，反映了人工成本的投入产出比。更全面地衡量人力资源成本效益的指标，可用于评估人力资源管理活动的整体效果。

通过对这些指标的分析，人力资源管理能够将人力资源管理与组织战略目标紧密结合，提高整体绩效，实现对人力资源成本的有效控制，提升资源利用效率，从而降低运营成本。此外，分析结果还能为人力资源管理决策提供科学、客观的数据支持，最终通过量化人力资源管理活动的成果，更好地体现人力资源部门的价值，提升其在组织中的战略地位。

2.3.6　人力资源风险预警分析

人力资源风险预警分析是通过系统化的方法，识别、评估和预防组织在人才管理过程中可能出现的风险，通过数据监测和趋势预测实现提前干预的管理机制，强调主动性和预防性（见表 2-14）。

表 2-14　人力资源风险预警分析

风险分析维度	风险类型	预警指标	具体分析方法
招聘与选拔风险	招聘流程不规范、候选人背景调查不充分、招聘渠道单一、录用不合适的人才等	招聘周期过长、简历筛选效率低、面试通过率异常、员工离职原因与招聘时承诺不符等	数据分析：统计招聘周期、简历筛选效率、面试通过率等指标，与历史数据或行业平均水平进行对比，发现异常情况。分析离职员工的离职原因，判断是否与招聘时的承诺不符。 问卷调查：针对招聘流程和面试官进行满意度调查，了解员工对招聘过程的反馈。 访谈：与新入职员工进行访谈，了解其对工作内容的期望与实际情况的匹配程度。
员工流失风险	员工主动离职率高、核心员工流失、关键岗位人员空缺、员工对组织不满等	员工离职率、关键岗位人员流失率、员工满意度调查结果、员工投诉数量、员工绩效下降、员工参与度下降等	数据分析：跟踪员工离职率、关键岗位人员流失率，进行趋势分析，识别高风险群体。分析离职原因，找出共性问题。 员工满意度调查：定期进行员工满意度调查，了解员工对薪酬福利、工作环境、发展机会等方面的满意程度。 绩效分析：关注员工绩效变化，对于绩效持续下降的员工，进行深入分析，找出原因。 离职面谈：与离职员工进行面谈，了解其离职的真实原因，为改进工作提供依据。 社交媒体分析：关注员工在社交媒体上的言论，了解员工对组织的看法和感受。

续表

风险分析维度	风险类型	预警指标	具体分析方法
薪酬福利风险	薪酬水平缺乏竞争力、薪酬结构不合理、福利待遇不足、薪酬发放不及时或错误等	薪酬水平与行业平均水平的差距、员工对薪酬福利的满意度、薪酬调整频率、薪酬发放错误率、员工对福利政策的反馈等	市场调研：定期进行薪酬市场调研，了解行业薪酬水平，进行对标分析。 员工满意度调查：了解员工对薪酬福利的满意度，关注员工对薪酬公平性的看法。 数据分析：分析薪酬发放错误率，及时发现问题并改进。 福利政策评估：评估福利政策的吸引力和实用性，根据员工需求进行调整。
培训发展风险	培训计划与组织发展战略脱节、培训效果不佳、员工缺乏职业发展机会、培训资源不足等	培训参与率、培训效果评估结果、员工对培训的满意度、员工晋升机会、培训预算执行情况等	培训需求分析：结合组织发展战略和员工职业发展需求，进行培训需求分析。 培训效果评估：采用多种方法评估培训效果，如考试、问卷调查、行为观察等。 员工发展计划：制定员工职业发展计划，提供晋升机会和发展平台。 数据分析：分析培训参与率、培训效果评估结果，及时调整培训计划。
劳动关系风险	劳动合同签订不规范、违反劳动法律法规、劳资纠纷、员工权益受损、工伤事故等	劳动合同签订率、劳动争议发生率、工伤事故发生率、员工投诉数量、违反劳动法律法规的事件等	合规审查：定期进行劳动合同合规审查，确保符合劳动法律法规。 劳动争议处理：建立完善的劳动争议处理机制，及时处理员工投诉和纠纷。 安全生产管理：加强安全生产管理，预防工伤事故。 法律咨询：聘请专业律师，提供劳动法律咨询。
绩效管理风险	绩效考核指标不合理、绩效考核流程不规范、绩效反馈不及时、绩效结果运用不当等	绩效考核完成率、绩效考核结果分布、员工对绩效考核的满意度、绩效改进计划的执行情况等	绩效指标设计：确保绩效考核指标与组织目标一致，并具有可衡量性。 绩效考核流程优化：优化绩效考核流程，确保公平、公正、公开。 绩效反馈：及时进行绩效反馈，帮助员工改进工作。 绩效结果运用：绩效结果应与薪酬、晋升、培训等挂钩。 数据分析：分析绩效考核结果分布，关注异常情况。

续表

风险分析维度	风险类型	预警指标	具体分析方法
组织文化风险	组织文化与战略不匹配、员工对组织文化认同感低、内部沟通不畅、团队合作差等	员工对组织文化的认同度、员工参与度、内部沟通效率、团队合作情况、员工对组织价值观的理解和践行程度等	组织文化调研：进行组织文化调研，了解员工对组织文化的看法和感受。 内部沟通评估：评估内部沟通的效率和效果，改进沟通方式。 团队建设活动：组织团队建设活动，增强团队凝聚力。 领导力评估：评估领导者的领导力，确保其能够传递和践行组织文化。 员工访谈：通过访谈了解员工对组织文化的理解和感受。
合规风险	违反数据隐私保护规定、违反反歧视政策、违反安全生产规定等	数据泄露事件、员工投诉歧视、安全事故发生率、合规审计结果等	合规审计：定期进行合规审计，检查是否存在违规行为。 风险评估：进行风险评估，识别潜在的合规风险。 制定合规制度：制定并执行合规制度，确保遵守相关法律法规。 员工培训：对员工进行合规培训，提高合规意识。 数据安全管理：加强数据安全管理，防止数据泄露。

人力资源风险预警分析是一个综合性的过程，需要结合组织自身的特点和实际情况，选择合适的指标和方法。通过对这些方面的风险进行持续的监测、分析和评估，组织可以及时发现潜在问题，采取有效的措施，从而最大限度地降低人力资源风险，保障组织的健康发展。

实训 2-3

基于员工数据的综合分析与挖掘

1. 实训目的

（1）了解数据分析的基本流程，包括数据采集、清洗、可视化和挖掘等关键步骤。

(2) 理解不同数据分析技术的应用场景，例如数据清洗中各种处理方法、可视化中各类图表的适用性，以及数据挖掘中常用模型的原理。

(3) 掌握使用常用工具（如 Python 及其相关库）进行数据分析的技能，能够独立完成从数据获取到结果呈现的完整过程。

2. 实训任务

(1) 上市公司数据洞察

选取至少 5 家不同行业的上市公司，通过公开渠道采集数据，包括公司基本信息、近三年财务报表、高管信息等。采集到的数据建议保存为 CSV 或 Excel 格式。提交成果时，需提供原始数据文件，并附上数据采集过程的详细说明，包括数据来源、采集方法、遇到的问题及解决方案。

(2) 员工花名册数据清洗

①全局清洗：处理重复值、空格、特殊字符等。

②字符替换：根据需求进行字符替换。

③字段切分：按照特定规则切分字段。

④字段合并：按照特定规则合并字段。

⑤缺失值填补：选择合适的填补方法（如均值、中位数、众数、KNN 等）。

提交清洗后的数据集，并附上数据清洗报告，详细描述每一步清洗操作的目的、方法和结果。

(3) 数据可视化

基于清洗后的员工数据，设计并绘制一系列可视化图表，以多维度展现人力资源状况，包括：性别分布饼图、学历分布环形图、婚姻分布玫瑰图、平均年龄指标卡、籍贯分布地图、职级分布柱状图、员工所学专业分布词云图、年龄-司龄-工龄分布气泡图、不同职级年龄-司龄-工龄分布雷达图、双轴图和折线图、职级-学历分布热力图、绩效分布桑基图、年龄-司龄-工龄分布表格、部门分布条形图。

将所有图表整合至一个故事板，形成完整的数据分析报告，并附以文字说明，阐述各图表的分析目的与结论。

(4) 数据挖掘

选择一个与人力资源管理相关的预测目标（如员工离职倾向、绩效等级等），利用决策树模型对已清洗和可视化的数据进行训练与预测。在此过程中，需对模型性能进行评估，并根据评估结果进行参数调优，以提升模型准确性。提交完整的模型代码、预测结果及模型评估报告，并撰写一份详细的数据挖掘报告，阐述模型选择的理由、特征工程的实施、模型训练的步骤、模型评估的方法以及对预测结果的深入分析。

Tips：数据采集、清洗、可视化和挖掘常用技术与工具

表2-15列出了数据采集、清洗、可视化和挖掘过程中常用的技术与工具。同学们可以根据具体的数据分析目标和任务需求，灵活选择合适的工具组合。鼓励大家积极探索和尝试其他相关工具。但请注意，工具的选择应始终服务于数据分析的目标，切忌盲目追求工具的复杂性或新颖性，而忽略了对数据本身的理解和分析逻辑的构建。

表2-15 数据采集、清洗、可视化和挖掘常用技术与工具

技术/工具	简介	主要功能	在本项目中的应用
蟒	广泛使用的高级编程语言，语法简洁，拥有丰富的库和强大的社区支持。	作为数据分析领域的主流语言，提供基础编程支持。	作为主要编程语言，用于数据处理、分析和建模的全过程。
熊猫	Python中强大的数据分析和处理库，提供高性能、易用的数据结构（如DataFrame）和数据分析工具。	数据读取与写入、数据清洗、数据转换、数据聚合、数据分组等。	处理员工花名册数据，进行数据清洗、转换和准备。
NumPy	Python中用于科学计算的基础库，提供多维数组对象（ndarray）和一系列高效的数组作函数。	数组运算、线性代数、随机数生成、傅里叶变换等。	支持Pandas中的数值计算，并在数据处理和建模过程中提供高效的数组运算。
马特普洛特库	Python中基础的绘图库，提供创建各种静态、交互式和动画可视化的功能。	绘制折线图、散点图、柱状图、直方图、饼图等。	绘制部分基础图表，如饼图、柱状图等。

续表

技术/工具	简介	主要功能	在本项目中的应用
海生	基于 Matplotlib 的高级绘图库，提供更美观、更便捷的统计图表绘制功能。	绘制各种统计图表（分布图、关系图、分类图等），支持主题和风格定制。	绘制更复杂的图表，如热力图、玫瑰图、雷达图等。
Scikit-learn	Python 中流行的机器学习库，提供各种常用的机器学习算法和模型评估工具。	分类、回归、聚类、降维、模型选择、模型评估等。	构建决策树模型，进行员工离职预测或绩效评估。
Jupyter 笔记本	基于 Web 的交互式计算环境，支持多种编程语言，可用于编写代码、运行代码、展示结果和撰写文档。	交互式编程、代码运行、结果展示、文档撰写。	作为主要的数据分析环境，用于编写和运行代码，展示数据分析结果。
网络爬虫技术（可选）	自动化程序，用于从互联网上抓取数据。	使用 Requests、Beautiful Soup、Scrapy 等库构建网络爬虫，从网页抓取数据。	如果需要从公开渠道采集上市公司数据，可合规使用网络爬虫技术。
数据可视化工具（可选）	Tableau/Power BI：商业智能工具，提供强大的交互式数据可视化功能。	创建各种交互式图表、仪表板和故事板。	可选，用于创建更高级的交互式可视化和故事板。

第3章　人力资源规划

学习目标

1. 了解人力资源规划的基本概念、流程和作用，以及人力资源需求和供给分析的基本方法。

2. 理解人力资源供需平衡的原理和方法，以及如何编写完整的人力资源规划方案，并认识数据驱动在规划中的应用。

3. 掌握运用各种分析工具进行人力资源需求和供给的预测，并能够制定和实施有效的人力资源规划，以支持组织的战略发展。

3.1　人力资源供需分析与预测

3.1.1　人力资源需求分析与预测

1. 人力资源需求预测的内涵

人力资源需求预测是基于组织战略目标、发展规划和工作任务，综合考虑各种影响因素，预估组织未来人力资源需求。通过选择合适的预测技术，确定所需人力资源的数量、质量和时间安排。

2. 人力资源需求预测的影响因素

（1）外部因素：包括宏观环境（法律法规、社会经济、技术进步）、市场因素（劳动力市场、消费者行为、市场竞争）、行业动态（产业结构、行业生命周期、技术迭代）和政策法规等。社会组织形态演进、文化习俗变迁等社会生态要素也会产生影响。

（2）内部因素：组织发展战略直接影响人才需求；组织规模变化会对人力资源需求产生影响；组织的经营状况、管理水平、技术与设备先进程度以及员工素质和流动状况也是影响人员需求的因素。

人力资源需求预测应立足于组织的具体情况，识别并筛选出关键影响因素，明确这些因素对组织人力资源需求的实际影响，进而基于这些因素的变化趋势，对组织未来的人力资源需求进行预测和规划。

3. 人力资源需求预测的方法

人力资源需求预测方法包括定性方法与定量方法。实践中，组织常将多种预测方法结合使用，以提升预测效果。

定性方法主要包括以下几种。

（1）德尔菲法：通过多轮匿名专家意见征询，逐步达成共识。此方法避免了权威效应或从众心理，能更客观地反映专家的真实想法，尤其适用于缺乏历史数据、不确定性高的长期预测，或需要整合不同领域专家意见的情况。

（2）经验判断法：依靠经验丰富的管理者或专家，根据其知识、经验和对组织情况的了解，直接对未来的人力资源需求作出判断。该方法简便易行、速度快、成本低，适用于短期预测，或组织规模较小、变化不大的情况。

（3）标杆分析法：通过研究同行业或类似组织的最佳实践，来确定自身的人力资源需求。此方法可以借鉴其他组织的成功经验，避免盲目预测，适用于竞争激烈、需要不断改进人力资源管理水平的组织。

（4）情景分析法（又称场景规划法）：构建多种关于未来的假设情景，并针对每种情景分别预测人力资源需求。该方法考虑了多种可能性，有助于组织为不确定性做好准备，适用于战略规划，尤其是在面临重大外部变化时。

（5）工作小组法（又称专题小组法）：由来自不同部门或职能的代表组成工作小组，共同讨论和预测人力资源需求。这种方法可以综合各部门的意见，提高预测的准确性，适用于组织规模较大、部门较多的情况。

(6) 管理人员估计法（又称主管人员估计法）：各部门主管根据自己部门的情况，估计未来的人员需求，然后由人力资源部门汇总。该方法简单直接，但容易受主管个人主观因素影响，适用于自下而上的人力资源规划。

定量方法主要包括以下几种。

(1) 趋势分析法：基于过去的人力资源数据随时间变化的趋势预测未来的人力资源需求。可采用简单移动平均法、加权移动平均法、指数平滑法等时间序列分析方法。该方法适用于历史数据比较稳定、规律性较强的组织，优点是简单易行、容易理解，缺点是容易受异常值影响，仅适用于短期预测。

(2) 比率分析法：建立人力资源需求与关键业务指标（如销售额、产量或客户数量）之间的比例关系来预测人力资源需求。该方法适用于业务指标与人力资源需求之间存在较强相关性的组织，优点在于考虑了业务因素的影响，比趋势分析法更准确，缺点是需要准确的业务指标预测，且比率关系可能随时间变化。

(3) 回归分析法：建立人力资源需求（因变量）与一个或多个影响因素（自变量，如销售额、产量、市场份额等）之间的数学模型（回归方程），然后根据自变量的预测值推算人力资源需求。该方法适用于影响人力资源需求的因素较多且可以量化的情况，优点是可以考虑多个因素的影响，预测精度较高，缺点是需要较多的历史数据，模型建立和解释较为复杂。

(4) 计算机模拟法：利用计算机程序模拟组织的运营过程，通过改变各种参数来观察对人力资源需求的影响。该方法适用于大型企业或复杂系统的人力资源需求预测，优点是可以进行动态预测，考虑各种不确定因素，缺点是模型开发成本较高，需要专业人员操作。

(5) 时间序列分析法：基于过去人力资源数据随时间变化的趋势，预测未来人力资源供给。常用方法包括简单移动平均法、加权移动平均法、指数平滑法、趋势外推法和季节性指数法。该方法简单易行，但易受异常值影响，仅适用于短期预测，适用于历史数据较为稳定且规律性较强的情况。

（6）灰色预测模型法：一种基于灰色系统理论的预测方法，通过对原始数据进行处理，建立微分方程模型进行预测。该方法所需数据少，短期预测效果较好，无需假设数据分布；但长期预测精度较差，对波动性大的数据预测效果不佳。该模型适用于数据量较少、信息不完全、趋势较为平稳且波动性不大的情况下的短期预测。

此外，当人力资源需求预测计算成本过高、耗时过长，或难以获得精确结果时，可采用一个更简单、快速的近似模型来替代原有的复杂模型，此近似模型即为替代模型。替代模型是一种模型优化手段，用于简化复杂模型，降低计算成本、提高效率。它基于对原始模型输入输出关系的分析和拟合，可与其他定量方法结合使用。替代模型本身可采用各种机器学习方法，但存在精度损失、适用范围有限等缺点。该模型适用于在实际应用中需要进行大量重复预测或优化计算、原始模型计算成本过高或耗时过长，以及需要对模型进行快速评估和分析的情况，德尔菲法和经验判断法是较为常用的定性方法，比率分析法和回归分析法是比较常用的定量方法。

4. 人力资源需求预测的步骤

人力资源需求预测分为三部分：对现有、未来和未来流失的人力资源需求进行预测。将这三部分预测结果整合起来，即可得到整体的人力资源需求预测。

（1）现有人力资源需求预测：梳理组织各部门的职务，确定职务编制和人员配置，进行人力资源盘点，明确组织人数及分布情况，判断是否存在缺编或超编，并评估现有人员是否符合职务资格要求，从而得出组织现有人力资源的需求情况。

（2）未来人力资源需求预测：根据组织整体发展规划和战略，预测组织未来的生产经营状况，确定各部门工作量，并根据各职能和不同层次人员的工作负荷，确定各部门的岗位数和人员需求量，汇总统计后得到未来人力资源需求。

（3）未来流失人力资源需求预测：通过统计预测期内的退休人员、有离职意向或可能被劝退人员，以及根据历史数据估算未来可能离职人员，预测未来流失的人力资源需求。

3.1.2　人力资源供给分析与预测

1. 人力资源供给预测的内涵

人力资源供给预测以组织的战略目标、发展规划和工作任务为出发点，预测未来特定时期内，组织内部可提供及外部劳动力市场可供给的人员数量、质量与结构配置，从而满足组织战略实施过程中的人力资源需求。

人力资源供给主要来源于外部劳动力市场和组织内部员工两部分，其预测工作相应地分为外部人力资源供给预测和内部人力资源供给预测。

2. 人力资源供给预测的影响因素

（1）外部因素：劳动力市场水平决定外部可供给劳动力的总量、结构；宏观经济状况对供给量产生直接影响；国家相关法律法规影响组织人力资源管理政策，进而调节外部供给；就业意识和择业偏好分别影响外部可就业人口数量和不同行业/岗位的供给水平。

（2）内部因素：组织战略规划影响人员需求；组织结构影响内部供给，扁平化组织可能导致同一层级员工数量增加；组织人员流动率直接关系到内部供给水平，高流动率降低供给，低流动率则可能导致供给过剩；薪酬水平、组织的声望和地理位置也会影响内部供给。

人力资源供给预测需综合内部供给能力与外部劳动力市场分析，必要时可引入专业调研机构的技术支持。全面评估外部市场的成本过高，组织可优先关注重点岗位和稀缺人才的外部供给预测。

3. 人力资源供给预测的方法

人力资源供给预测的诸多方法与需求预测方法相通。由于组织通常难以了解和掌握外部供给情况，因此，供给预测的研究主要集中于组织内部人力资源。常用的内部人力资源供给预测方法包括：

（1）人力资源盘点法：核查组织现有人力资源的数量、质量、结构及其在各职位上的分布状况，以准确掌握现有人力资源存量。该方法为静态分析，多用于短期预测。在组织规模较大时，应建立人力资源信息系统进行人员核查。日常人力资源管理中，需客观记录员工的工作能力及潜力，通常借助人事资料登记表完成。

（2）人员替换法：它是一种系统化预测内部人力资源供给的管理工具，其核心流程包括：建立内部供应源数据库；制定关键岗位继任计划；精确计算内部人力资源供给总量。该方法建立以工作绩效为基准的人员动态调整机制，通过构建包含职位信息、现任者档案、潜在替补候选人及其预计晋升时间等关键信息的替换单，实现内部人力资源的供给循环。借助可视化的替换图工具，管理者能够清晰地掌握组织内部人力资源的供需动态变化，为制定科学、合理的人力资源规划提供有力的数据支持和决策依据。

（3）人员接替图法：该方法与替换单法类似，但涉及面更广，能够全面呈现各职位之间的关联，并进行动态的供需匹配。主要步骤包括：界定各岗位的任职资格；识别符合职位要求的现有员工，或制定个性化的培训和发展计划；整合候选人信息与员工流动数据，协调岗位接替路径；利用接替图谱直观呈现各级岗位的继任关系和候选人状态。通过构建“岗位-人员”匹配模型，人员接替图法能够帮助组织持续追踪和优化人力资源供需关系，实现人才的合理配置。

（4）技能清单法：技能清单是反映员工工作能力特征的列表，涵盖培训背景、学习或工作经历、所获证书、已通过的考试以及主管的能力评价等方面。技能清单有助于评估现有员工调岗的可能性，并预估可填补组织岗位空缺的人选。技能清单用途广泛，可用于确定晋升人选、制定管理人员接续计划等。为确保组织岗位空缺均有合适人选，人力资源计划需建立员工工作能力档案。对于人员调动频繁或经常组建临时团队/项目组的组织，技能清单应涵盖所有员工；对于主要使用技能清单来制定管理人员接续计划的组织，则可仅包含管理人员的信息。

（5）马尔可夫模型法：通过分析历史数据，找出组织内人事变动的规律，进而预测未来的人事变动趋势。该方法的核心是使用转换概率矩阵，利用统计技术来预测人力资源的变化。运用马尔可夫模型进行预测的步骤为计算员工在不同类别或职级之间的平均转移概率；建立人员变动矩阵；根据期末各类别员工数量和人员变动矩阵，预测下一期组织可供给的人力资源数量。由于转换矩阵中的概率可能与实际情况存在偏差，实际应用中通常需要采用弹性化方法进行调节，得出多重预测结果，并进行综合分析，以获得更为准确的预测结果。

4. 人力资源供给预测的步骤

人力资源供给预测分为内部及外部供给预测两部分，具体步骤如下。

（1）全面盘点组织内部人力资源，详细了解现有员工的各项信息。

（2）依据组织职务调整政策、工作任务需求及员工实际情况，确定员工异动的类型与比例。

（3）各部门负责人结合部门实际，提出具体的人事调整方案。

（4）汇总各部门提交的内部人员供给数据。

（5）综合考虑影响人力资源供给的内外部因素，包括地域性与全国性的人才市场竞争态势、组织对人才的吸引力以及整体劳动力市场的可供给水平等。

（6）确定组织外部人力资源供给的预测数据。

（7）汇总整合内外部人力资源供给预测数据，得出组织各岗位人力资源的总供给水平，为后续的人力资源需求预测和供需平衡分析提供依据。

3.1.3　人力资源供需平衡

人力资源规划的目的是实现人力资源供需平衡，但是组织人力资源供求完全平衡的情况很少见，即使是供求总量上达到平衡，也会在层次、结构上达到不平衡。

1. 人力资源总量平衡，结构失衡的平衡措施

从组织人力资源配置的宏观视角分析，虽然员工总量满足发展需求，但存在岗位胜任力与个体能力的结构性错配。对此，组织应系统实施人才适配优化策略。

（1）岗位再配置：通过内部流动机制实现人岗动态匹配。

（2）能力重塑：制定定制化培训方案提升员工岗位胜任力。

（3）人才置换：依法实施人员优化并启动人才引进程序。同时，需建立常态化外部招聘机制，及时补充岗位空缺。

2. 人力资源供过于求的平衡措施

组织应根据现行管理制度与组织实际状况，系统性地探索多元化解决方案。具体可采取以下措施。

（1）业务拓展：通过新增业务单元实现人员内部转岗。

（2）工时调整：实施岗位共享机制并配合薪酬浮动方案，适用于阶段性业务收缩。

（3）人才储备计划：开展跨岗位技能培训，建立战略性人才梯队。

（4）自愿离职计划：制定提前退休政策与主动离职补偿方案。

（5）编制管控：冻结非关键岗位的招聘计划。

（6）弹性休假：推行强制性无薪休假制度以优化人力成本。

（7）组织优化：当组织面临持续经营压力时，启动结构性裁员程序。

3. 人力资源供不应求的平衡措施

组织可根据实际运营情况采取以下针对性措施。

（1）延长工时：在法律允许范围内适度延长员工工作时间，并按规定支付加班报酬。

（2）设备优化：通过新增设备或技术改造提升设备运行效率。

（3）人才引进：从外部市场招募适配岗位的专业人才。

（4）能力建设：开展系统化内部培训以提升员工工作效能。

（5）业务外包：将非核心业务委托给专业机构。

（6）弹性用工：雇佣兼职人员、在校实习生或返聘退休专家。

（7）留才管理：建立人才保留机制降低员工流失率。

（8）职责扩展：重新设计岗位说明书以拓展员工工作边界。

除此以外，组织的人力资源规划包含人员补充、培训、使用等计划，这些模块之间存在密切的内在关联，需特别注重专项规划间的平衡与协调。各专项计划也是协调组织需求与员工个人需求矛盾的关键手段。组织需通过平衡二者关系，在充分满足员工需求、调动其积极性的前提下，实现自身发展目标。

实训 3-1

基于 Excel 的人才盘点数据分析与应用

1. 实训目的

（1）了解人才盘点数据分析的基本概念、流程和在人力资源管理中的作用。

（2）理解人才盘点数据分析的关键要素、常用指标，以及数据处理和预处理的基本方法。

（3）掌握使用 Excel 等工具进行人才盘点数据分析的基本技能，能够运用数据挖掘技术提取有价值的信息。

2. 实训任务

（1）个人任务

课前，请学生仔细阅读背景资料及问题并深入思考，鼓励学生提出具有创新性的问题。

（2）小组调研与报告

课堂上，每 5～7 人自由组合成立人才盘点工作小组，明确小组成员的分工，共同应用 Excel 完成人才盘点数据分析及可视化工作。

①数据收集与整理：收集模拟或真实企业的人才盘点数据（由教师提供，需确保数据脱敏）。使用 Excel 对数据进行初步整理，包括数据清洗、格式转换、缺失值处理等。

②分析要素识别：识别影响人才盘点结果的关键因素（如绩效、潜力、价值观等），确定重点关注的分析要素。

③数据指标构建：针对选定的分析要素，设计或选择合适的数据指标，明确每个指标的计算公式和数据来源。

④数据分析与解读：运用 Excel 的数据分析功能（如透视表、图表、统计函数等）对数据进行分析；尝试运用数据挖掘技术（如聚类、关联规

则等，可使用 Excel 插件或专业数据分析软件）发现潜在规律；解读分析结果，撰写分析报告，提出人才管理建议。

（3）师生互动

课堂上，每个小组展示实训成果，分享数据分析过程和发现；小组间互评，教师点评并对学生提出的观点进行追问，以引发学生对问题做进一步思考，激发学生深度学习。

Tips：背景资料及问题

在当今快速变化的商业环境中，人才是企业最宝贵的资源。如何有效地识别、评估和发展人才，成为企业保持竞争优势的关键。人才盘点作为一种战略性人力资源管理工具，它不仅仅是对员工绩效的简单评估，更是一个系统性的过程，旨在全面了解组织内部的人才现状、潜力与发展需求，为人才的选拔、晋升、培养和激励提供依据。传统的人才盘点往往依赖于管理者的主观判断和经验，容易受到个人偏见的影响，导致评估结果不够客观、公正。随着大数据时代的到来，数据驱动的人力资源管理理念逐渐兴起。将数据分析技术应用于人才盘点，可以更科学、更精准地评估人才，发现潜在的人才风险和机会，为人力资源决策提供有力支持。人才盘点数据分析涉及多个环节，包括数据采集、清洗、整理、分析和可视化。通过对员工的绩效数据、能力数据、潜力数据、敬业度数据等多维度信息的综合分析，可以揭示人才的优势、短板、发展潜力以及与组织需求的匹配程度。这些洞见可以帮助企业更好地进行人才规划、继任者计划、培训发展等工作，实现人才的优化配置和高效利用。

请仔细阅读并思考以下问题。

（1）人才盘点在人力资源管理中扮演什么角色？为什么进行人才盘点？

（2）常见的人才盘点方法有哪些？各自的优缺点是什么？

（3）在进行人才盘点数据分析时，可能会遇到哪些挑战？如何应对？

（4）除了 Excel，还有哪些常用的数据分析工具或软件？它们各自的特点是什么？

（5）如何评估一个人才盘点数据分析项目的效果？

（6）在人才盘点数据分析中，有哪些伦理道德问题需要注意？如何平衡数据分析的效益与员工隐私保护？

3.2　人力资源规划编写

3.2.1　人力资源规划概述

1. 人力资源规划的含义

人力资源规划是一项战略性、前瞻性的工作，通过预测组织未来的人力资源供需，制定系统性的政策与措施，确保组织在适当的时间、适当的岗位上拥有数量充足、素质合格的员工，以支持组织发展目标的实现（见图 3-1）。

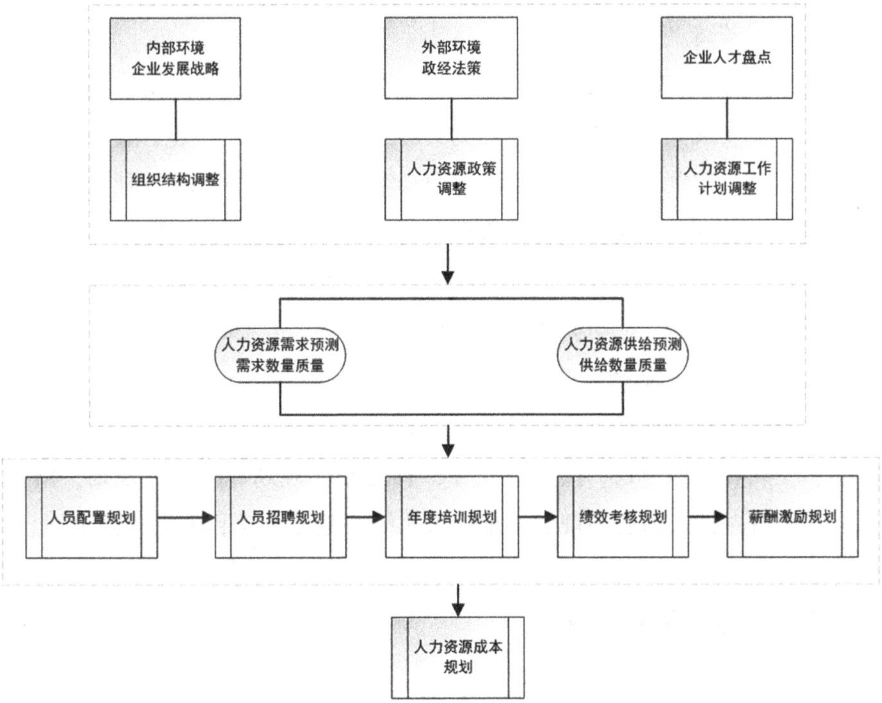

图 3-1　人力资源规划

2. 人力资源规划的目标

人力资源规划的根本目标是支持组织战略目标的实现，在“适时、适量、适才”原则下，达成以下子目标：前瞻性地评估未来人才需求，确保人才储备；建立动态监测机制，统筹配置人力资源，防范风险；构建成本效益导向的人力资源管理体系，提升员工满意度与敬业度；帮助组织预测并应对未来变化，确保人力资源能够灵活调整，为组织应对未来变革提供持续的人才供给与组织能力保障。

3. 人力资源规划的意义和价值

人力资源规划是组织实现战略目标的重要保障，具有重要战略意义和价值：通过战略需求与人才储备的精准匹配，为组织发展提供关键性资源支撑；前瞻性预测人力资源供需趋势，有效预防人才风险；系统性优化人员配置结构，提升组织运行效能；降低人力成本波动，提升人力资源投入产出效益；增强组织环境适应力，实现组织与员工价值共创，形成持续竞争优势。

4. 人力资源规划的作用

人力资源规划作为人力资源管理系统的中枢机制，其作用体现在构建全链条管理体系：通过科学制定招聘计划明确人才引进，基于战略导向设计培训体系，建立绩效目标与评估基准，构建差异化的薪酬激励机制，通过职业发展通道设计促进员工个人成长。最终，人力资源规划通过定期人才盘点和需求预测优化人岗动态匹配，为管理层在人才决策时提供多维数据支撑，形成战略落地与人才发展的良性循环体系。

5. 人力资源规划的类型

人力资源规划依据不同分类标准呈现多种类型。从时间维度划分，有短期、中期和长期规划。按性质划分，有战略性规划和战术性规划。就范围而言，有总体人力资源规划、部门人力资源规划和项目人力资源规划。

3.2.2 人力资源规划编写

1. 人力资源规划编制原则

（1）战略导向原则：人力资源规划的根本在于服务组织战略。规划必须以组织战略目标为出发点，确保各项人力资源活动与组织整体战略方向高度一致，从而有力支撑组织核心竞争力的构建与持续发展。

（2）系统性原则：人力资源规划并非孤立存在，而是一个涵盖需求预测、供给分析、目标设定、政策制定、实施执行及效果评估等环节的系统工程。规划过程中，必须充分协调各项人力资源职能，并建立跨部门协作机制，确保与组织内其他部门规划协同，形成有机整体。

（3）动态适应原则：鉴于组织内外部环境的持续变化，人力资源规划务必具备灵活性与适应性。规划应密切关注内外部环境变化，建立定期审查与修订机制，并预留弹性空间，确保规划能随需而变，有效应对各类挑战。

（4）以人为本原则：人力资源规划的核心在于“人”。在关注组织需求的同时，必须兼顾员工的职业发展、培训需求及薪酬福利期望。规划应致力于实现组织目标与员工个人目标的和谐统一，营造积极的组织文化，促进员工与组织的共同成长。

（5）全员参与原则：为确保人力资源规划的认同度与可执行性，必须倡导全员参与。在规划制定过程中，应通过多种渠道广泛征求员工意见，鼓励各级管理者参与讨论与决策。同时，积极向员工宣传规划目标与内容，争取理解与支持，并在实施过程中及时反馈进展，持续听取员工建议。

（6）重点突出原则：高效的人力资源规划应根据组织在不同时期、不同发展阶段的特定需求，明确规划的重点内容。无论是关键岗位与核心人才队伍的建设，还是组织变革时期的人员稳定，都应在规划中得到充分体现和优先保障，以确保资源投入的精准性和有效性。

（7）定量与定性结合原则：科学的人力资源规划需兼顾数据分析与专家判断。既要运用统计学、数学模型等定量方法，对人力资源进行精确预测与分析；也要借助专家智慧、情景分析等定性方法，评估未来趋势与潜在风险。将定量结果与定性判断有机结合，才能做出更为全面、科学的决策。

2. 人力资源规划编制内容

人力资源规划内容分为两个层次。其一为人力资源总体规划，明确规划期内的总目标、总原则、方针政策以及总的预算安排，是整体框架指引。其二是人力资源业务规划，包含人员补充、配置、接替与提升、培训与开发、薪酬激励、员工关系以及退休解聘等计划。这些业务规划以总体规划为导向，将其细化落地，共同构成完整的人力资源规划体系（见表 3-1）。

表 3-1 人力资源规划的内容解析表

规划层次	计划类别	目标	政策及措施	预算（示例）
战略层	总体规划	1. 支撑组织战略目标的实现。2. 确保组织在未来拥有数量充足、素质合格的人力资源。3. 优化人力资源结构。	1. 人力资源需求预测：分析内外部环境，预测未来人力资源需求。2. 人力资源供给预测：评估现有员工、外部劳动力市场。3. 制定人力资源战略：确定人力资源获取、开发、利用、保留的总体方针。4. 制定人力资源政策：如招聘、培训、薪酬、绩效、员工关系等方面的政策。	1. 人力资源部门年度预算。2. 重大项目专项预算（如大规模招聘、高管培训）。
	继任计划	1. 识别关键岗位。2. 培养潜在继任者。3. 确保关键岗位人才的连续性。	1. 关键岗位识别：确定对组织战略至关重要的岗位。2. 继任者评估：评估现有员工的潜力、绩效。3. 继任者培养：制定个性化培养计划（轮岗、导师制、培训）。4. 继任计划评估与调整：定期评估计划有效性，根据情况调整。	继任者培养专项预算（如培训、导师津贴）。
战术层	招聘计划	1. 满足组织特定时期、特定岗位的人员需求。2. 招聘到符合岗位要求的合格人才。	1. 招聘需求分析：确定招聘岗位、数量、任职资格。2. 招聘渠道选择：内部招聘、外部招聘（招聘网站、猎头、校园招聘）。3. 招聘流程设计：简历筛选、面试、测评、背景调查、录用。4. 雇主品牌建设：提升公司吸引力。	1. 招聘广告费用。2. 猎头费用。3. 面试差旅费。4. 招聘人员工资。
	培训与开发计划	1. 提升员工的知识、技能、态度。2. 提高员工绩效。3. 促进员工职业发展。	1. 培训需求分析：确定培训内容、对象、方式。2. 培训课程设计：内部培训、外部培训、在线学习。3. 培训效果评估：评估培训对员工、组织的影响。4. 培训资源管理：讲师、教材、场地、设备。	1. 培训课程费用。2. 讲师费用。3. 培训场地、设备租赁费。4. 学员差旅费。

续表

规划层次	计划类别	目标	政策及措施	预算（示例）
	绩效管理计划	1. 设定明确的绩效目标。2. 客观评估员工绩效。3. 提供绩效反馈。4. 激励员工改进绩效。	1. 绩效目标设定：SMART 原则（具体、可衡量、可达成、相关、有时限）。2. 绩效考核方法：KPI、360 度评估、目标管理。3. 绩效反馈与沟通：定期、及时、建设性。4. 绩效结果应用：薪酬调整、晋升、培训。	1. 绩效管理系统购买/维护费用。2. 绩效考核人员培训费用。
	薪酬福利计划	1. 吸引、激励、保留优秀人才。2. 确保薪酬的内部公平性和外部竞争力。	1. 薪酬结构设计：基本工资、绩效工资、奖金、津贴、福利。2. 薪酬水平确定：市场调查、岗位评估。3. 薪酬调整机制：定期调薪、绩效调薪。4. 福利项目设计：法定福利（五险一金）、补充福利（商业保险、带薪休假、员工活动）。	1. 年度薪酬总额预算。2. 福利项目预算。
操作层	员工关系计划	维护良好的员工关系，构建和谐的劳动关系，提高员工满意度和忠诚度。	1. 建立沟通机制：定期员工座谈会，员工满意度调查，建立申诉渠道。2. 劳动争议预防与处理：遵守劳动法律法规，建立争议处理机制。3. 员工关怀活动：生日会，节日慰问，团队建设。4. 组织文化建设。	1. 员工活动经费。2. 劳动争议处理费用（如律师费）。
	人员配置计划	1. 合理配置员工到各个岗位。2. 优化人力资源利用效率。	1. 岗位分析：明确岗位职责、任职资格。2. 人员盘点：评估现有员工数量、能力、绩效。3. 人员调配：内部调动、晋升、轮岗。4. 人员编制管理：控制人员数量、结构。	人员调配产生的相关费用（如异地安置费）。

3. 人力资源规划的程序和步骤

为达到预期的目的，人力资源规划要按照一定的程序和步骤推进：准备阶段、预测阶段、制订供需平衡计划、执行阶段和评估阶段。

1. 准备阶段：组织需全面分析内外部环境。内部环境分析聚焦于组织的经营战略、发展规划、管理体系、组织特点等方面，并对现有人员进行详细盘点。外部环境分析则重点关注组织运营相关的政治、经济、文化、法律法规及政策因素。充分了解并分析组织内外部环境及现有人员状况，是人力资源规划的必要前提。

2. 预测阶段：基于内外部环境分析，组织选用适当的预测方法，分别预测人力资源的需求与供给。需求预测要明确不同岗位人员的数量、质量及需求时间。供给预测则需评估内部人力资源供给与外部人力资源供给情况。准确预测供需状况，是组织采取有效措施实现供需平衡的关键。

3. 制订供需平衡计划：基于人力资源供需预测结果，组织需进行供需平衡计划的制订，包括总体规划与各项业务规划，并制定人力资源供需平衡措施。为确保可行性，人力资源计划的各部分需与组织其他计划保持一致。

4. 执行阶段：核心在于监督与控制，确保规划有效实施。同时，要关注实施过程中的科学性、可行性反馈，以及规划对环境与人员变化的适应性，从而保障规划顺利推进。

5. 评估阶段：由于人力资源规划基于预测，而预测难免存在偏差，加之组织内外部环境持续变化，因此规划需进行适应性调整。通过对规划制定基础层面、实施层面和技术手段层面评估，组织一方面能在规划执行过程中及时发现问题并调整，另一方面可在执行后总结经验教训，为后续人力资源规划工作提供借鉴与改进方向。

实训 3-2

人力资源规划：打造未来人才引擎

1. 实训目的

(1) 了解人力资源规划的基本概念、作用和意义。

(2) 理解人力资源规划与其他人力资源管理职能之间的关系，以及对企业战略目标实现的影响。

（3）掌握人力资源规划的程序步骤。

2. 实训任务

（1）个人任务

课前，学生应仔细阅读背景资料和问题，并进行深入思考，鼓励学生提出具有创新性的问题。

（2）小组讨论与报告

课前，每组由 5 至 7 名成员组成，围绕指定议题展开深入讨论，达成共识，形成一份关于背景材料中科技公司未来三年人力资源规划方案的概要。

（3）师生互动

在课堂上，各小组可通过 PPT 演示、口头报告或情景模拟等多种形式进行汇报，汇报时间控制在 10～15 分钟。老师针对学生的报告和问题进行互动，同时带领学生对关键知识点进行回顾，并对学生提出的观点进行追问，引导学生进行更深入的思考，激发学生的深度学习。

（4）企业实践

教师选择一家有一定规模的企业，要求学生深入企业，通过查找资料、与高管面谈、走访相关行业等工作，结合所学知识，以组为单位，尝试编制基本的年度人力资源规划。

Tips：背景资料及问题

某科技公司成立于 2018 年，总部位于中国上海，是一家专注于人工智能与云计算领域的高科技企业。公司目前拥有 500 名员工，其中研发人员占比高达 60%。作为一家已完成 C 轮融资、估值超过 10 亿美元的独角兽企业，某科技公司正处于高速成长期，其愿景是成为全球领先的人工智能解决方案提供商，使命是用 AI 技术赋能各行各业，创造更美好的未来。公司的核心价值观包括创新、协作、客户至上和追求卓越。该公司的核心业务涵盖智能云服务、智能硬件和行业解决方案三大板块。该公司为企业客户提供基于云计算的人工智能解决方案，服务内容涵盖数据分析、机器学习和自然语言处理，并研发、销售智能硬件产品，例如智能语音助手、智能摄像头和工业机器人。此外，该公司还针对金融、医疗、教育、零售等行业，提供定制化的人工智能解决方案。目前，某科技公司在国内智能云服务市场占有率排名前五，智能硬件产品在细分市场也具有一定竞争力，并已与多家行业龙头企业建立了战略合作关系。未来三年，公司的发展战略包括：业务规模翻番、积极拓展东南亚和北美等海外市场、持续加大研发投入以保持技术领先地位，以及构建开放的AI生态系统。该公司采用矩阵式组织结构，以兼顾职能部门和项目团队的协同运作。公司的主要部门包括：负责核心技术研发和产品创新的研发中心、负责产品规划设计和管理的产品中心、负责市场推广品牌建设和销售渠道管理的市场营销部、负责客户关系管理和销售业绩达成的销售部、负责客户服务技术支持和客户关系维护的客户成功部，以及负责人力资源、财务、行政等职能的部门。该公司在招聘方面主要通过校园招聘、社会招聘和猎头招聘等方式引进人才，但面临着激烈的人才竞争，尤其是在高端技术人才和管理人才的招聘方面存在较大挑战。公司建立了较为完善的内部培训体系，注重员工的专业技能和职业发展，但培训效果评估体系尚不完善。在薪酬福利方面，公司提供具有竞争力的薪酬福利待遇，并与绩效考核结果挂钩，但在公平性和透明度方面仍有提升空间。公司注重员工关怀，员工满意度较高，但离职率略高于行业平均水平。目前，公司尚未建立完善的人力资源规划体系，人力资源管理工作主要集中在日常事务性工作，缺乏战略性和前瞻性，但公司高层已意识到人力资源规划的重要性，并计划在未来一年内建立完善的人力资源规划体系。

请仔细阅读并思考以下问题。

(1) 作为人力资源经理，你将如何着手制定这份人力资源规划？请详细描述你的工作步骤。

(2) 在制定人力资源规划时，你需要考虑哪些关键因素？

(3) 你将如何评估这份人力资源规划的有效性？

(4) 在实施人力资源规划的过程中，可能会遇到哪些挑战？你将如何应对？

(5) 请结合所学知识，为这家科技公司设计一套未来三年的人力资源规划方案（概要即可）。

3.3　数据驱动的人力资源规划

在数智化转型背景下，人力资源规划正经历系统性变革与范式升级，主要体现在以下五个核心维度。

1. 数据驱动的决策模式转型

利用人工智能构建预测分析系统，实现人才供需的动态监测与预测。这种模式要求人力资源部门掌握数据建模与分析能力，将传统年度规划迭代为实时滚动预测，决策依据从经验判断转向多源数据融合。

2. 敏捷型组织架构重构

推动从刚性岗位体系向柔性技能池模式转型，通过网状协作平台支撑项目制团队运作。人力资源配置标准由固定编制转向动态技能标签，工作流设计需要整合远程协作与智能辅助系统。

3. 能力迭代机制创新

开发动态技能图谱系统，并依托行业人才数据监测来预测技能演化趋势。构建微证书认证体系，将分散学习成果转化为可验证的职业能力资产，要求培训体系具备快速响应与适应能力。

4. 人机协同边界重塑

智能系统承担标准化事务（如简历筛选、薪酬计算），人力资源部门专注于战略规划和员工体验优化。需要建立算法审查机制，确保人工智能应用符合劳动伦理准则，平衡效率提升与人本管理需求。

5. 风险防控体系升级

建立包含数据安全、算法偏差监测和突发事件应对的多层次防护体系。利用数字孪生技术模拟极端情况下的人力资源配置，显著增强组织抗风险能力。

在数智化浪潮下，人力资源规划正经历系统性变革和转型升级。

实训 3-3

数智时代的人力资源规划变革

1. 实训目的

(1) 了解数智时代背景下人力资源规划的新特征、新工具与新方法。

(2) 理解数智化技术对企业人力资源管理各模块（招聘、培训、绩效、薪酬等）的深层影响机制。

(3) 掌握基于数据分析的人力资源规划流程设计，以及利用智能工具进行人才需求预测、技能图谱构建和风险预警的初步技能。

2. 实训任务

(1) 个人任务

查阅文献资料梳理数智化技术在人力资源规划领域的应用案例，形成个人学习笔记（不少于 1500 字）。

(2) 小组讨论与报告

每组由 5 至 7 名成员组成，每组选定一个行业（如互联网、金融、制造、零售、医疗等），模拟该行业内一家中型企业（员工规模 500～2000 人）的人力资源部门，讨论并制定一份未来三年（2025～2027 年）的人力资源规划方案。该方案内容包括人才需求预测、技能图谱构建、敏捷组织设计、人机协作方案以及风险防控措施。围绕指定议题展开深入讨论，并将达成共识的讨论结果整理成小组报告。课堂上，各小组可通过 PPT 演示汇报，汇报时间控制在 10～15 分钟。

(3) 师生互动

在课堂上，老师针对学生的报告与问题进行互动，同时带领学生对关键知识点进行回顾，并对学生提出的观点进行追问，引发学生对问题做进一步思考，激发学生深度学习，总结数智时代人力资源规划的最佳实践与发展趋势。

Tips：背景资料及问题

数智时代，人工智能、大数据、云计算及区块链等新兴技术深度融合，驱动人力资源规划从传统经验模式向数据智能驱动范式跃迁，实现人才供需的精准预测、敏捷组织架构的动态构建与员工能力图谱的持续迭代。这一变革不仅推动企业采用项目制、平台化等新型组织模式，实现远程办公、弹性工作制等灵活工作方式，更对员工的数据分析、跨界协作及终身学习能力提出全新要求。与此同时，人力资源规划需在人机协同场景下重塑工作边界，平衡技术效率与人本关怀，并构建包含数据安全、算法公平及危机应对的多层次风险防控体系。面对日益凸显的伦理与合规挑战，企业需在数据驱动决策的同时，坚守数据隐私保护、算法透明度及员工权益保障原则，确保人力资源管理在数智化转型进程中实现可持续发展，并前瞻布局未来人力资本战略，以适应不断演进的组织形态与竞争格局。

请仔细阅读并思考以下问题。

（1）数智化对传统人力资源规划的挑战与机遇分别是什么？未来人力资源规划从业者需要具备哪些新的核心能力？

（2）如何利用数据分析技术进行精准的人才需求预测？

（3）如何构建动态技能图谱，以适应快速变化的业务需求？

（4）敏捷组织模式下，人力资源配置有哪些新特点？

（5）如何设计人机协作方案，实现人力资源管理效率与员工体验的双重提升？

（6）数智化转型过程中，企业应如何应对数据安全、算法偏见、员工隐私保护等伦理与合规问题？

第 4 章　工作分析

学习目标

1. 了解组织结构的基本概念、类型及其在不同组织中的应用，以及工作分析在组织中的重要性。

2. 理解工作分析的流程、常用方法，以及如何编写规范的工作说明书，并掌握数智时代背景下工作分析范式转型的趋势。

3. 掌握运用工作分析方法进行实际操作，并能够根据组织需求设计合理的组织结构，提升组织效率。

4.1　组织结构设计

4.1.1　组织结构

1. 组织结构定义

组织结构是组织内部为实现目标而建立的权责分配体系。它通过部门设置、岗位划分和流程设计，明确各要素间的关系，规范不同层级的职责权限与协作机制，最终形成有机协作体系。

2. 组织结构核心要素

组织结构设计包括以下要素：部门划分（根据职能模块划分专业化部

门)；层级架构（构建多级决策体系）；权责配置（明确各级管理者的决策权限、指挥链条及监督职能）；职责规范（通过岗位说明书界定各部门及各岗位的核心职责与绩效标准）；协同机制（建立跨部门协作渠道）。

3. 组织结构的作用

（1）目标达成功能

构建专业化分工协作体系，通过帕累托效率优化模型提升组织运营效能，最终实现战略目标的有效传导与落地。

（2）行为规制功能

基于权责关系矩阵建立制度约束框架，依托社会交换理论降低组织内耗，确保成员行为符合组织伦理规范。

（3）资源配置功能

运用资源基础观指导战略性部门架构设计，通过科层制优化人力资本、物质资源和财务资本的空间配置效率。

（4）人力发展功能

设计多通道职业发展体系，结合胜任力模型构建人才梯队建设机制，驱动组织智力资本的持续增值。

（5）环境适应功能

建立基于权变理论的动态调整机制，通过组织结构弹性化改造提升环境响应敏捷度，增强组织可持续竞争力。

4. 组织结构的类型

（1）直线制是科层制组织的原型，以垂直权力链为核心构建单线指挥系统。其特征是决策权集中于最高管理层，形成金字塔式职权梯度，执行层仅对直属上级负责。其管理效益体现在缩短信息传递路径、降低沟通损耗，以及依托明确的责任归属提升执行确定性。适用于初创期小微企业（员工规模<50人）、工艺流程简单的制造业单位，特别在应急指挥系统等需要快速响应的场景中表现突出。

（2）职能型结构基于泰勒科学管理理论，按业务功能模块划分管理部门。其特征是建立财务、生产、营销等专业职能部门，形成纵向专业深化的发展路径。其管理效益体现在通过职能专家集聚产生知识溢出效应，利用标准化流程降低培训成本，特别在质量管控领域具有显著优势。适用于中等规模（员工 50～500 人）的标准化产品制造商，如汽车零部件供应商、连锁餐饮企业等重复性作业场景。

（3）事业部制（M 型结构）是钱德勒“结构追随战略”理论的实践范式，将组织划分为战略业务单元。其特征是各事业部具备完整价值链功能，实行“集中决策、分散经营”的利润中心制。其管理效益体现在通过市场压力传导激活单元竞争活力，借助内部资本市场优化资源配置，有效控制多元化经营风险。适用于跨国企业集团、多品牌运作的消费品公司，尤其在需要快速响应区域市场差异时体现结构优势。

（4）矩阵式结构是为解决复杂任务协同需求衍生的多维管理体系，融合职能专业与项目管理的双重维度。其特征是“职能部门+项目团队”的网格架构，员工接受双重考核评价。其管理效益体现在通过资源跨部门流动提升使用效率，借助知识迁移促进创新能力发展。适用于工程咨询公司、航空航天研发机构，在需要整合多元技术能力的 EPC 总承包项目中表现尤为突出。

（5）网络型结构是数字化转型催生的新型组织范式，通过 ICT（信息与通信技术）技术重构组织边界。其特征是构建核心节点控制的虚拟协作网络，建立模块化契约合作关系。其管理效益体现在通过轻资产运营降低固定成本，利用弹性契约增强环境适应能力，显著提升组织敏捷性。适用于平台经济企业、开源软件开发社区，在需要快速整合全球资源的知识密集型领域具有独特优势。

4.1.2 组织结构设计

1. 组织结构设计定义

组织结构设计是指根据组织的战略目标、内外部环境、业务特点等因素，对组织的部门划分、层级设置、权力分配、责任界定、协作机制等方面进行系统规划和调整的过程，旨在构建具有环境适配性、战略传导性和运营敏捷性的组织能力体系。其核心产出包括组织架构图、职位说明书及跨部门协作规程三大制度性文件。

2. 组织结构设计的原则

（1）战略传导原则，构建战略目标分解机制，通过组织结构要素（部门/流程/职权）的协同配置实现战略地图的有效落地，即组织结构设计必须服务于组织的战略目标。

（2）专业深化原则，建立职能模块化与岗位专业化矩阵，形成 T 型人才发展通道，实现知识累积的规模经济效应。

（3）指挥统一原则，设计单向度命令传导链，通过岗位说明书明确汇报关系，规避多头领导导致的权责离散现象，确保每个员工只接受一个直接上级的领导。

（4）权责均衡原则，构建权力—责任—利益等边三角模型，确保决策权限与任务承担精确匹配，避免权力过大或责任不清。

（5）控制跨度原则，建立管理层级与幅度的动态平衡模型，确保管理者直接管理的下属数量要适度。

（6）组织弹性原则，建立环境扫描—结构调适—能力迭代的循环机制，通过模块化架构设计保持结构可扩展性，使组织结构能够适应内外部环境的变化。

（7）精益效能原则，实施价值流分析消除非增值环节，构建扁平化、轻量化的敏捷架构，组织结构力求精简，避免机构臃肿，层次过多，效率低下。

（8）市场嵌入原则，建立前端客户界面单元与后台支持系统的无缝对接机制，通过 NPS（净推荐值）监测优化客户触点布局，即组织结构设计要考虑客户需求，方便客户。

3. 组织结构设计的影响因素

（1）组织战略决定组织结构

当组织选择成本领先战略时，通常采用高度标准化、层级分明的机械式结构以提升效率；而实施创新战略时，则需构建扁平化、跨职能协作的有机式结构（如矩阵制）以加速决策。

（2）组织规模影响组织结构。

规模扩张会显著增加管理复杂度。小型组织可采用直线制结构，由管理者直接协调全部活动；大型组织则需通过职能分工、增设管理层级或建立分权式事业部制来降低协调成本。

（3）技术特点影响组织结构

技术类型决定组织的协作模式。技术密集型组织依赖知识共享与快速迭代，倾向于项目制或网络化结构；劳动密集型组织则通过职能型结构实现流水线标准化管理。

（4）环境因素影响组织结构

外部环境稳定性影响结构的适应性，环境不确定性越高，组织结构越需柔性化。在稳定环境中，机械式结构通过规则与程序维持高效运作；在动态环境中，有机式结构通过跨部门团队、临时项目组等方式快速响应变化。

（5）人员素质影响组织结构

员工专业能力与自主性水平直接影响授权程度。高素质团队可减少管理层级，采用扁平化结构；反之则需强化层级控制与标准化流程。随着知识型员工比例上升，现代组织更倾向于构建学习型团队与弹性工作单元。

（6）组织文化影响组织结构

文化价值观通过非正式规则塑造结构形态。强调创新的组织往往弱化等级界限，鼓励员工跨层级协作；注重风险控制的组织则通过清晰的指挥链与审批程序保障合规性。

4. 组织结构设计的步骤

（1）明确组织目标是组织结构设计的首要步骤

组织结构是实现组织目标的工具，组织目标源于组织的战略，是组织战略的具体化和可操作化。

（2）组织结构设计需要分析内外部环境

组织结构设计需要分析内外部环境。外部环境为宏观环境（政治、经济、社会、技术、环境、法律等）和行业环境（竞争对手、供应商、客户等）；内部环境包括组织的资源、能力、文化等。

（3）确定组织结构类型

根据组织目标和环境分析结果，选择合适组织结构类型，如直线型、职能型、事业部制、矩阵制和网络型等。

(4) 进行部门划分和层级设置

将组织划分为若干个管理单元，层级设置是确定组织纵向的管理层级。

(5) 设计岗位职责和权力关系

岗位是组织结构的基本单元，岗位设计包括岗位职责、权力关系和任职资格。

(6) 建立协作机制

组织结构设计不仅要考虑部门划分和层级设置，还要建立有效的协作机制（正式沟通渠道、非正式沟通渠道、跨部门协作机制和冲突解决机制），以确保组织目标的实现。

(7) 评估和调整

组织结构设计是一个动态过程，需要定期评估和调整，以适应内外部环境的变化。

5. 岗位设置表的编制

岗位设置表（或称职务说明书）是人力资源管理的基础文件，它详细、规范地描述了组织内某一特定岗位的职责、任务、权限、任职资格等关键信息，是进行人力资源管理活动的重要依据。

(1) 岗位分类

组织中的岗位可按职能划分为以下几类。

生产岗位，直接参与产品或服务生产。

执行岗位，承担具体任务执行。

专业岗位，需要特定专业知识、技能和经验。

监督岗位，负责监督、检查、指导和评估。

管理岗位，负责组织、协调、领导和控制组织资源。

决策岗位，负责制定组织的战略方向、重大决策和政策。

(2) 岗位设置原则

岗位设置应遵循多项原则，以确保其有效性和合理性。

目标导向，即服务于组织战略目标。

因事设岗，以工作任务为出发点，而非因人设岗。

精简高效，避免岗位重叠，提高工作效率。

动态调整，以适应组织内外部环境变化。

规范统一，确保格式、内容、术语的一致性。

全面客观，反映岗位工作内容和要求。

数量适宜，在满足组织运营需要的前提下，尽可能减少岗位数量。

协同高效，实现岗位间的有效配合。

经济科学系统，符合经济性、科学性和系统性原则。

实训 4-1

组织结构设计：案例分析与结构优化

1. 实训目的

（1）了解组织结构的基本概念、类型和设计原则。

（2）理解组织结构设计步骤，以及各步骤之间的关系。

（3）掌握运用组织结构设计工具，分析案例，设计组织结构，并撰写实训报告的能力。

2. 实训任务

（1）个人任务

请学生复习并掌握组织结构相关知识，包括：不同组织结构类型的特点、组织结构设计的影响因素、组织结构图绘制工具的使用以及岗位说明书的编写规范与模板。

（2）小组讨论与报告

每组 5～7 名成员，选出组长并明确分工。各小组访谈本校人力资源部门，调研本校组织结构和岗位设置情况。小组讨论本校组织结构设计现状，鼓励成员充分发表意见并提出改进建议。每组编制本校组织结构图和岗位设置总表，并在课堂上进行 PPT 展示，汇报时间 10～15 分钟。

（3）师生互动

教师点评各小组编制的本校组织结构图和岗位设置总表，并针对学生的观点进行追问，引导学生深入思考，激发深度学习。

Tips：背景资料及问题

假设学生所在高校需修订本校组织结构图和岗位设置总表，需重点掌握以下资料：

（1）学校总体任务目标。

（2）实现学校目标所需的基本职能和职务。

（3）执行具体工作所需的职能部门、管理职务类别和数量。

（4）现有的组织结构图、结构类型、特点及设计原则。

（5）部门划分、层级设计的现状，以及原有的岗位设置总表和部门岗位设置表。

（6）各部门内部岗位设置情况及设计原则。

（7）每个岗位的编号、所属部门和名称。

（8）每个职务人员的主要工作职责、任职条件、权力及责任范围。

思考并回答以下问题。

（1）学校目前采用何种组织结构类型？其优缺点是什么？

（2）请设计新的组织结构，并阐述设计依据。

（3）请为关键岗位编写岗位说明书。

（4）你认为高校在组织结构设计方面还应考虑哪些因素？

4.2　工作分析

4.2.1　工作分析的组织与实施

1. 工作分析的含义

工作分析，又称职务分析，是人力资源管理的基础性工作，指通过系统的方法，收集、分析和确定组织中各个岗位的工作内容、职责、任职资格等信息的过程。其结果通常以工作说明书（岗位设置表）的形式呈现，包括岗位描述（岗位内容、职责等）和岗位规范（任职资格）。工作分析旨在为管理活动提供与工作有关的各种信息，可以用6W1H来概括（见表4-1）。

表4-1 工作分析基本问题6W1H

6W1H	解释
责任者（who）	任职者具体需要哪些知识和技能？包括经验、受教育程度、所受培训、身体条件、心理素质、性格、社会技能等。完成岗位任务还需要哪些特殊技能？
内容（what）	岗位的内容是什么？是管理岗位还是一般岗位？是技术岗位还是操作岗位？岗位的职责和义务是什么？岗位任务的复杂程度如何？
岗位时间（when）	岗位的时间如何安排？是否需要经常加班？该岗位与哪些岗位的工作内容存在时间上的前后关系？
岗位（where）	岗位的办公地点在哪里？是否需要经常出差？该岗位与其他岗位的关系是什么？岗位的工作环境如何？
为何要做（why） 服务对象（for whom）	该岗位对于其他岗位或整个组织运转有何重要意义？该岗位为谁服务？
怎样操作（how）	该岗位有哪些具体的岗位任务？岗位的基本职能有哪些？相关岗位有哪些？

2. 工作分析的目的与意义

工作分析作为人力资源管理的基础工具，其核心在于回答两个关键问题：第一，岗位的职责边界与工作标准（应该做什么）；第二，岗位的任职资格与能力要求（适合谁来做）。这一系统性管理工具通过收集、整理和分析岗位信息，为组织构建三大基础支撑。

（1）岗位管理基础：制定岗位说明书，明确组织架构与岗位价值。

（2）人员配置标准：建立招聘选拔、绩效考核、薪酬设计的客观依据。

（3）发展指导体系：为员工培训、职业发展及组织流程优化提供决策支持。

3. 工作分析的原则

（1）系统性原则

工作分析应是一个系统性的过程，涵盖规划、信息采集、成果应用等阶段，确保各环节逻辑闭环与动态反馈。

（2）客观性原则

以事实为依据，客观、真实地反映岗位的工作内容和要求，避免主观臆断，强调第三方验证机制，排除个人主观判断对岗位画像的干扰。

（3）全面性原则

全面收集岗位信息，包括工作内容、权责边界、绩效标准、任职资格、工作环境等各个方面。

（4）动态性原则

工作分析应随着组织发展和环境变化而进行动态调整，保持其时效性和适用性，建立岗位信息更新触发机制，当组织战略调整、技术革新或业务流程再造时，须启动岗位分析迭代程序。

（5）参与性原则

应鼓励员工参与工作分析，听取员工的意见和建议，提高工作分析的准确性和员工的认可度。

（6）标准化原则

遵循一定的规范和流程，采用科学的方法和工具，实施信效度检验，保障跨部门岗位评价尺度的统一性。

（7）价值最优化原则

通过岗位分析，获得岗位设置和岗位职责分配最优化，实现岗位设置与战略目标的高度耦合，促进组织人力资本投资回报率最大化。

（8）能级匹配原则

依据组织架构中的指挥链层级（如战略层、运营层、执行层），配置差异化的岗位决策权限与资源配置额度，形成梯度分明的能量传导体系。

4. 工作分析实施的触发机制

（1）组织运行效能异常

当出现部门协作壁垒、岗位职责交叉、员工绩效持续下滑等现象时，表明现有岗位体系已无法支撑组织正常运转，需通过工作分析重建岗位权责图谱。

（2）组织变革与技术迭代

包括但不限于，战略方向调整引发的业务模块重组、数字化转型要求岗位技能结构更新、流程再造导致工作标准与产出要求变化。

（3）人力资源管理失序

当出现以下典型症状时，需启动工作分析：招聘标准与岗位实际需求脱节；绩效考核指标缺乏岗位行为锚定；培训内容未能覆盖核心岗位能力短板。

5. 工作分析的流程（见图 4-1）

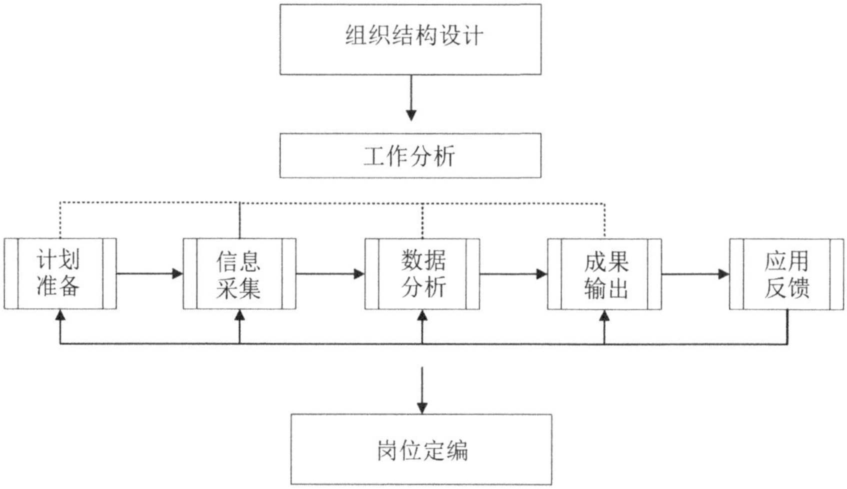

图 4-1 工作分析流程

（1）计划准备阶段

明确分析目标和适用范围，组建跨职能团队，制定实施方案（包括信息采集方法组合和标准化操作手册），并进行宣传和沟通。

（2）信息采集阶段

准备系统资料，包括组织架构图、部门职责说明书、现有岗位说明书等。进行多维数据收集，包括组织维度、工作维度和人员维度。建立质量控制机制，确保数据信效，选择合适的工作分析方法。

（3）数据分析阶段

包括信息结构化处理，建立岗位要素编码体系；职能模块解构，确定其核心职责、辅助职责和临时性任务；岗位价值评估，为后续薪酬体系设计提供依据。

（4）成果输出阶段

编制标准化文档，如岗位说明书、岗位规范和胜任力模型等。确定动态维护机制，如设置版本号管理制度，规定定期复核周期。

（5）应用与反馈阶段

将工作分析结果应用于招聘、培训、绩效考核、薪酬设计等其他人力资源管理活动。建立岗位分析数据库，通过员工满意度调查、业务部门反馈等渠道进行效果评估，持续改进。

6. 工作分析实施方案制定

（1）实施背景陈述

阐释变革动因，阐明组织内外部环境变化对工作分析必要性的影响，并说明相关法律法规对工作分析的具体规定。进行管理痛点分析，明确工作分析需要解决的具体问题。

（2）目标与信息类型确定

明确本次工作分析的具体目标，以及为实现这些目标所需侧重收集的信息类型。

（3）背景资料收集与分析

系统收集与分析组织结构图、现有岗位说明书、流程文件、绩效数据等相关资料，为工作分析提供基础信息支撑。

（4）典型工作选择

根据工作分析的目标和范围，选择具有代表性的岗位进行重点分析，以提高效率、降低成本。选择时应考虑岗位的重要性、复杂性、稳定性等因素。

（5）信息收集方法确定

根据信息类型和实际情况，选择合适的信息收集方法，如观察法、访谈法、问卷调查法、工作日志法、关键事件法等，并制定详细的工作流程。

（6）组织及人员准备

成立工作小组并明确项目负责人、参与人员及其职责分工。与相关人员充分沟通工作分析的目的、意义、流程及可能产生的影响，并对参与人员进行必要的方法培训，确保工作分析的顺利实施。

（7）实施程序规划

制定详细的工作分析实施时间表、步骤、资源预算及质量控制措施，确保项目按计划推进并达到预期效果。

7. 工作分析的实施技巧

（1）聚焦关键绩效领域

工作分析应优先关注对组织目标达成至关重要的岗位职责和绩效指标，避免面面俱到，确保分析结果的针对性和实用性。

（2）提升员工参与度

鼓励员工积极参与工作分析过程，如提供信息、参与访谈、反馈意见等。这不仅能提高信息的准确性，还能增强员工对工作分析结果的认同感和接受度。

（3）奠定明确基础

在启动工作分析前，应明确分析目的、范围、方法、时间表及预期成果。清晰的规划是确保工作分析顺利进行、避免资源浪费的重要前提。

8. 工作分析实施的注意事项

（1）构建跨部门协作团队

团队成员应包括人力资源部门人员、业务部门主管以及关键岗位任职者。建立沟通协调机制，定期召开联席会议。明确团队成员的职责分工：人力资源部门负责组织协调，业务部门提供专业知识，关键岗位任职者提供实践经验。

（2）制定标准化工作流程

明确关键工作分析步骤，如信息收集、数据分析、结果输出等。编制详细的标准作业程序，为每个步骤提供明确的工作指导。确保标准作业程序的可操作性，以便责任人理解和执行。

（3）实施过程监控与质量评估

建立过程监控机制，跟踪并控制工作分析的各个环节。运用质量管理工具，持续改进工作分析流程。高度重视工作质量，确保工作分析结果的准确性与可靠性。建立质量评估体系，定期评估工作分析结果，并根据评估结果进行必要的调整。

4.2.2　工作分析的方法

工作分析的方法是指在工作分析过程中收集信息的技术和途径。由于不同方法各有优缺点，且单一方法难以获得全面信息，因此通常需要综合运用多种方法。工作分析方法可以概括为定性和定量两大类。

定性的工作分析方法

1. 实践法是指分析人员直接参与并执行目标工作，通过亲身体验获取工作要求的第一手资料。这种方法特别适合短期可掌握或工作内容相对简单的岗位，但对于需要长期专业训练或存在较高风险的工作则不太适用。

2. 观察法是指分析人员通过直接观察工作过程，并按标准格式记录各环节的内容、原因和方法，从而系统性地收集工作任务、责任和工作环境等方面的信息。使用观察法应遵循以下原则：被观察工作应相对稳定；主要适用于大量标准化、周期短且以体力劳动为主的工作；确保观察样本的代表性；尽量不引起被观察者注意；事先制定详细的观察提纲和行为标准。

3. 访谈是指通过与特定岗位相关人员进行有针对性的交流和讨论，以获取工作详细信息。访谈通常按预先设计的提纲（见表 4-2）进行，目的是全面了解工作内容和要求。访谈对象应包括：该职位的直接任职者、熟悉该工作的直接主管、与该职位工作联系紧密的相关人员和职位任职者下属。

表 4-2 工作分析访谈提纲示例

访谈目的：职位体系设计、核心职位的确认、部门经理的关键职责与权限、任职资格，以及组织在薪酬和考核方面存在的问题及其现有考虑。 访谈导入语： 您好！很高兴今天有机会与您交流。我们希望通过此次访谈了解××公司人力资源管理的相关情况，并与您共同探讨公司在改制过程中需解决的问题。我们承诺严格保密访谈信息，本次交流仅针对事务本身，不涉及个人评价。 接下来，我们将针对性地提出一些问题，希望您能客观、坦诚地分享您的看法与建议。 现在我们可以开始了吗？
01. 请用一句话概括您岗位的主要工作内容及需达成的目标。 02. 与您进行工作对接的主要人员有哪些？主要通过哪些方式联系？ 03. 您认为自身的主要工作职责是什么？请列举至少 5 项具体职责。 04. 您如何履行上述职责？执行过程中遇到的主要困难或问题有哪些？ 05. 请评估上述职责在总工作时间中的占比，并指出耗时最多的 3 项职责。 06. 上述职责中，对公司最具价值的核心职责是什么？ 07. 组织赋予您的主要权限有哪些？其中哪些权限界定合理，哪些需重新调整？ 08. 针对上述职责，您认为出色完成的标准应如何界定？ 09. 您需要其他部门或岗位提供哪些支持与配合？当前哪些支持效果较好，哪些仍需改进？ 10. 为出色完成职责，您认为须具备何种学历背景、工作经验（类型与时长）？对计算机及外语能力有何要求？ 11. 为出色完成职责，需掌握哪些专业知识与技能？须具备何种个性特质？ 12. 您工作中的自主决策空间有多大？是否需频繁加班？工作负荷是否分布不均？工作中是否需要高度集中精力？

4. 问卷调查法是工作分析中最常用的方法，通过设计专业问卷，系统性地收集工作相关信息。该方法特别适用于涉及大量员工的工作分析，具有高效率的显著优势。其核心优势在于能够快速、系统地获取广泛的工作信息，并为后续人力资源管理提供科学依据。问卷调查法的基本流程包括：设计专业问卷（见表 4-3）；由相关岗位员工填写问卷；对问卷进行归纳分析并详细记录；撰写工作职务描述；征求相关岗位人员意见；最终编制工作说明书和规范标准。

5. 关键事件法主要应用于绩效评估领域。该方法通过记录典型工作行为事件，建立绩效。其优点是应用范围广泛、测量准确性高以及行为价值明晰；局限性在于时间成本较高、描述完整性不足以及样本覆盖局限。关键事件是指在工作中直接影响成功或失败的关键性行为或事件。该方法要求分析人员、管理人员和岗位员工共同参与，详细记录并分析这些关键事件，从而深入理解岗位的特征要求和绩效影响因素。需注意调查期限不宜过短；关键事件的数量应足以说明问题，事件数目不能太少；正、反两方面的事件都要兼顾。

表 4-3　工作分析调查问卷设计提纲

前言：介绍问卷调查目的用途，请员工配合。
01. 基本资料：岗位名称、部门、填表人姓名、填表日期、岗位分布、上司与下属岗位名称等。
02. 职位概述：【工作依据/范围】在××（制度/政策/上级要求）下，根据××（数据/资源/流程），开展/从事××（核心工作内容）工作，以实现××的（具体）目标。最好用最简洁的语言一句话表达出来。
03. 核心职责与绩效标准：工作任务中属较为重要的职责及工作标准。描述岗位职责内容的格式为：动词+宾语+目的描述。绩效标准主要用成本、时间、数量与质量等指标描述。
04. 责任范围：汇报、监督、指导、预算、控制、会议、保密、培训等内容。
05. 岗位权限：常用的权限有决策权、建议权、监控权、裁决权、决定权、人事权、审批权、审定权、监督检查权、使用权、制止权和处罚权、命令整改权、盘查权、指挥权、督办权、监督实施权、督促权、索取权、提名权等。根据任职者岗位自行选择，其中包括已落实的权限和未落实的权限。
06. 工作协作关系：请详细地描述任职者在工作中需要接触到哪些岗位、哪些部门、哪些外部单位。
07. 任职资格：包括教育水平、专业、经验、培训、业务知识、基本技能要求、个性素质与能力要求等。
08. 工作特征：包括工作时间、环境、工作设备仪器等。
09. 职位关系：包括向上、向下或横向调整职位与本职位关系。
10. 附加说明：本职位还有哪些方面需要补充说明？请列出。

6. 工作日志法（工作写实法）通过任职者系统记录每日工作内容与流程，经归纳分析实现工作分析目标。其核心优势在于数据真实性强、成本较低，可有效获取工作职责、内容结构及劳动强度等信息，特别适用于技术含量较高或流程复杂的工作场景；其局限性在于，数据采集易受记录者主观因素影响，要求任职者具备准确的岗位认知能力；主要适用于工作周期短、状态稳定的常规岗位；原始数据整理工作量较大，且需辅以专业核查来修正可能的记录偏差；持续记录可能干扰正常工作，若采用第三方观察记录则会显著增加人力成本。

7. 资料分析法通过系统性梳理现存管理制度文件，预先掌握岗位任务、权责边界及任职要求等基础信息，从而降低工作分析成本。该方法具有成本效益高、实施效率突出的特点，能为深度工作分析提供结构化数据支撑，但在组织管理体系不完善或规模较小的组织中存在信息更新滞后、数据完整性不足的局限，通常需与其他工作分析方法配合应用以实现精准分析。

定量的工作分析方法

1. 职位分析问卷法是由美国普渡大学麦考密克团队研发的定量化工作分析方法，其核心采用人员导向问卷系统，通过 187 项标准化工作要素和 7 类薪酬关联指标，系统解构岗位的行为模式与任职要求。该方法基于“工作行为存在可量化分析的结构性特征”理论假设，通过六维度分类体系实现跨岗位可比性分析，特别适用于人力资源开发中的培训体系设计与绩效考核优化。作为经典的结构化分析工具，职位分析问卷法突破具体工作技术限制，在组织变革与岗位重构中具有显著方法论优势。

2. 管理职位描述问卷法是工作导向型分析工具，通过 13 个核心管理维度的 208 项标准化指标，系统解析管理者在战略决策、资源配置及团队领导等方面的职能特征。该问卷聚焦管理岗位特有的责任边界、权限层级与组织影响力要素，为管理人才培养、绩效评估体系构建及薪酬方案设计提供实证依据。作为经典的结构化方法，其突出优势在于突破行业壁垒实现跨组织管理岗位对标分析，但方法应用受组织管理模式的制约，在动态管理环境中存在适应性局限，且标准化数据采集需要较长的实施周期。

3. 美国劳工部职位分析法通过建立信息处理、人际协调和任务执行的三维度加权评估模型，实现对不同岗位的量化分析与横向比较。该体系首先构建包含难度等级评分标准的复合评价指标，进而对目标岗位在各维度的操作复杂度进行专业评估，最终通过加权积分形成综合量化值。其评价逻辑呈现逆向相关性特征：综合得分与岗位复杂度呈负相关，得分越低反映岗位履职难度越高，得分越高则表明岗位作业流程的标准化程度越高。

4. 功能性职务分析法：功能性职务分析法在继承美国劳工部职位分析三维度框架基础上，创新构建包含工作指导明确性、决策自主度、量化分析能力及语言表达要求的多维分析框架。该方法通过细化岗位操作的智力参与维度与能力结构化指标，不仅实现岗位价值的精准量化，更能建立岗位能力模型，为绩效标准制定、培训体系设计及任职资格开发提供系统性解决方案，显著提升传统职位分析方法在人力资源管理实践中的应用效能。

胜任力素质模型已发展为工作分析的重要补充工具，其通过识别岗位所需的动机特质、认知模式及行为特征等深层素质，构建超越传统职位说明书的差异化能力标准体系。该模型不仅关注岗位任职的基础性知识技能，更聚焦驱动高绩效表现的潜在能力要素，为人才选拔、培养开发及继任计划提供更具预测效度的评估框架，有效弥补传统工作分析在动态岗位需求响应中的局限性。(见5.2.3胜任素质模型与胜任素质测评概述)

4.2.3 工作说明书的编写

1. 工作说明书的概念

工作说明书（职位说明书、岗位说明书）是工作分析的直接结果之一，以标准化格式系统呈现工作分析成果，主要包括两大构成要素：工作描述与岗位要求。工作描述系统界定岗位职责、工作流程及绩效标准，具体涵盖工作内容、任务范畴、职责权限与工作环境等操作维度；岗位要求明确规范岗位胜任力要求，涉及专业知识、技能水平、教育背景、工作经验及身体素质等能力指标，为人才选拔、绩效考核及薪酬设计提供客观依据。

2. 工作说明书的内容

工作说明书作为标准化人力资源管理工具，包含基础标识信息、职能解析体系、任职能力标准及工作环境参数四大模块。基础标识模块涵盖岗位名称、组织隶属关系、薪酬等级与编制规模等基础数据；职能解析模块系统地描述工作流程与责任边界，包括任务执行标准、可量化的绩效产出指标、设备资源配置及跨岗位协同关系；任职能力模块明确了知识技能门槛与经验要求，重点构建岗位胜任力模型；环境参数模块则规范了物理工作条件与安全标准，为岗位配置提供了物理维度的约束。工作说明书通过结构化信息集成，实现了对岗位画像的精准描摹，为人才选、育、用、留全流程提供基准参照。

3. 工作说明书的应用

（1）招聘配置

工作说明书通过分析岗位及其任职条件，明确了工作目的、职责和任职资格等，为确定招聘要求和甄选标准提供了依据。

（2）培训与开发

完善的岗位说明书有助于员工履行现有工作职责，熟悉执行本岗位职责所依据的制度和规定。通过入职教育和岗位培训，员工可以学习本岗位的要求，从而胜任工作。此外，员工还可以通过工作说明书了解岗位的能力素质与任职资格要求，据此有针对性地制定岗位培训计划。

（3）绩效考核

以 KPI 为核心的绩效考核体系，其基础是对岗位职责的清晰界定。岗位职责为制定岗位的绩效考核指标以及岗位间的关联绩效指标提供了依据。

（4）岗位价值评估和薪酬管理

工作分析和工作说明书是岗位价值评估的基础。工作分析有助于确定岗位评定指标，这些指标是获取薪酬回报的报酬要素，体现了组织对员工的要求与期望，对员工具有引导作用。岗位价值评估在工作说明书、工作分析与薪酬体系之间起着桥梁作用。

4. 工作说明书的编制原则

（1）目标明确原则

编写工作说明书前，首先要明确岗位工作目标，然后围绕该目标设计岗位职责。

（2）源于现实又超越现实原则

工作说明书的信息应基于实际工作，既要反映现实情况，又要能指导员工超越现状。

（3）指导与帮助原则

工作说明书应为任职者提供工作指导，帮助其达成岗位工作目标。

（4）分工协作原则

岗位是因分工而设，彼此之间存在分工与协作的关系，而非孤立存在。

5. 工作说明书的编制

（1）职位名称：对工作进行明确和规范的命名，有助于职位管理。

（2）所在部门：指该职位所属的机构或部门。

①机构或公司的正、副职填写所在机构或公司的名称。

②各部门人员填写所在机构或公司及对应部门的名称。若有处室，一般员工还需注明所属处室。

（3）报告关系：该职位的直接上级。常见情况如下。

①机构（包括子公司、分公司、事业部、工厂）或部门副职的直接上级是正职。

②各部门或机构正职的直接上级是对应的主管领导。

③部门内人员的直接上级通常为该部门正职。若有处室，处长的直接上级是部门正职，处内员工的直接上级是处长。

（4）职位薪资等级：指该职位经过职位评估和薪酬设计后的职位级别与薪资等级。

（5）职位编号：是职位的唯一代码，用于快速查找和识别所有职位。编号的复杂程度应根据组织的实际需求来确定。其编制步骤：首先为整个集团所有机构编号，然后为机构内的部门编号，再对部门内的各处室编号，最后对各处室的职位编号。完成工作说明书的编制后，由人力资源部统一为所有职位编号，并将编号填写在相应栏目中。

（6）编制日期：工作说明书的具体编写日期。通常在正式发布时由人力资源部统一填写。

（7）职位概要：职位设置的目的，以一句话简要概括工作的主要职能，明确该职位存在的理由。

（8）职位位置

表明本职位在整个组织中的层级和位置。

(9) 职责要求

职责与任务是工作说明书中最为复杂的部分。为了清晰地描述职位，需要明确该职位的职责范围和权限。职位职责源于组织使命的分解，即根据组织目标，明确该职位需要完成的具体工作。编写职责时，首先要确定本职位需要负责的几个主要工作方面，然后对每项工作进行详细描述。描述时，建议采用“动词+名词性宾语+补充说明”的流程化格式。

(10) 关键业绩指标

指评价该职位工作效果的方面和标准。工作说明书中只需列出关键的考核方面即可。考核标准和等级在考核制度中详细说明。

(11) 任职资格

任职资格描述了胜任该职位所需的人员条件，而非针对现有人员。任职资格通常包括以下几个方面。

①资历包括学历（学位）、专业（或培训经历）、职称和工作经验(包括一般工作经验和特殊工作经验)。

②所需资格证书指从事该工作必须具备的专业证件，而非职称。

③知识要求包括业务知识和管理知识。

④技能包括基本技能和业务技能。基本技能是指完成工作所需的通用操作技术，例如写作、外语和计算机应用能力。业务技能是指开展具体业务工作所需的专业知识和能力。

⑤能力要求指完成工作应具备的能力，包括所需能力及其级别。通常列出三到五项即可。

⑥素质要求指胜任该职位所需的个性或特质，通常列出一到两项即可。常见的素质要求有：情绪稳定性、责任心、团队合作精神、心理承受力、忠诚、自我认知、全局意识、人际敏感性、成就动机及魄力等。

(12) 工作关系

指与本职位有较多工作往来的组织内外部沟通对象。

(13) 职业通道

工作说明书中的职业通道仅从专业角度提供参考性意见，说明晋升或轮岗的方向，具体到个人的职业发展，则需结合实际情况决定。

6. 工作说明书编制注意事项

（1）职位说明书的内容可根据工作分析目标进行调整，内容详略应适配具体需求。

（2）职位说明书可采用表格或叙述形式呈现，但需包含编写人员信息（如分析人员姓名及参与人数）。

（3）编写要求应满足以下标准：内容具体明确，重点突出；表述清晰易懂，逻辑严谨；语言规范准确，简洁精炼；格式实用性强，便于应用。

实训 4-2

企业组织诊断与工作分析实践

1. 实训目的

（1）了解组织结构的基本类型、特点及其对企业运营的影响，了解工作分析的基本概念、流程和常用方法。

（2）理解特定企业组织结构的设计原则和优劣势，理解工作分析在人力资源管理中的重要作用，以及工作分析与组织结构之间的关系。

（3）掌握运用工作分析方法解决实际问题的能力，包括：分析企业组织结构现状、制定工作分析计划书、编写规范的工作说明书等，并能在团队中有效协作，进行成果展示和交流。

2. 实训任务

（1）个人任务

课前，请学生复习关于组织结构与工作分析的相关知识，仔细阅读背景资料及问题并深入思考，鼓励学生提出具有创新性的问题。

（2）小组讨论与报告

每组由 5～7 名成员组成，推选组长并明确组内分工，根据要求进行分析讨论并设计方案。各组需在课堂上进行 PPT 展示，汇报时间控制在 10～15 分钟。

（3）师生互动

教师点评各小组工作分析报告，并针对学生的观点进行追问，引导学生深入思考，激发深度学习。

Tips：背景资料

某公司是一家位于深圳的高科技公司，成立于2010年，专注于人工智能（AI）技术在智能硬件和软件领域的研发、生产和销售。公司拥有自主研发的核心技术，产品涵盖智能家居、智能安防、工业自动化等领域，并在国内外市场享有一定的声誉。公司目前正处于快速发展阶段，员工人数450人。

某公司（副）总经理下设17个部门：共有行政职能部门4个，支持部门4个，前端销售部门3个，事业部门2个，技术部门4个。公司的组织结构如图4-2所示。

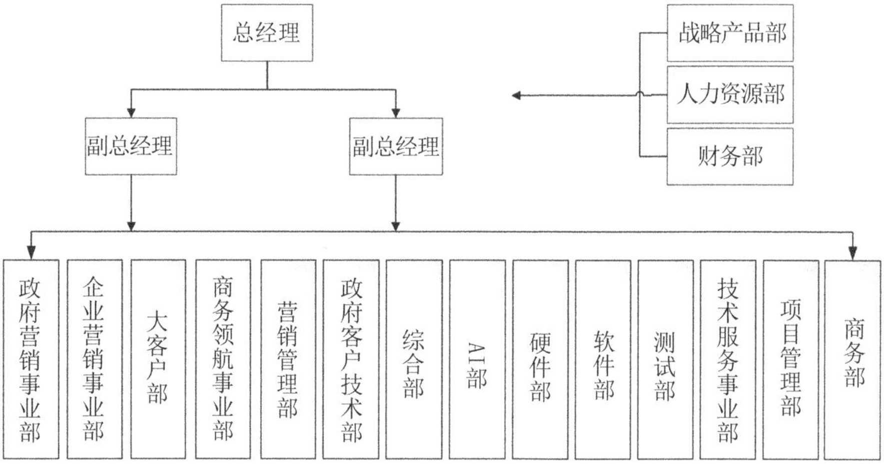

图4-2 某公司组织结构

某公司现有员工450人，分为七个小类（软件类、硬件类、AI类、市场类、销售类、行政类及管理类），也可大致分为三大类：生产岗位人员、营销岗位人员和行政岗位人员。具体构成情况为：生产岗位292人，占65%；前端营销岗位115人，占26%；行政管理岗位43人，占9%。

全体员工中，拥有本科及以上学历人员占53.1%，拥有大专学历人员占40.0%，中专学历人员占4.1%，其他学历人员占2.8%。从年龄构成来看，大部分员工处于25～35岁，30岁以下的员工约占员工总数的2/3。从职业技能状况来看，拥有高级职称和专业技术证书的人员80余人，中级职称及专业技术证书200余人；拥有项目经理证书的人员70人，其中包括国家高级IT项目经理3人、IT项目经理25人、PMP证书3人、通信工程项目经理9人、公司级IT项目经理30人。总体而言，该公司的人力资源现状表现出年龄和技能结构较为合理、具备人力资源基础优势的特点。

技术研发人员约占公司员工总数的65%，大多居于生产岗位，即软件部、硬件部和AI部；他们大部分拥有较高学历，技术素质较高，年纪较轻。软件研发人员岗位由高到低分为四个级别：技术总监、部门经理（项目经理)、需求分析及架构设计人员、软件编程人员。其中，技术总监主要负责公司产品总体研发及管理工作，项目经理主要负责公司立项项目实施全过程的管理。同时，小型项目中的需求分析和架构设计也主要由项目经理负责。需求分析及架构设计人员主要负责大型项目的客户需求分析，与客户沟通协调客户关系，指导软件产品的架构设计方案。软件编程人员主要负责编写软件代码。测试人员主要负责软件产品的测试工作。

其软件技术部门，分别是软件产品部和测试部。

(1) 软件产品部门的主要职责

①按照公司部署，在既定的产品线内从事软件项目的研发、实施及技术支持工作，并依据公司的项目管理制度进行项目的立项、项目小组组建及项目实施等工作。

②根据流程规定参与与其相关的综合性项目合同签订前的评审和会签，对系统硬件和软件选型、配置参与决策，进行软件技术方案的需求调研、设计、开发和实施。

③提供项目售前、售中、售后技术服务、咨询、培训，以及对市场推广活动的支持。

④接受职能管理部门的监督和指导，并积极改进工作。

⑤执行公司的财务计划，完成公司下达的业务指标。

(2) 测试部门的主要职责

①研究和发展软件测试技术，为软件产品部门提供软件测试开发工作，维护自动化测试工具，维护软件产品或项目的测试环境，保存并维护

与软件测试相关的工件。

②参与软件项目研发阶段的评审，跟踪软件测试过程中出现的问题，确保产品提交给最终用户前被验证已解决。

③设计软件产品和项目测试方案，根据测试结果出具测试报告，并对软件测试结果及被测软件进行分析、评估，制定并维护软件测试流程和文档的规范。

④接受职能管理部门的监督和指导，并积极改进工作。

⑤执行公司财务计划。

根据以上部门构成与主要职责的情况，将某公司的软件技术部门研发人员分为项目经理、软件测试人员、软件编程人员三类

(1) 项目经理工作内容

在某公司里，软件开发工作以项目为主，项目管理是公司软件部门的管理重点，项目经理是项目最主要的管理人员。项目经理最重要的职责是按期保质保量地交付项目。针对目前公司软件项目实施过程中项目需求分析和设计质量不高以及项目延期不能按时交付的问题，应将其作为考核重点设计到项目的考核内容中。项目经理的工作内容主要包括软件技术项目的计划、组织、领导、控制四个方面。

①计划，对项目进行分解，做好项目总体计划和项目阶段计划，计划内容包括项目的范围、质量、时间和成本等。

②组织，组织项目所需的各种资源，组织项目团队，分配工作任务、职责和权限，建立和项目相关的内外部渠道，协调成员间的关系等。

③领导，在项目实施过程中对所有事情作出最终决策，包括项目进度计划、人事任免、关键技术措施、设计变更等，创建项目组的开发环境，提升项目组士气，加强项目组凝聚力，合理安排各成员的工作，最大限度地发挥他们的效能并及时处理项目中出现的问题。

④控制，重点进行项目的时间控制和团队管理，在项目生命周期的各个阶段跟踪、检查成员的工作质量；对项目进行配置管理与规划；控制各成员的工作进度，并快速解决成员碰到的难题；保证在预算成本范围内按规定的质量和进度交付项目。

从软件项目的实施角度来看，项目经理在项目工作流程中扮演着关键角色。项目经理需要具备良好的沟通能力，与客户沟通需求，并将信息准确传达给项目组。此外，项目经理还需要具备很强的制定计划能力，确定项目的总体进度及计划，并将计划分解成阶段工作计划。在项目实施过程中，项目经理需要具备很强的应变能力和对问题的预估能力，能够在问题出现前合理化解，问题出现后及时果断处理。最后，项目经理的工作是发布产品，配合客户进行产品验收，并在验收通过后组织项目组成员对项目进行回顾总结。确保项目按时按质地完成是项目经理的主要职责，而为了实现这一目标，项目经理在项目实施过程中必须着力于提高项目小组的工作能力。

(2) 软件测试人员工作内容

许多软件企业，尤其是小型软件企业，往往对系统测试人员重视不足，认为测试仅仅是服务性工作。但从软件设计的过程来看，软件测试是十分重要的工作，它贯穿于软件生产整个周期中的各个阶段，对于软件产品的设计质量和使用可靠性起到关键的保障作用，而不仅仅是软件编程后的附加性过程。

软件测试人员的主要工作是寻找并报告软件中的缺陷。在理解产品所有功能和要求的基础上，通过使用各种测试方法，来发现和寻找软件中不能满足用户需求、设计要求以及功能的缺陷，进一步检测软件的稳定性，并创建相应的测试规范和测试用例。软件测试人员的工作流程包括：制订测试计划、设计评审、代码评审、白盒测试、黑盒测试五个阶段。

①制订测试计划，创建测试用例。软件测试计划主要包括：哪些内容需要做测试、过程中使用的方法、测试用例的级别等。测试计划应做到全面，要保证测试软件的所有功能需求。测试计划还规定了测试用例的优先级，即对错误的严重程度进行定义。W 公司把 Bug（程序错误）的严重程度分为四个级别：A 影响系统正常运行的错误，B 用户不可以容忍的错误，C 不会给用户带来损失的错误，D 可以不修改的错误。其中 A 类测试用例的优先级最高，D 类测试用例的优先级最低。

②设计评审。设计评审是对软件的设计内容进行全面的评审，目的是

尽力做到在软件开发早期阶段找出比较严重的缺陷，确保软件的设计能够实现全部的功能，符合用户的需求，同时还要充分考虑软件的可优化性和可升级性。

③代码评审，主要目的是进行单元测试，发现代码编写过程中的一些问题，如代码中的函数名、变量使用是否规范，代码的可读性、扩展性和安全性等。

④白盒测试（也称为结构测试），即指测试人员对软件的内部结构、逻辑路径进行测试，检查软件的内部操作是否符合设计要求。

⑤黑盒测试（也称为功能测试），即指测试人员不考虑软件的内部结构，把软件当作一个黑盒子，对软件的接口进行测试。功能测试主要检查软件的功能是否符合设计需求，比如软件的输入是否能被正确接收、输出的结果是否正确、有没有被遗漏的功能等。

软件测试人员的工作职责主要包括以下四个方面。

①软件测试人员不仅要发现错误，还应尽早、尽快地发现软件产品尽可能多的潜在错误。问题发现得越早，就越能减少企业和客户的损失。发现得越迟修正缺陷的代价就越大，给企业和客户造成的损失可能越大。

②在创建测试用例时，要注意测试用例的可读性（通俗地说，努力做到让不懂测试的人也能理解测试用例的内容）。

③回归测试的重要性。回归测试是确保软件的缺陷能被正确处理的重要环节，测试人员在发现了文档或代码中的 Bug 后，不仅要提交测试用例，还应继续关注编码人员是否关闭了测试报告中的所有缺陷，并进一步验证编码人员在关闭错误过程中是否引入了新的错误。

④在软件发布时应尽量做到零 Bug，即使还存在错误，这种错误的等级应该是最低的，是不会给客户带来损失的。

测试人员是在整个软件项目中最关注项目质量的人员，其主要职责就是找出项目中存在的不合理、不合格的部分，并要求项目中的其他成员按其给定的项目质量完成项目，以确保软件产品和项目的质量。

(3) 软件编程人员工作内容

软件编程人员的工作内容就是要按时按量地完成自己负责的代码编写任务。简单地说，编程人员的根本职责是写代码。具体而言，在接到分配的任务后，编程人员应首先对客户需求进行充分、准确地了解；在编写程序时，应严格按照计划编写程序和文档说明；同时还要保持与团队内部的协作，及时修正 Bug。

软件编程人员的主要工作职责。

①编写代码的规范性。软件编程人员应使用规范的格式编写代码，增加代码的可读性。这样在编码发生错误时，测试人员容易理解代码，方便找出代码中的缺陷，还可以快速地进行缺陷修复。

②代码的质量。软件编程人员应尽量减少代码的千行错误率，降低返工率。一味追求编程速度而不顾代码质量，最后可能会造成不可弥补的错误。尤其要注意绝对不能在项目后期出现高等级的错误，因为时间问题很可能导致产品无法按时完成，给客户造成很大的损失。

软件编程人员的主要工作职责是在项目需求说明书的指导下，完成模块设计及开发工作，以实现项目目标。由于软件编程以创造性工作为主，因此需要良好的分析和解决问题的能力，需要熟练使用软件开发工具以及拥有良好的团队合作能力和意识等。

资料来源：翟群臻．人力资源管理实验实训教程［M］．北京：清华大学出版社，2019：80。

请认真思考并回答以下问题。

（1）某公司的组织结构有什么特点？其好处是什么？还有什么需要改进的地方吗？请具体分析。

（2）请根据某公司的内部背景制定一份工作分析计划书。

（3）请根据项目经理、软件测试和软件编程人员的工作内容及相关部门情况分别编写工作说明书。

4.3 数智时代工作分析范式转型

在数智时代，传统工作分析面临挑战。岗位职责的边界变得模糊，工作内容快速迭代，自动化和人工智能的应用解放了员工，使其转向更具创造性和策略性的工作，这也要求员工具备更强的灵活性和适应能力。与此同时，数据分析、人工智能应用等数字化技能日益成为职场必备，持续学习和快速掌握新技术的能力变得前所未有的重要。工作场景也经历了深刻变革，远程办公、虚拟协作等模式逐渐成为常态，数字工具和平台深度融入日常工作流程，重塑了人们的工作方式和协作模式。

面对数智时代工作环境和工作模式的深刻变革，传统的工作分析方法，如依赖静态岗位描述、周期性评估等，已无法满足时代的需求，亟须进行系统性的革新。这种革新不仅仅是技术工具的升级，更是观念、方法和流程的全面重塑。

1. 敏捷性成为新时代工作分析的核心要求

在过去，组织可能每隔几年才会对岗位说明书进行一次大规模更新，这种做法在快速变化的数智时代显然是滞后的。如今，组织需要像软件开发中的“敏捷开发”一样，建立起一套快速响应、持续迭代的工作分析机制。这意味着要更频繁地，甚至实时地更新岗位描述和技能要求，及时捕捉工作内容和工作方式的变化。这不仅要求人力资源部门具备更强的敏锐性和洞察力，也需要借助更先进的技术工具和更灵活的工作流程来实现。例如，可以采用短周期（如季度或月度）评估、基于项目或任务的动态调整以及员工参与的共创式更新等方式，确保工作分析结果的及时性和有效性。

2. 数据驱动的分析方法日益重要，并逐渐成为工作分析的主流趋势

传统工作分析依赖于经验判断和主观评价，缺乏客观数据的支撑。而在数智时代，组织可以利用大数据和人工智能技术，对海量的岗位数据进行深入分析，从而更准确地洞察岗位现状、发现潜在问题、预测未来技能需求。例如，可以通过分析员工的工作日志、绩效数据、在线学习记录

等，了解员工实际的工作内容、技能水平和发展潜力；可以通过自然语言处理技术，分析招聘网站上的岗位描述，了解行业内同类岗位的最新要求；还可以通过机器学习算法，预测未来一段时间内组织所需的关键技能，从而更科学地进行人才规划、招聘和培训。

3. 人机协作的效率和效果已成为工作分析的核心内容

随着人机协作场景的普及，评估重点应转向员工与人工智能工具的系统性协作能力。需要强调的是，这不仅涉及工具操作的熟练程度，更关注员工能否将AI工具与工作流程有机整合，实现协同效能提升。以客服岗位为例，既要评估常规问题解答能力，也要考察利用智能系统处理复杂诉求、优化服务质量的实践水平；对数据分析师而言，除了传统分析技能，还需评估其借助AI工具开展深度数据挖掘、发现潜在规律的创新能力。因此，工作分析需要构建包含协作维度、效能指标和创新水平的多层次评估体系，为人机协作效能提供量化依据，进而为员工发展和团队建设提供科学支撑。

4. 数据伦理与隐私保护构成工作分析的基础性约束

在实践层面，数据采集处理必须符合法律法规要求，建立全流程合规审计体系；还应通过技术匿名化与制度隔离双重手段保障员工隐私权益，防范技术异化风险，杜绝数据监控滥用等侵权行为。这要求技术创新与伦理约束之间建立动态平衡机制，通过设计隐私和伦理嵌入的方法论创新，确保数字化工作分析的可持续发展。

实训4-3

数智时代工作分析的新范式

1. 实训目的

（1）了解数智时代工作分析的特点及其与传统工作分析的区别。

（2）理解数智时代工作分析的新方法、新技术（如大数据、人工智能、机器学习等）及其应用场景。

(3) 掌握运用数智化工具和方法进行工作分析的基本技能，能够设计并实施简单的工作分析项目。

2. 实训任务

(1) 个人任务

请学生查阅关于数智时代工作分析的学术论文或行业报告，撰写一篇文献综述，总结数智时代工作分析的主要趋势、方法、工具和挑战，字数1500字以上。

(2) 小组讨论与报告

每组由5～7名成员组成，推选组长并明确组内分工。各组选择一个具体岗位（如数据分析师、智能客服、电商运营等），运用数智化工具和方法进行工作分析，分析内容应涵盖岗位描述、任职资格、工作流程、绩效评估及改进建议。每个小组需提交一份详尽的工作分析报告，报告应包含项目背景、所用方法、分析结果、讨论和建议，并鼓励采用图表、数据可视化等方式呈现分析结果。各组需在课堂上进行PPT展示，汇报时间控制在10～15分钟。

(3) 师生互动

教师点评各小组工作分析报告，并针对学生的观点进行追问，引导学生深入思考，激发深度学习。

Tips：背景资料及问题

在数智时代，智能化技术以前所未有的速度渗透到各行各业，人力资源管理领域也迎来了深刻的变革。工作分析作为人力资源管理的基础职能，其传统范式正面临着前所未有的挑战，同时也孕育着新的机遇。数智时代，工作分析不再局限于传统的观察、访谈和问卷调查，而是插上了数据和智能的翅膀，开启了全新的范式。

(1) 赋能工作分析的新方法与新技术

在数智时代，一系列新兴技术为工作分析注入了强大的动力，使其能够更高效、更精准、更全面地洞察工作世界的奥秘。这些技术如同一个个精密的传感器和分析仪，捕捉着工作中的每一个细节，并将其转化为有价值的信息。

①大数据分析（Big Data Analytics）：犹如一台超级显微镜，大数据分析能够处理海量的、多样化的、实时的员工数据，例如工作日志、绩效数据、社交媒体信息等。通过对这些数据的深度挖掘，可以发现隐藏在数据背后的规律和趋势，为工作分析提供前所未有的洞察力。

②人工智能（Artificial Intelligence，AI）：人工智能如同一个不知疲倦的智能助手，可以模拟人类的认知能力，进行学习、推理、决策等。在工作分析中，AI可以自动完成一些烦琐的任务，例如文本分析、图像识别、智能推荐等，大大提高工作分析的效率和准确性。

③机器学习（Machine Learning，ML）：机器学习是人工智能的一个重要分支，它使计算机能够从数据中自动学习，并不断改进自身的性能。在工作分析中，机器学习可以用于构建预测模型，例如预测员工的离职风险、评估员工的绩效潜力等。

④自然语言处理（Natural Language Processing，NLP）：自然语言处理是人工智能的另一重要分支，它使计算机能够理解和处理人类的语言。在工作分析中，NLP可以用于分析文本数据，例如招聘广告、岗位描述、员工评价等，从中提取关键信息，自动生成岗位画像。

⑤流程挖掘（Process Mining）：流程挖掘是一种新兴的数据分析技术，它通过分析事件日志数据，自动发现、监控和优化实际业务流程。在工作分析中，流程挖掘可以用于还原员工的实际工作流程，发现流程中的瓶颈和问题，为流程优化提供依据。

（2）新技术在工作分析各环节的应用

这些新兴技术并非孤立存在，而是相互融合、协同作用，为工作分析的各个环节带来了革命性的变化。

①岗位描述：告别传统的手工撰写，数智时代的岗位描述可以由机器自动生成。通过NLP技术分析海量的招聘信息、行业报告、企业内部文档等，自动提取关键信息，生成全面、准确、客观的岗位描述。

②任职资格：不再依赖经验判断，数智时代的任职资格可以由数据驱动。通过机器学习算法分析现有员工的绩效数据、背景信息、技能图谱等，自动识别出高绩效员工的特征，提炼出岗位的关键任职资格。

③工作流程：不再局限于静态的流程图，数智时代的工作流程可以动态呈现。通过流程挖掘技术分析员工的工作日志、邮件、即时通信等数据，实时还原员工的实际工作流程，发现流程中的偏差和异常。

④绩效评估：超越传统的 KPI 考核，数智时代的绩效评估可以更加全面、客观、及时。通过大数据分析和 NLP 技术，综合评估员工的工作成果、行为表现、客户反馈等多维度信息，实现对员工绩效的 360 度评估。

(3) 数智时代工作分析的典型案例

①谷歌的“氧气计划”（Project Oxygen）

谷歌通过大数据分析，研究了数千名经理的行为数据，识别出优秀经理的八项关键特质，并将其应用于经理的选拔、培训和发展中，显著提升了管理团队的整体水平。

②阿里巴巴的“数据驱动 HR”：阿里巴巴构建了强大的人力资源数据平台，将员工的招聘、入职、培训、绩效、晋升等全生命周期数据进行整合，实现了人力资源管理的全面数字化和智能化。通过数据分析，阿里巴巴能够更精准地进行人才盘点、人才预测、人才匹配，为业务发展提供有力支持。

③联合利华的 AI 招聘：联合利华利用 AI 进行初步的候选人筛选。通过游戏化测评和视频面试的 AI 分析，大幅提高了招聘效率，并减少了人为偏见。

这些案例表明，数智时代的工作分析不再是空中楼阁，而是已经成为现实，并正在深刻地改变着人力资源管理的实践。拥抱数智化，掌握新方法、新技术，将成为未来 HR 从业者的必备技能。

请仔细阅读并思考以下问题。

数智化转型背景下，如何构建适应未来发展的人力资源工作分析体系？

第 5 章　人才招聘与配置

学习目标

1. 了解人才招聘与配置的主要环节，包括招聘计划、人员甄选、录用与配置以及数据驱动技术的应用。

2. 理解各种人员甄选方法的原理和适用场景，例如心理测验、面试、无领导小组讨论、公文筐测验和管理游戏等。

3. 掌握招聘计划的制定、招聘渠道的选择、胜任素质模型的应用，以及招聘效果评估和员工配置的方法。

5.1　招聘计划

5.1.1　招聘概述

1. 招聘的概念

招聘，广义上指组织为了满足人力资源需求，主动或被动地吸引、寻找并建立人才储备库的过程，旨在为组织未来的发展储备人才。狭义的招聘则侧重于从确定需求到最终录用的整个流程，核心在于筛选和选择，即从众多候选人中，选拔出最符合组织需求、最适合岗位的优秀人才。招聘的目标是找到合适的人才，提高组织绩效，降低人力成本，并最终促进组织的持续发展。

招聘的原因源于组织对人才的需求。这种需求可能源于组织发展、业务扩张、人员流失、职位空缺或新项目启动等多种因素。

招聘的根本目的在于为组织补充人才，优化人才结构，确保组织拥有具备胜任岗位所需知识、技能和素质的人才，从而支持组织战略目标的实现，提高组织绩效，并保持持续竞争优势。

招聘工作受到内部和外部两大类因素的影响。外部因素包括国家的法律法规、宏观经济形势、劳动力市场状况以及竞争对手的情况。内部因素主要包括组织的招聘政策、组织形象、招聘预算以及招聘团队的专业性。

招聘的核心作用体现在组织、个人和社会三个层面。对组织而言，招聘具有多重意义：一是及时补充人才，保障业务的正常运转；二是优化团队结构，激发组织的创新活力；三是储备人力资源，应对未来的挑战；四是有助于提升雇主品牌，降低长期的用人成本。对个人而言，招聘提供了职业发展平台，有助于实现个人价值、提升职业技能、获取经济收入。对社会而言，招聘促进了人才的供需匹配和合理流动，有助于优化资源配置，推动经济的可持续发展。

2. 招聘的原则

(1) 经济效益原则

以组织发展目标为导向，选拔能够胜任空缺职位的人才，从而提升组织的经济效益，保障生产经营活动的正常进行。

(2) 因岗配人原则

依据工作岗位的实际需求和对人员的要求，选拔合适的候选人，强调“因职选能”“因能定级”和“级能匹配”。

(3) 量才录用原则

坚持任人唯贤，将人才安排到最合适的岗位上，充分发挥其才能。选拔的依据是应聘者的全面测评结果和预先制定的录用标准。

(4) 全面考核原则

采用多角度、全方位的评价方法，通过调查申请人的上级、下级、同事以及客户，客观衡量申请人的综合素质，以及其与职位、组织的匹配程度。

（5）公平公开原则

招聘过程应在公开透明的环境下进行，确保公平竞争，防止不正之风，为应聘者提供平等机会。

（6）竞争原则

运用简历分析、结构化面试、心理与行为测验等方法，客观评估申请人的优劣，避免主观因素的影响，以确保选拔的科学性和公正性。

3. 招聘决策

招聘决策是指组织最高管理层针对关键岗位的人员聘用所进行的战略性决策过程。其作用在于：确保人员配置与组织发展需求相匹配；推动招聘流程的规范化与科学化；实现组织内部对人才标准的共识统一；通过科学的选拔机制激发员工潜力。

招聘决策原则：一是“少而精”原则，注重人才质量而非数量；二是“宁缺毋滥”原则，严格把控用人标准。招聘决策的质量将直接影响后续招聘环节的实施效果。

招聘决策实施流程

（1）用人部门申请：部门负责人需向人力资源管理部门提交《人员增补申请表》，明确岗位需求人数、任职资格及增编理由。

（2）需求复核：人力资源管理部门需实地调研用人部门，通过岗位分析、工作量评估等方式验证需求的合理性。

（3）决策审批：经复核确认的用人需求需提交高层管理人员进行最终决策审批。

4. 招聘的程序

人力资源招聘的程序是指从出现岗位空缺到候选人正式进入组织工作的整个过程，通常包括根据人力资源规划和工作说明书确定招聘计划、招募、甄选、录用、评估等一系列环节（见图 5-1）。

（1）招聘计划：组织为满足未来人力资源需求，在招聘活动启动前，对招聘目标、策略、流程、资源配置和时间进度等关键要素进行系统、预

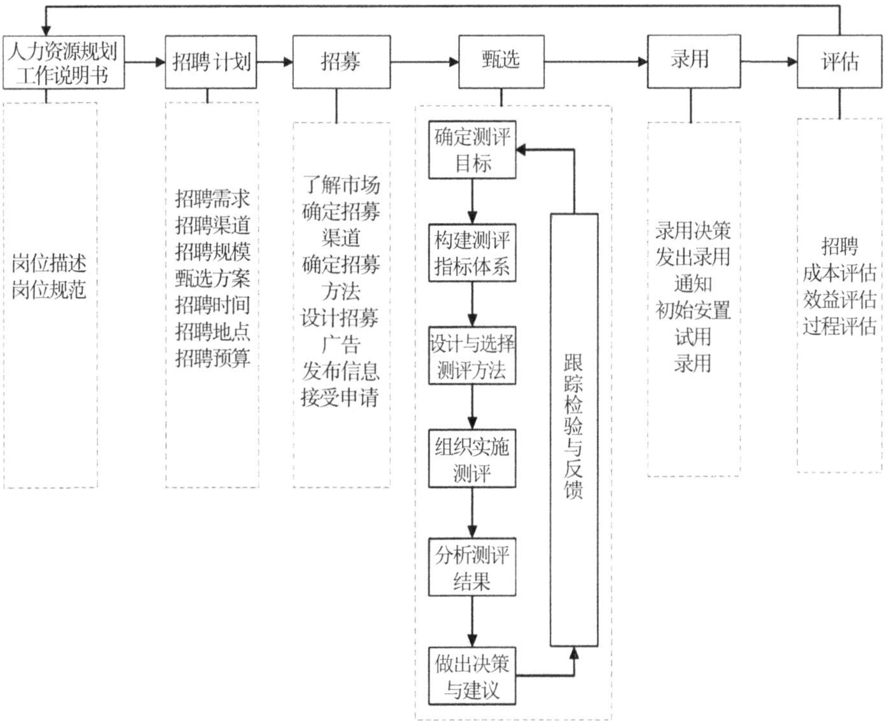

图 5-1 招聘流程

先规划和安排的行动方案。

(2) 人员招募：组织为满足发展需求，通过发布招聘信息，吸引并筛选候选人，直至最终录用并引导其融入组织的全过程。

(3) 人员甄选：是在招募产生的候选人群体中，运用科学的方法与工具，对候选人进行全面评估与比较，最终遴选出与岗位要求及组织文化最为匹配的人才的过程。

(4) 人员录用：组织向通过甄选的候选人发出工作邀请，双方达成协议并建立正式雇佣关系的过程。

(5) 招聘评估：对招聘过程及结果进行系统性评价，以衡量其有效性、效率和效益，并为改进提供依据的过程。

5.1.2　招聘计划编制

1. 招聘计划的概念

招聘计划是基于组织战略和人员需求，制定的详细招聘行动方案，旨在指导招聘活动高效、有序地进行，确保获取合格人才。其主要内容包括：明确招聘目标（包括招聘数量、岗位类型和期望到岗时间）；通过岗位分析，厘清岗位职责、任务和任职要求；选择适宜的招聘策略和渠道；确定招聘流程，涵盖简历筛选、面试、评估和录用等环节，并制定详细的时间表和预算，明确负责人及分工；设定评估指标，衡量招聘效果；制定风险预案，应对潜在问题。

2. 招聘计划的编制流程

（1）确定人员需求。为明确招聘需求，人力资源部门需综合考量各部门提交的人员需求申请、现有人力资源规划以及岗位说明书，进而精确界定所需招聘人员的数量与质量标准。

（2）确定招聘规模。招聘规模是指组织在特定时期内通过招聘活动吸引和筛选候选人的数量。通常可以借助金字塔模型科学地确定招聘规模，以实现人力资源配置的精准性。

（3）确定招募渠道。招募渠道主要分为外部招募和内部招募两类。两种渠道各具优势与局限，需要根据组织实际情况进行全面评估和审慎选择。

（4）确定信息发布范围。招募范围是指组织进行招募活动的地域范围。招聘范围的扩大通常会提升招聘效果，但也会增加招聘成本。组织在确定招聘范围时，主要考虑以下两个因素。首先为空缺职位类型，对于层次较高或性质较特殊的职位，应在更广泛的范围内招聘；而对于基层或普通职位，则可在较小的范围内进行。其次是当地劳动力市场状况，当地劳动力市场紧张时，需要扩大招聘范围；反之，则可在本地招聘。

（5）确定招募时间。制定招聘计划时，为确保组织正常运营不受人员短缺影响，必须全面考虑招聘流程耗时、候选人选拔录用周期以及岗前培训所需时间，从而合理确定整体招聘时长。可采用“时间流失数据法”来精确估算招聘时间，该方法通过分析招聘过程中各关键决策点之间的时间间隔，并对这些间隔进行累加计算，从而得出较为准确的招聘总时长。

（6）确定招募预算。招聘计划中，需对招聘预算进行预估。招聘成本通常涵盖以下费用类别。

①人员费用包括招聘团队薪酬、福利待遇以及差旅、生活补助、加班费等各项开支。

②运营开支涵盖通信费用（例如电话、网络、传真等），专业咨询服务费用（例如猎头公司提供的服务），广告宣传费用（例如在电视、报纸、网络等媒体上投放的广告），招聘材料制作费用（例如宣传册、申请表等），以及办公用品采购费用（例如纸张、文具等）。

③间接成本包括招聘过程中所使用设备的折旧，以及水、电、物业管理等相关费用。

（7）确定招聘人员并培训。优秀的招募人员是吸引人才留下的重要因素，也是招募工作顺利进行的重要前提。招聘小组人选应遵循高于应聘者岗位原则和德才兼备原则。

（8）应聘者测试考核方案。对应聘者进行考核的常见方法包括：筛选工作申请表、知识测试、面试、评价中心技术、证明材料核实以及体检等。

（9）编制招聘计划书。明确各项要求后，即可编制人力资源招募计划书，以指导招募工作的具体开展。招募计划书通常包括：①招聘岗位及人数；②岗位要求；③招聘时间及方式；④招聘小组构成；⑤招聘日程表；⑥招聘费用预算及效果评估；⑦主要招聘渠道；⑧招聘准备工作；⑨录用决策流程；⑩入职培训计划。

5.1.3 招聘渠道

1. 内部招聘

内部招聘是指组织出现岗位空缺时，优先通过挖掘现有员工潜力，从内部人力资源储备中选拔合适人员填补空缺的用人机制。具体方式包括岗位晋升、平级调动、工作轮换和竞聘上岗等，旨在从现有员工队伍中筛选符合岗位任职资格的人员进行配置。内部招聘的来源包括员工的晋升、调动、轮换以及降职。

内部招聘的优势体现在能够有效激发员工的职业发展动力，降低人才获取与培养的成本，提高岗位匹配的精准度，并有助于维系组织文化的传承与团队的稳定性。由于现有员工的绩效数据具有可追溯性，内部招聘可显著降低用错人的风险。其弊端体现在可能抑制组织的创新活力，诱发群体思维的固化，引起岗位空缺的连锁反应，并且选拔标准的主观性可能引发内部公平性质疑。长期实施内部招聘容易造成人才结构的同质化，特别是在战略转型期，可能面临新兴领域专业能力供给不足的挑战。

常见的内部招聘渠道：

（1）布告法：组织通过内部渠道（如公司内网、电子邮件、公告栏、员工通讯等）发布职位空缺信息，详细说明职位职责、任职要求及申请流程。这种方式公开透明，覆盖面广，能给予所有符合条件的员工平等的机会，但可能会收到大量申请，导致筛选工作量较大；此外，如果内部竞争激烈，也可能会影响员工士气。

（2）推荐法：常由组织管理人员根据空缺职位的要求，向组织推荐他们熟悉的员工。由于推荐人对被推荐者和岗位工作内容都有较深入的了解（被推荐者通常是其下属或工作合作伙伴），因此被推荐者与岗位要求的匹配度往往较高。推荐法可能存在任人唯亲、缺乏客观公正性的问题，且不利于发掘更广泛的人才。

（3）档案法：组织可利用人事档案信息、人才库或技能数据库中的信息来筛选合适的候选人。人力资源档案信息应包括员工的专业、教育培训经历、工作技能、职业发展需求和工作绩效等相关信息。通过员工信息档案，组织能在内部员工中快速、有效地甄选出潜在候选人以填补职位空缺，这不仅节省了时间，还提高了人力资源管理的效率。档案法过分依赖现有信息，可能忽略员工的潜在能力和最新发展，导致人才选拔范围受限。

（4）上级指定：组织内部有些岗位特别是管理岗位，常常是由上级管理层根据考核结果指定候选人，有时甚至直接任命。

2. 外部招聘

外部招聘是指组织通过各种渠道从组织外部劳动力市场寻找、吸引并选拔符合职位空缺要求的候选人的过程。外部招聘来源相对较多。对于初级岗位，学校是主要的招聘途径；此外，竞争对手、其他公司的失业人员、老年群体、退伍军人和自由职业者也是潜在的招聘来源。

外部招聘通过拓宽人才选拔范围，能够为组织，引入创新思维与多元化工作方法，打破固有认知局限；快速填补关键技术岗位空缺，弥补内部培养的时间成本；降低晋升竞争压力，通过人员结构更新推动组织变革，增强环境适应能力。但该方式也存在显著局限，招聘周期较长、招聘成本较高；新员工适应期较长，且存在岗位不匹配风险；更可能引发内部员工晋升预期受挫，以及跨文化融合障碍带来的团队协作效率下降。

常用的外部招聘渠道：

（1）媒体广告招聘是主流人才获取渠道，具有传播时效性强、突破地域限制、品牌传播协同效应明显的优势，但招聘成本较高。招募人员需要重点关注媒体选择和广告内容设计。不同媒体在信息传播上各有特点，适用于不同招聘目的。组织在选择媒体时，需要综合权衡广告成本、目标应聘者的地域分布等多重因素。有效的招聘广告设计应遵循 AIDMA 原则（引起注意、产生兴趣、激发愿望、促使行动和留下记忆），并包含以下内容：组织使命和价值观；组织所从事的业务；招聘岗位信息；申请者需提供的信息；时间信息；应聘方式和联系信息。招聘广告必须具备真实性、合法性和简洁性，同时要避免歧视性内容，注重图文的艺术组合，并规避潜在的法律风险。

（2）校园招聘是组织直接面向应届毕业生的人才获取策略，组织可以直接向学生宣传组织文化，明确岗位需求，并通过简历收集、筛选和面试测评，选择合适的申请者。其主要方式包括直接到相关学校院系招聘、参加学校举办的专场人才招聘会、通过校园网站发布招聘信息、派专员进行校园宣讲以及实施实习生计划，择优选择。招募人员需要重点关注三个方面。准备阶段，应着重建立与目标高校的长期合作关系，选派专业且富有经验的招聘代表，并通过细致的岗位分析和精准的高校定位，为后续招聘奠定坚实基础；实施阶段，应准确传递招聘信息，采用科学、公正的人才选拔方法，并及时向应聘者反馈招聘结果，体现专业和尊重；后续阶段，注意有效传播组织文化和经营理念，帮助新员工迅速融入组织，增强其对组织的认同感和责任感，从而实现人才的成功对接和长期发展。

（3）人才交流会或招聘会：人才交流会或招聘会是组织外部招聘的重要渠道，具有集中、直接、广泛和经济等优势。主要类型包括：综合性招聘会、行业专场招聘会、校园招聘会等。组织人力资源部门应充分利用招聘会平台，积极宣传企业形象，吸引优秀人才。招募人员需要注意以下几点：明确招聘需求、精心设计展位、选派优秀代表、高效筛选简历以及及时跟进面试。

（4）职业中介机构：职业中介机构是专门从事人力资源服务的专业机构，通过为组织和求职者提供双向服务，促进人才供需匹配。主要类型包括：公共职业介绍机构、经营性职业介绍机构、猎头公司和在线招聘平台。职业中介机构的优势在于专业性强、资源丰富、效率较高；劣势则包括成本较高、信息可能不对称、过度依赖风险以及服务质量参差不齐。组织在选择和使用职业中介机构时，应明确自身招聘需求、预算和期望；全面评估机构的资质、信誉、专业领域、服务质量和收费标准；签订详细的合作协议，并进行过程监控。

（5）网络招聘：又称在线招聘，是指利用互联网技术开展招聘活动的方式。它通过招聘网站、社交媒体、企业官网等平台，发布职位信息、收集简历，并进行在线沟通和筛选，实现组织与求职者之间的信息对接。网络招聘的优势在于：覆盖面广、传播速度快，信息容量大、形式多样，互动性强、效率高，成本较低，且便于数据分析。其劣势与风险：信息真实性难以保证，竞争激烈，技术依赖性强，缺乏现场感，以及简历筛选难度大。组织在实施网络招聘时，应重点关注：选择合适的平台（如综合性招聘网站、行业垂直网站、社交媒体平台等）或建立自由网站；优化招聘信息；及时回复求职者咨询并保持良好沟通；利用技术工具（电子面试、在线测评等）提高效率；注重雇主品牌建设；加强信息审核以防范风险；利用数据驱动决策，评估招聘效果并优化策略。

（6）员工推荐：又称内部推荐，即通过现有员工推荐潜在候选人。组织鼓励员工利用自身人脉，推荐符合岗位要求的亲友、同学、前同事等加入。员工推荐具有以下优势：成本较低、效率较高、候选人质量较高、匹配度高、增强员工参与感等。在实施员工推荐时，招募人员应注意：明确推荐标准，避免裙带关系和不公平竞争；及时向员工反馈推荐结果；保护被推荐人的个人信息；定期评估推荐计划的效果并进行优化。

实训5-1

招聘实务

1. 实训目的

（1）了解企业招聘的基本流程、常用渠道及关键环节。

（2）理解招聘计划的制定原则、内容要素及对招聘工作的影响。

（3）掌握校园招聘和网络招聘的具体实施方法、技巧及注意事项。

2. 实训任务

（1）个人任务

①招聘信息检索与分析：每位同学选择一个自己感兴趣的行业，通过网络搜索（如招聘网站、公司官网、社交媒体等）收集该行业至少5家不同规模企业的招聘信息，并分析这些招聘信息，提炼出目标岗位及任职要求（学历、专业、经验、技能等）、招聘渠道及方式、薪酬福利待遇、企业文化及雇主品牌宣传。

②招聘广告撰写：基于上述分析，选择其中一家企业的一个具体岗位，为该岗位撰写一份完整的招聘广告，包括岗位名称及职责描述、任职资格要求、薪酬福利待遇、应聘方式及截止日期、公司简介及文化宣传，要求招聘广告内容真实、准确、有吸引力，符合目标求职者的阅读习惯。

（2）小组任务与报告

①分工与协作：每组由 5～7 名成员组成，推选组长并明确分工：1 人担任人力资源部门经理，负责整体招聘工作的统筹协调；2～4 人担任招聘专员，负责选择招聘渠道、发布招聘信息、筛选简历、组织面试等；1～2 人担任用人部门主管，负责提出招聘需求、参与面试、提供专业意见。

②招聘计划制定：仔细阅读背景材料及问题，讨论企业情况，确定招聘需求（岗位、数量、时间等），并据此制定一份详细的招聘计划书，包括：招聘目标及预算、招聘渠道及策略（校园招聘、网络招聘、猎头等）、招聘流程及时间表、面试流程及评估标准、录用决策及入职安排、招聘效果评估指标。

③模拟招聘活动：小组根据制定的招聘计划，模拟开展招聘活动。校园招聘模拟：设计校园招聘宣传海报或宣传文案；模拟校园宣讲会或招聘会现场，进行企业介绍、岗位推介、答疑互动等；组织模拟笔试或面试（可邀请其他同学扮演求职者）。网络招聘模拟：选择合适的网络招聘平台发布招聘信息，并模拟进行简历筛选、电话邀约、在线沟通等；组织模拟视频面试（可利用在线会议工具）。

④小组报告撰写：每个小组总结招聘计划制定、模拟招聘活动的过程及结果，撰写一份完整的实训报告。报告内容包括：招聘计划书全文、校园招聘及网络招聘模拟活动的详细记录（包括照片、视频等）、招聘效果评估（根据模拟结果进行分析）、实训心得体会及改进建议。各组需在课堂上进行 PPT 展示，汇报时间控制在 10～15 分钟。

（3）师生互动：教师点评各小组招聘计划及模拟招聘活动的成果，并针对学生的观点进行追问，引导学生深入思考，激发深度学习。

Tips：背景资料及问题

星海科技股份有限公司于 2018 年 5 月 4 日在上海市浦东新区张江高科技园区科苑路 201 号星海大厦成立，是一家专注于人工智能（AI）与大数据领域（特别是计算机视觉、自然语言处理、深度学习）的中型民营高科技企业，注册资本 5000 万元人民币，已获得多轮知名风投机构投资。公司员工约 530 人，其中研发人员占比超过 60%。

星海科技自 2018 年 5 月成立并获得由知名天使投资人李明领投的

1000万元天使轮融资以来，便专注于AI图像识别技术研发，核心团队会聚了国内外知名高校和科技公司的精英。2021年，公司发展迅速，3月推出首款AI图像识别产品“星眸”1.0，凭借其在安防监控领域实现的高精度人脸识别和行为分析功能获得市场好评，并于10月与多家安防企业达成战略合作，推动产品快速推广。2022年，星海科技继续拓展，6月完成由太阳资本领投的5000万元A轮融资，将AI应用拓展至智能医疗、智能交通等领域，同年12月发布了支持智能客服、文本分析等功能的“星语”自然语言处理引擎。2023年8月，公司营收突破1亿元人民币，并与多家医院合作开发AI辅助诊断系统。2024年，星海科技启动B轮2亿元人民币的融资计划，旨在进军海外市场、加大研发投入，并探索AI在元宇宙、Web3.0等新兴领域的应用，9月更与某国际知名大学建立了联合AI实验室。目前（2025年），星海科技正积极拓展业务，寻求与更多行业头部企业建立合作伙伴关系，朝着成为全球领先的AI解决方案提供商的目标迈进。

星海科技秉持“创新、务实、合作、共赢”的企业核心价值观，以“用AI技术赋能各行各业，创造更美好的未来”为愿景，以“成为全球领先的AI解决方案提供商，让人工智能触手可及”为使命，注重员工关怀，提供有竞争力的薪酬福利、完善的职业发展路径、开放的工作环境和积极的企业氛围。公司已获得国家高新技术企业认定、上海市“专精特新”中小企业等多项荣誉与资质，并积极参与AI普及教育、公益项目及推行绿色办公行动，履行企业社会责任。

星海科技采用扁平化组织结构，鼓励跨部门协作与沟通。公司主要部门包括：研发部、市场部、运营部、人力资源部、财务部、行政部以及战略合作部。

（1）研发部：负责AI核心技术研发、产品设计与开发，下设算法团队、软件开发团队、硬件开发团队、产品设计团队和测试团队。算法团队负责计算机视觉、自然语言处理、机器学习等算法的研究与优化；软件开发团队负责将算法转化为实际的软件产品，涵盖前端、后端及移动端开发；硬件开发团队负责AI硬件产品（如智能摄像头、边缘计算设备等）

的设计与开发；产品设计团队负责产品 UI/UX 设计，以确保产品的易用性和良好的用户体验；测试团队负责产品的质量保证和测试工作。

(2) 市场部：负责市场调研、品牌推广和销售渠道拓展，下设市场研究团队、品牌公关团队和销售团队。市场研究团队负责行业分析、竞争对手分析和用户需求调研；品牌公关团队负责企业品牌建设、媒体关系和公关活动策划；销售团队负责产品销售、客户关系管理和渠道合作，细分为大客户销售组、渠道销售组和线上销售组。

(3) 运营部：负责产品运营、客户服务和数据分析，下设产品运营团队、客户服务团队和数据分析团队。产品运营团队负责产品上线后的推广、用户增长和活动策划；客户服务团队：负责解答客户疑问、处理客户投诉并提供技术支持；数据分析团队：负责收集、分析用户数据，为产品优化和市场决策提供支持。

(4) 人力资源部：负责招聘、培训、薪酬福利、绩效管理和员工关系等，下设招聘组、培训发展组、薪酬福利组和员工关系组。

(5) 财务部：负责财务管理、会计核算和投融资等。

(6) 行政部：负责行政事务、后勤保障、法务和知识产权管理等。

(7) 战略合作部：负责寻找和建立战略合作伙伴关系。

请仔细思考并回答以下问题。

(1) 在当前就业形势下，企业如何制定有效的招聘计划，吸引优秀人才？

(2) 校园招聘和网络招聘各自的优势和局限性是什么？如何结合使用这两种渠道？

(3) 如何评估招聘效果？有哪些关键指标可以衡量招聘工作的成功与否？

(4) 在招聘过程中，如何避免就业歧视，确保公平公正？

(5) 如何利用社交媒体、雇主品牌等手段提升招聘效果？

(5) AI 技术的发展对招聘工作带来了哪些影响？

5.2 人员甄选

5.2.1 人员甄选概述

1. 甄选的含义

人员甄选是指通过科学的方法和程序，从众多求职者中筛选出最符合岗位要求和组织需求的候选人的过程。

有效的甄选能够区分求职者的人格特点、知识和技能水平，预测其未来工作绩效，最终为组织带来胜任力强、潜力高、与组织文化契合的优秀人才，降低招聘成本和风险，提高组织绩效和竞争力。

甄选应以空缺职位的要求为依据，由人力资源部门和用人部门共同完成。常用的甄选方法包括简历筛选、面试、心理测试以及知识技能测试等，这些方法具有较强的技术性，每个环节都需要精心设计和实施，以确保甄选结果的客观、公正和有效。

2. 甄选的程序

人员甄选的流程一般包括以下几个步骤：

（1）简历筛选：根据岗位说明书和任职资格要求，初步筛选应聘者的申请表和简历，淘汰不符合基本条件的求职者。

（2）测试评估：组织笔试、面试等环节，对应聘者的知识、技能、能力和个性进行全面评估。

（3）背景核查与录用决策：进行材料核查、背景调查，安排体检和试用期，最终做出录用决策。

5.2.2 人员素质测评概述

1. 人员素质测评的含义

人员素质测评是基于现代心理学和行为科学，运用科学、系统的方法，测量和评估个体的多种素质特征。这些素质特征包括价值观、知识水平、能力、工作技能、工作倾向、个性特质和发展潜力。

人员素质测评广泛应用于招聘选拔、人员配置、培训发展、绩效管理、职业规划以及团队建设等领域。根据测评目的不同，可将其分为选拔性测评、开发性测评、诊断性测评和考核性测评。其中，选拔性测评用于选拔优秀人才；开发性测评旨在提升人员素质；诊断性测评用于了解现状或查找原因；考核性测评（又称鉴定性测评）旨在评估个体是否具备或具备何种程度的特定素质，常与选拔性测评结合使用。

2. 人员素质测评的内容

人员素质测评是对个人稳定素质特征进行的测量与评价。从心理学角度来看，这些稳定素质包括能力因素、个人风格因素和动力因素，它们在职业发展中起着关键作用。因此，人员素质测评的核心是对这三个因素进行测量和评估。

（1）能力因素

能力是指顺利完成某项活动的心理条件。它最大的特点在于，能力既在个体的活动中得以展现，又在活动实践中持续发展。能力通常包含两层含义：一是当前在某项任务或活动中的实际表现水平；二是个人具备的、完成某项活动的可能性，即潜在能力。能力按性质可分为一般能力和特殊能力。一般能力是指在多种活动中都表现出来的共通能力，例如观察力、记忆力、思维能力等。特殊能力则是在特定专业活动中展现的能力，与具体的专业内容紧密相关。按照来源分类，能力可分为科学智能和社会智能。科学智能源于个体与自然环境的互动，包括直接经验和间接经验。社会智能则源于社会实践，通过人际交往、竞争和合作而获得。这两种智能的掌握程度差异，会影响个体的职业选择及其最终成就。

（2）个人风格因素

每个人在处理事务时，都会展现出其独特的行为方式，这便是个人风格因素。个人风格因素本身并无优劣之分，只有当其与具体工作情境相结合时，才存在适合与否的差异。个人风格通常包括气质、性格和行为风格。气质是指在人的心理活动和行为动力方面表现出的、相对稳定的个人特征。常见的气质类型划分包括：多血质、胆汁质、黏液质和抑郁质。性格是一个人对现实的态度和行为方式所体现出的个性心理特征。性格是一个复杂的统一体，包含多个相互关联的侧面，且各具特征，具有后天可塑性。行为风格是指人们在思考问题和解决问题的过程中所表现出的不同特点。

（3）动力因素

动力因素是指驱动、激发或影响个体行为、决策及发展的各种因素，通常包括价值观、动机和兴趣等。在诸多驱动因素中，价值观占据着核心地位。价值观是人们对目标与信念的认知，为个体的行为提供了统一的导向。价值观可细分为六种类别：理论型、经济型、审美型、社会型、政治型以及宗教型。动机是推动个体行动的内在原因，其方向和强度通常决定了行为效果。动机可被归纳为成就动机、亲和动机以及影响他人动机。兴趣则指个体对特定活动或职业的偏好。霍兰德职业兴趣理论将职业兴趣归纳为六种类型：研究型、现实型、企业型、常规型、社会型和艺术型。

3. 人员素质测评的程序

（1）明确测评的目的和用途。测评目的决定了测评的方向、信息焦点、资料收集的范围与方法，以及测评所采用的内容、标准、方式和具体实施方法。明确测评目标后，应着手收集测评所需的资料，并进行测评人员的遴选与培训。

（2）确定被测评对象。根据组织的人力资源供需预测而得的职位空缺及组织发展要求确定测评对象。

（3）构建素质测评指标体系。测评指标体系是由经过特定组合、相互联系的测评指标组成的，反映了测评对象素质的宽度、深度和层次关系。

①测评指标体系的构成。通常，在素质测评目标下规定测评内容，在测评内容下设置测评目标，在测评目标下设置测评指标（又称指标要素，是素质测评目标具体化、可操作化的表现形式）。一个完整的素质测评指标体系包括测评指标、测评标准与权重。测评指标用于确定素质测评的维度，测评标准是在素质测评中使用的统一尺度，而权重则表示一个测评指标在测评体系中的重要程度。

②构建测评体系指标的原则：针对性原则，应根据测评目的，有针对性地选取具有代表性的测评指标；完备性原则，即不应遗漏具有代表性的测评指标；简练性原则，表达测评指标的语言应简明扼要，最好使用短句；明确性原则，即测评指标的含义应明确，便于操作；层次性原则，测评要素需要层层分解，才能最终确定测评指标；独立性原则，即指标体系内同一层次的各项指标必须相互独立，不能存在必然的包含或重叠关系；可操作性，测评指标应能与事实相联系，可以切实操作测量。

③构建测评指标体系的程序。依次为：明确测评目的、主体与对象、构建胜任素质模型、确定测评指标、确定测评指标权重、确定测评标准、测试修改并完善测评指标体系。

（4）选择恰当的测评方法及测评工具。常用方法和工具包括知识测试、履历（简历）分析、面试（分为结构化面试、非结构化面试、半结构化面试、行为面试和情景面试）、心理测验（人格测试、能力测试、智力测试）、投射测验、360度反馈评估以及评价中心技术（组合无领导小组讨论、公文筐测验、角色扮演等多种测评方法对个体进行综合评估）。

（5）测评实施。测评的实施阶段包括测评前动员、测评时间和环境的选择，以及测评的具体操作。测评操作程序包括测评指导、具体测评操作以及测评数据的回收。

（6）测评评价。分析、评价测评数据得出测评结果，以供有关部门使用。测评结果的描述有两种形式：数字描述和文字描述。数字描述是利用测评结果的分值对被测人员的素质情况进行描述的方法。文学描述是在数字描述的基础上，对照各标准体系的内容，用文字描述的形式评价被测对象的素质。人员素质测评报告应包括以下内容：测评结果及其解释；针对测评指标的应用性分析或预测；初步的用人方案；整个测评工作的经验总结；对人力资源管理的补充性意见。

4. 人员素质测评实施的基本原则

（1）人职或任职匹配。人员素质测评的核心目标。人员素质测评的实质就是寻求工作与人之间的最佳配合，为人力资源管理与人员选拔提供科学根据。个人择业应选择与自身素质特点相适应的职业，而组织在选拔和任用人才时，则需要挑选能满足职位素质要求的人才。组织要实现人职匹配，必须开展两项基本工作：一是分析职位所需的任职资格，即工作分析；二是对求职者的素质特点进行分析。支持人职匹配观点的理论主要有两个：特性-因素理论，认为个别差异现象普遍存在于个体心理与行为中，每个人都具有自身独特的能力模式和人格特质，而某种能力模式及人格特质又与某些特定的职业存在关联；人格类型理论，认为个体与职业相互适应才能达到最佳状态，个体的才能与积极性才可以得到充分发挥，基于此理论的霍兰德职业兴趣测验至今仍被广泛应用。

（2）素质差异性。个体间所展现的素质差异主要为认知能力、人格特质和行为模式。这种素质差异是导致个体在不同岗位上成就差异的根源，也是同一职位上绩效水平差异的核心因素，更是人员测评存在的前提条件。

（3）素质相对稳定性。素质是个体行为与特点高度统一的结构性因素。这种特点一旦形成，便具有相对稳定性，不易改变。

（4）素质的间接测量性。人的素质是一种内在的、特定的心理活动和心理现象，因此具有内隐性特点。可以通过个体对外界刺激的反应来间接测量其心理素质。

（5）测评的抽样性与统计学意义：人员测评并非测量个体所有行为，而是抽取其典型行为，运用统计学原理，对行为的强度、频率和效果进行测量与评估。因此，测评所选行为必须具有代表性和典型性。任何测评结果都只是统计学上的显著水平，而非100%准确。

5.2.3 胜任素质模型与胜任素质测评概述

1. 胜任素质的含义

胜任素质，又称“胜任力”，是区分优秀员工与普通员工的关键特质。这些特质包括内在的动机、性格、自我认知、价值观，以及知识、技能等。它们能够预测并显著影响工作绩效。简而言之，胜任素质是帮助个体在特定岗位上取得成功的关键因素。与传统素质相比，胜任素质更侧重于与工作绩效的直接关联，强调可观察、可衡量的行为表现，以及在特定情境下的综合能力。

胜任素质可以比作一座冰山，分为表层和深层两部分。表层（水面以上）包括知识（掌握的事实和理论）和技能（运用知识的能力），相对容易观察和培养，可以通过培训等方式提升。深层（水面以下）则包括更深层次的因素，是决定行为的关键：社会角色（个体在工作中的定位）、自我认知（对自身的看法）、特质（稳定的个性特征）和动机（内在驱动力）。深层胜任素质更难以改变，尤其在人员选拔中具有重要价值，特别是在复杂职业中，它们比技能、智力等更能预测优秀绩效。

预测工作成功最常见的 20 个胜任素质主要分为六类：成就特征（追求卓越）、助人/服务特征（服务意识）、影响特征（影响他人）、管理特征（团队领导）、认知特征（分析判断）和个人特征（适应性）。这些素质可进一步归纳为两组：内部驱动力，如成就动机、主动性和概念性思维，体现个体追求卓越、积极进取的内在动力；组织能力，如影响力和团队领导，反映个体组织和带领团队的能力。

2. 胜任素质模型

胜任素质模型是描述特定工作所需的胜任素质组合，包括知识、技能、能力、特质和动机等。它将区分高绩效者和低绩效者的关键个人特征进行组合和分级定义。该模型是人力资源开发的基础，也是人员选拔、培训和绩效管理的重要依据。

胜任素质模型通常包含三个层次：全员核心胜任素质，是所有员工共同具备的基础素质，反映组织文化和价值观；序列通用胜任素质，是针对特定岗位群或部门的通用要求，体现不同岗位对技能和能力的差异化需求；序列专业胜任素质，是特定岗位或工作中所需的独特专业技能。

建立胜任素质模型有两种主要方法：战略驱动，即根据组织战略目标，确定对员工的素质要求；行为差异分析，通过比较优秀员工和普通员工的行为差异，提炼出区分两者的关键胜任素质。

（1）标准模式构建法是一种严谨的胜任素质模型构建方法，它基于数据分析，通过以下步骤进行：明确绩效标准，区分优秀员工和普通员工；

收集数据，通过多种方法收集两组员工的胜任素质信息；数据分析，找出区分两组员工的关键胜任特征，构建初步模型；模型验证，通过多种方法验证模型的有效性。该方法因其科学性，被广泛应用于实践。

（2）专家头脑风暴构建法是一种快速高效的胜任素质模型构建方法，它依赖于专家的经验和智慧。该方法首先邀请相关领域的专家进行头脑风暴，识别目标岗位的关键胜任素质，包括必备能力和区分优秀员工的能力。专家们需要明确定义各项能力，并通过多轮讨论达成共识。为了补充信息，可以进行行为事件访谈。最后，综合专家意见、访谈资料和文献资料，构建并验证胜任素质模型。

（3）因子分析构建法是一种基于统计分析的胜任素质模型构建方法，它通过分析大量数据来识别潜在的胜任素质维度。该方法首先收集目标岗位资料，并进行初步分析。然后，编制和修订问卷，进行正式调查。接下来，通过探索性因子分析，找出能解释数据变异的因子，构建初步模型。最后，通过验证性因子分析检验模型的可靠性。

5.2.4 履历与简历分析

1. *履历分析*

履历是个人过往经历的详细记录，而履历分析是一种系统的人员选拔方法，通过分析履历信息，评估求职者与岗位胜任素质的匹配度，预测其未来工作绩效。它基于“过去行为预测未来行为”的观念，认为个体的经历和行为模式反映了其潜在的素质，这些素质与工作表现相关。履历分析的基本原理包括行为一致性、素质可推测性、样本代表性和信息可量化性。

履历分析是一个系统化的过程，包括以下六个步骤。

（1）工作分析与胜任素质模型构建。明确岗位要求，构建胜任素质模型，这是履历分析的基础。

（2）履历信息收集。收集求职者履历信息，确保真实、完整，推荐使用标准化的履历模板或在线申请表。

（3）履历信息编码与量化。根据胜任素质模型，制定履历信息编码规则，将履历信息转化为可量化的数据。

（4）建立履历分析模型，即确定各项履历指标的权重。这一步是履历分析的核心，可以采用经验判断法、统计分析法（如回归分析、判别分析、相对权重分析）、专家小组法或德尔菲法等。其中，经验判断法简便但主观，统计分析法客观但需大量数据，德尔菲法综合专家意见较为可靠。

（5）履历筛选与评估。根据模型评分，筛选并排序候选人。

（6）模型验证与优化。定期验证并调整模型，提高预测准确性。

履历分析可作为初步筛选工具，也可与其他选拔方法结合使用，以实现更全面的评估。应用时，需注意以下几点：严格保护求职者隐私，避免歧视；结果仅供参考，不作为唯一依据；随着技术发展，履历分析方法也在不断进步，例如，机器学习算法的应用。

2. 简历分析

简历是总结个人教育、工作、技能、成就和职业目标的简要文件，旨在向潜在雇主展示个人资格和能力，以争取面试机会。

简历分析是招聘选拔中的关键环节，广义上，它是一个系统评估求职者整体素质的过程，包括简历解读、背景调查等。狭义上，它侧重于快速解读简历文本，关注教育、经历、技能等关键信息，判断是否符合岗位要求。无论是广义还是狭义，简历分析的核心目标都是为了高效筛选与岗位匹配的候选人。

简历分析和筛选流程通常包括以下几个步骤。

（1）将应聘者的材料分为客观内容和主观内容两类，并对这两类内容进行区分分析。

（2）重点分析客观内容，尤其是与岗位相关的关键客观内容。

（3）评估关键客观内容的可信度，可借助简历筛选调查表进行比较分析。简历筛选会综合考量求职者与岗位的匹配度。

①整体观感：评估简历的整洁度、是否存在错误，以此初步判断求职者的认真程度和对招聘单位的重视程度。

②结构布局：评估简历的逻辑性、重点突出性以及格式规范性，如写作风格一致、段落对齐、字体统一等，这些细节反映了求职者的细致和条理。

③工作经验：这是简历的核心部分，分析时应重点关注：职业发展轨迹的连贯性和稳定性；任职时长，结合具体情况分析；工作职责与成就的详细描述，深入了解实际工作内容；逻辑性与真实性，警惕虚假信息。若发现虚假信息，应直接淘汰。

④证书情况：证书是简历的补充材料，客观反映求职者的专业水平。简历分析时，招聘人员应具备识别假证书的能力，并运用观察、提问、核实和上网查询等方法鉴别真伪。

⑤社会活动：可以反映求职者的兴趣爱好，有助于评估其广泛性和深度，以及与应聘岗位的相关性。

⑥证明人：为确保简历信息的可信度，招聘人员应联系证明人核实情况。常用的方式有两种：请证明人提供具体事例，了解求职者的行为和业绩；请证明人进行量化评估，了解其优势和不足。

（4）以关键指标对人才进行初步筛选。在简历筛选阶段，重点关注岗位关键指标，并将候选人划分为三类：A 类（优秀）、B 类（合格）和 C 类（不合格）。每个岗位都应建立相应的数据包。若 A 类候选人数量充足，则优先录取；若 A 类候选人不足，则从 B 类候选人中择优录取。A 类和 B 类的划分标准可根据招聘进度灵活调整。

（5）把握简历的整体印象。通过阅读简历判断其是否留下良好印象，并标注出存疑之处和关注点，以备面试时询问应聘者。

3. 履历或简历造假的常见手法

（1）学历造假。常见方式包括专科生或仅参加学位课程学习但未获学位者冒充四年制本科生，以及普通院校毕业生冒充名牌院校毕业生。

（2）隐瞒或延长聘用时间。通过省略月份等方式，营造连续工作假象。

（3）夸大或谎报专业知识和经验。虚构或过度渲染个人能力。

（4）咨询顾问烟雾。声称担任咨询顾问，需核实服务情况。

（5）玩企业破产把戏。利用公司破产掩盖不良工作记录。

（6）自相矛盾。注意简历中信息不一致或逻辑错误之处。

5.2.5　心理测验

1. 心理测验的概念

心理测验是一种标准化的评估方法，用于测量个体的心理特质和能力。通过系统收集样本行为，心理测验可推断个体在特定领域的水平或特点，例如智力、人格、兴趣等。测验通常包括精心设计的题目、任务或情境，并配有标准的施测程序、评分规则和常模，以确保评估的客观性和准确性。

2. 心理测验的类型

心理测验可根据多种标准进行分类。按测验内容，可分为认知能力测验、人格测验、职业兴趣测验等。按实施方式，可分为纸笔测验、操作测验和计算机化测验。按测验对象数量，可分为个体测验和团体测验。按测验目的，可分为筛选测验、诊断测验和评估测验。

（1）能力测验

能力是个体完成任务所需的心理特征，是影响活动效率的关键因素，体现为解决问题的潜在可能性。能力具有个体差异性、可塑性、相对稳定性、综合性和实践性等特点。能力的发展受多种因素影响，包括遗传、环境（社会、家庭、自然）、教育培训、实践活动和个体主观能动性。

能力倾向，即性向，指个体通过学习或训练可能达到的熟练程度。它分为两类：一般能力倾向，指完成多种活动所需的一般潜力；特殊能力倾向，指在特定领域（如艺术、音乐）的特殊潜力。两者都代表有待开发的潜在能力，而非已具备的实际能力。

能力倾向是可以测量的。能力倾向测验主要分为两类：单项能力倾向测验和多元能力倾向测验。单项测验侧重于测量特定能力倾向，而多元测验则可以测量多种能力倾向或能力群。

能力测验有智力测验，反应能力测验、语言能力测验和能力倾向测验等。

智力是人类认识世界、解决问题的基本能力总和，由注意力、观察力、记忆力、想象力和抽象思维能力构成。智力与认知过程相关，但并非认知过程本身。构成智力的认知特点相对稳定，且这五种因素有机结合。智力属于能力范畴，而情绪、情感、性格、气质、动机、兴趣、意志等则属于非智力因素。

智力水平通常用智商（IQ）表示。智力测验，又称智商测验，用于测量个体的一般能力，是评估智力水平的一种方法。测量智力的工具称为智力量表。根据施测对象的不同，智力测评可分为个体智力测评和团体智力测评。

韦克斯勒成人智力量表（韦氏量表）是具有代表性的个体智力测评工具。它由 11 个分测验组成，其中 6 个分测验（常识、数字广度、词汇、算术、理解、类同）构成言语分量表，5 个分测验（填图、图画排列、积木图案、拼图、数字符号）构成操作分量表。通过该量表，可以得到言语智商、操作智商和总智商。

应用较广的团体智力测评包括陆军测验、瑞文推理测验和认知能力测验。

瑞文推理测验主要测量一般能力，分为三种形式：标准推理测验（中等水平，适用于 5.5 岁以上正常智力者）、彩图推理测验（最低水平，适用于幼儿及智力低下者）和高级推理测验（最高水平，适用于智力高于平均水平者）。测验题目形式通常为图形补全或图形矩阵选择。该测验可团体或个别施测，有效测量非言语推理能力，仅提供图形推理测验结果。

认知能力测验具有较高的应用价值，包含四个部分：初级型（小学低年级）、文字测验（小学四年级以上）、数量测验（小学四年级以上）和非文字测验（小学四年级以上）。题目由易到难排列，并有多套不同水平的题目。测验结果可通过离差智商、百分等级和标准九分数等方式解释。各部分测验的再测信度系数在 0.72 至 0.95 之间，对学业、工作和职业类型具有较强的预测能力。

（2）人格测验

人格是个体独特且相对稳定的行为、思想和情感模式，体现了个体的独特性。它区分个体，反映了人的自然属性和社会属性。人格由多种人格特质组合而成，包括生理特征、气质、能力、动机和社会性态度等。气质和性格是构成人格的核心要素。

人格是反映个人行为方式和思维特点的稳定心理特征，与职业选择和工作绩效密切相关。不同职业对人格特征有特定要求，个人的人格特征与职业匹配程度直接影响工作表现。因此，选择职业时，应充分考虑自身人格特征是否符合该职业的核心要求。

人格测验，又称个性测试，是一种用于测量个体人格特质的心理评估工具。常用的测试方法包括问卷法和投射技术。问卷法通过一系列问题评估人格特征，常用的人格问卷包括 EPQ（艾森克人格问卷）、MMPI（明尼苏达多项人格测验）、MBTI、16PF 和气质类型测验。投射技术则包括罗夏墨迹测验、逆境对话测验和语句完成测验等。

迈尔斯-布里格斯类型指标（MBTI）是一种基于荣格人格理论的自评性格测试工具，用于评估个体的心理特征。它将人格分为四个维度，每个维度包含两个对立方向，最终形成 16 种独特的人格类型。MBTI 广泛应用于自我探索、人才选拔、职业发展等领域，具有较高的信度和效度，是国际上常用的人格评估工具之一。

卡特尔 16PF 是一种基于人格特质理论的自评性格测试，旨在全面评估个人的 16 种基本人格特质，例如乐群性、情感稳定性等。该测验包含 180 道题目，每种人格特质通过 10～13 个测试题进行测量，共包含 16 个分量表。16PF 具有较高的信度和效度，广泛应用于心理咨询、职业指导和人力资源管理，帮助个人深入了解自身和他人的性格特征。

（3）职业能力倾向、职业价值观和职业兴趣测验

职业能力倾向是指个体从事特定职业所具备的潜在认知能力、专业技能和心理特征，反映了个人在特定职业领域中获得成功的先天基础和后天发展潜力。职业能力倾向测验旨在通过多维度测试（包括认知能力、专业技能和心理机能）科学预测个体在特定职业领域的潜在发展能力和成功可能性。其常用方法包括标准化能力测试、情景模拟、实践操作评估和心理测量工具，核心目标是为职业规划和人才选拔提供客观、精准的依据。

职业价值观是个人对职业的基本信念、态度和追求，影响着职业选择、发展和工作行为。职业价值观测验旨在测量和分析个体对职业的内在价值导向。常用的定量测试工具有职业价值观量表、职业锚测试、职业信念问卷和霍兰德职业价值观测验等。

职业兴趣是个人对特定职业领域的持续性偏好和内在动机，影响着职业选择和职业发展。职业兴趣测验通过结构化测试，测量和分析个体对不同职业领域的兴趣导向，帮助个体进行职业规划。常用的定量测试工具有霍兰德职业兴趣测验、斯特朗职业兴趣量表等。

5.2.6 面试

1. 面试的概念

面试是一种在特定场景下，通过面对面口头交流，系统评估应聘者是否具备岗位所需知识、技能、能力和个人特质的选拔方法。

面试主要考察以下几个方面：仪容仪表、知识储备、工作经验、口头表达、分析能力、应变能力、人际沟通技巧、情绪稳定性、职业态度（包含积极性和进取心）、求职意愿及个人兴趣爱好。

面试是一种复杂的人才选拔方法，其独特性体现在：通过直观观察捕捉非语言信息；灵活提问深入了解应聘者；双向互动促进有效沟通；全面评估知识、技能、经验和价值观；但也面临主观性挑战。通过情景模拟，考察实际工作表现。这种多元、动态的评估方法，使面试成为人才选拔中不可替代的重要工具。

2. 面试的类型

(1) 根据组织方式，面试可分为三种类型：一对一面试、小组面试和集体面试。一对一面试由单个面试官与单个应聘者进行，有利于深入了解个人特质。小组面试由多名面试官组成，从不同角度全面考察应聘者，提高客观性。集体面试同时对多名应聘者进行评估，通常用于初步筛选和考察团队互动能力。这三种方式可根据招聘需求和岗位要求灵活选择。

（2）根据结构化程度，面试可分为结构化、非结构化和半结构化三种类型。结构化面试高度标准化，面试前设计问题和评分标准，所有应聘者接受相同的问题和评估，问题、过程和结果均具有严格的结构性。非结构化面试则依赖于面试官的个人风格，问题内容和顺序灵活，缺乏系统性和可比性。半结构化面试则兼顾了标准化和灵活性，在预设问题框架内，允许面试官根据情况调整提问，既保持一定标准性，又兼顾面试的生动性和深入性。这三种面试方式体现了不同组织在人才选拔中对标准化与个性化的不同侧重。

（3）根据面试内容，可将其分为情景面试和行为面试两种类型。情景面试通过模拟工作情境，考察应聘者在特定条件下的行为表现，其理论基础是个人意图能预测未来行为。行为面试则侧重于应聘者过去的实际经历，通过追问具体事件，深入了解其真实情境下的工作表现和能力特征。情景面试侧重潜在能力，行为面试则更关注历史表现，两者共同构成对应聘者的全面评估。

压力面试是情景面试的一种变体，旨在评估应聘者在高压情境下的表现。面试官通过制造紧张、不舒适或具有挑战性的环境，故意施加心理压力，以此考察应聘者的心理素质、应变能力、情绪管理和专业表现。压力面试常采用尖锐提问、敌意态度或复杂情境挑战，模拟高压工作环境，从而评估应聘者的心理承受能力、沟通技巧和专业素养。这种面试方法尤其适用于需要高度心理韧性的岗位，例如销售、管理和危机管理等。

（4）根据面试效果，面试可分为初步面试和诊断面试。初步面试是相互了解的阶段，用人单位和应聘者交换基本信息，初步建立印象，为后续评估奠定基础。诊断面试则针对通过初步筛选的候选人，进行更深入的能力评估，全面测试其工作能力、专业素质和发展潜力。这两种面试方式构成一个逐步深入的人才评估体系，帮助用人单位更准确地选拔人才。

3. 面试的程序

（1）面试前的准备。

①构建理论基础，详细分析岗位工作说明书和胜任素质模型。

②制定结构化框架，设计面试提纲、问题清单、评分标准和评价

标准。

③组建并培训面试小组，确保面试官熟悉岗位要求、面试流程和评估标准。

④全面了解候选人，仔细阅读应聘者的简历和相关材料。

⑤做好后勤准备，安排面试时间、场地，并及时通知应聘者。

（2）面试的实施过程。通常分为五个阶段，强调专业性、系统性和互动性，以全面评估应聘者综合质量。

①建立融洽关系（约2%的面试时间），缓解应聘者紧张情绪，初步评估心理适应能力，通常采用简短的封闭式问题。

②导入（介绍）阶段（约8%的面试时间），通过开放式问题引导应聘者进入状态，提供表达空间，缓解紧张情绪。

③核心阶段（约85%的面试时间），最关键环节，全面评估技术、知识、行为和人际交往四大核心能力，结合口头回答和非语言行为进行深入评估。

④确认阶段（约5%的面试时间），通过开放性问题，核实关键胜任能力，确保信息的完整性和准确性。

⑤结束阶段（约5%的面试时间），交换最后信息和印象，检查是否遗漏关键胜任能力的评估，确保面试的完整性和深入性。

（3）面试结果汇总的目的是系统、客观地评估应聘者的综合表现。通过科学整合面试过程中收集的多维度信息，最终形成对应聘者专业能力、个人素质和岗位匹配度的全面判断。

4. 面试的提问技巧

面试提问应遵循四项基本原则：逻辑性、针对性、递进性和开放性。逻辑性要求问题层次清晰、结构合理；针对性强调问题紧密对接岗位具体要求；递进性体现为从简单问题逐步深入；开放性则为应聘者提供充分的思考和表达空间。

面试考官应具备以下素质：客观公正地对待所有应聘者，具备良好的语言表达能力，善于倾听应聘者的陈述，保持敏锐的观察力，并掌握多样化的提问技巧。这些素质有助于全面评估应聘者的职业素质和发展潜力。

面试提问的核心在于平衡信息获取的深度和广度，既要把握岗位需求，又要尊重应聘者的个人特质。

（1）开放式提问，旨在全面了解应聘者的职业素质、深入挖掘其能力潜力，并评估其职业发展价值。开放式提问可分为无限开放式和有限开放式两种类型。

（2）封闭式提问，快速获取信息的面试技巧，通过具体、明确的问题，引导应聘者给出简洁、直接的回答。这种方法旨在高效获取关键信息，在有限的面试时间内快速筛选应聘者的基本情况和相关背景。

（3）清单式提问通过多角度、多维度的问题，全面考察应聘者的综合能力。这种方法侧重于评估应聘者解决问题的思路和方法，而非仅仅关注答案本身。通过这种方式，面试官可以深入了解应聘者的决策过程、逻辑分析能力和专业判断力，从而更全面地评估其综合素质。

（4）比较式提问，评估应聘者分析能力的面试技巧，要求应聘者对两个或多个事物进行对比分析，从而考察其专业判断力、逻辑思维能力和价值观。通过这种方式，面试官可以深入了解应聘者的思维模式，以及潜在的职业素养。

（5）举例式提问，又称行为描述面试，是一种深度考察应聘者的方法。它通过引导应聘者详细描述过去的工作事例，来考察其专业能力、问题解决策略、职业素养和行为模式。这种方法旨在全面评估应聘者的实际工作能力和经验。

（6）假设式提问，情景模拟技术，旨在通过构建虚拟情境，引导应聘者进行推演和设想，从而深入考察其专业判断力、价值取向、潜在工作行为模式以及职业素质和发展潜能。

（7）重复式提问，信息核验技术，通过多角度、多维度的问题设计，系统性地检验应聘者陈述信息的真实性、一致性和可靠性。这种方法旨在评估应聘者提供信息的可信度。

（8）确认式提问，促进深度交流的沟通技术。它通过鼓励应聘者进一步阐述观点和经历，增进面试官与应聘者之间的相互理解。这种方法旨在深入挖掘应聘者的职业认知、内在动机以及沟通表达能力。

（9）客观评价式提问，评估应聘者自我认知和职业素养的技巧。它通过引导应聘者对自身进行客观、理性的优缺点评估，从而全面揭示其专业自省能力、职业发展潜力和成长意愿。

5. 结构化面试的一般步骤

（1）向即将参加面试的候选人详细说明本次面试的总体安排和相关规定。候选人在候考区等候面试期间，严禁私下交谈、使用移动通信设备，以及随意走动。

（2）为保证面试的公正性与客观性，采用抽签方式决定应聘者面试次序，同时记录考生编号和姓名。

（3）面试开始后，由监考人员或考务工作人员依次引导应聘者进入考场，并通知下一位候考者做好准备。

（4）每次面试仅限一人。面试流程包括：主考官宣读面试指导语；考官按分工提问，其他考官可适当补充提问；各考官独立评分。通常，提问数量以 6～7 个为宜，面试时间控制在 30 分钟左右。结构化面试应合理分配五个阶段的时间。

（5）面试结束后，主考官宣布应聘者退席。考务人员收集评分表并交给计分员，计分员在监督员监督下统计成绩。评估应聘者时，应按照工作所需的各项属性进行评价，并关注属性的互补性，而不仅仅是总分。

（6）计分员、监督员和主考官依次在面试成绩汇总表上签字，以确认成绩的准确性和公正性。

5.2.7 无领导小组讨论

1. 无领导小组讨论的概念

无领导小组讨论是一种常用的测评方法，它通过情景模拟，对被测评者进行集体评测。具体做法是：将一组（5～7 人）被测评者组成临时小组，在既定背景下，就某一议题进行一小时左右的讨论。评价者通过观察参与者的言语和非言语行为，对其进行综合评估。

“无领导”意指参与者地位平等，自主决定和组织讨论流程。讨论题目应具有广泛的讨论空间和引发深入争论的潜力，通常没有明确答案。题目形式多样，包括开放式问题、两难困境等，并可根据具体岗位特点灵活设计。

无领导小组讨论是一种全面评估应试者综合素质的方法。通过观察参与者的表现，可以评估其组织协调、口头表达、辩论、说服、情绪控制和人际交往等能力。此外，还可以通过非言语沟通评估其个人特质。最终目的是判断应试者是否符合岗位要求，以及其个性特征是否匹配团队文化。

2. 无领导小组讨论的评价标准

一般来说，考官在无领导小组讨论中主要依据以下几个标准进行评价：

（1）有效发言的次数。

（2）提出新颖见解和方案的能力。

（3）敢于提出不同意见，并融合他人意见。

（4）缓和气氛，说服他人，引导共识。

（5）倾听、尊重他人，不侵犯发言权。

（6）语言表达、分析、概括和归纳能力，以及发言的主动性和反应的灵敏性。

3. 无领导小组讨论的程序

无领导小组讨论的实施可分为准备阶段、开始阶段、讨论阶段、汇报阶段、评价阶段 5 个具体环节。

（1）准备阶段

①明确测评要求，构建评价体系。确定岗位要求，构建评测指标体系，并编制评分表。

②准备讨论材料。准备题目、背景信息及道具；为评价人准备指导语、评分表和记录用纸。

③培训评价人员。培训评价人员，使其熟悉题目、流程、指导语、时间限制和评分标准，并进行模拟评分练习。

④分组安排被测评者。将报考同一或相近岗位的被测评者安排在同一组。

⑤选择并布置场地。采用圆桌形式，营造平等氛围；评价人与被测试

者保持一定距离，或采用行为观察室。

（2）开始阶段

评价人提前10分钟入场，确认被测评者身份并安排座位，座位前放置桌牌。被测评者在讨论前有10～15分钟阅读材料的时间，其间不得相互讨论，可以写下自己的观点和理由。

（3）讨论阶段

材料阅读完毕后，被测评者进入自由讨论，讨论时间通常为30～40分钟。被测评者轮流发表意见，然后展开讨论，每次发言一般不超过三分钟，最终目标是形成一致意见。评价人负责观察并记录被测评者的表现。

（4）汇报阶段

讨论结束后，面试官要求停止讨论，并由每组推选一名发言人进行总结汇报。其他成员可补充发言，但应简短精练。汇报完毕后，面试官宣布结束，被测评者退出考场。

（5）评价阶段

评价人员整理观察记录，根据评价标准对每位被测评者的综合表现进行客观公正的评价和评分，并以事实为依据，必要时撰写文字评价意见。工作人员回收评价表，并对评分进行核对汇总。

5.2.8 公文筐测验

1. 公文筐测验的概念

公文筐测验是一种常见的模拟情境测试，常用于管理人员的选拔。应试者在限定时间内，处理包含人事、资金、财务等领域的事务。应试者需在没有协助的情况下，回复信函、撰写指示、作出决策等。评分不仅考察书面结果，还要求应试者解释其问题处理思路，并依据其思维过程综合评估。

2. 公文筐测验的构成

公文筐测验由测验材料和答题册两部分组成，以纸笔方式作答。

（1）测验材料

测验材料即提供给应试者的资料，可采用多种表现形式，包括信函、备忘录、通知等，通常有十几份，标有编号，随机放置于公文筐中。

（2）答题册

供应试者书写处理意见或报告，是唯一作答场所。包含总指导语和各部分测验的指导语，提供完成测验所需的全部指导信息。

3. 公文筐测验的设计

公文筐测验的设计必须紧扣以下三个环节。

（1）确定评价要素及其权重

基于工作分析结果，确定书面沟通、计划组织、问题洞察、授权指导以及专业知识等核心能力。

（2）文件设计

选择文件种类、确定文件内容和选定文件预设的情境。文件数量充足，测试时间以 2～3 小时为宜。务必区分行文方向，并注意各文件测评要素的设计。以不同的文件处理方式体现不同的能力要求。需控制处理方式，并确定好计分细则，避免同一要素同时得分或无法归于某一要素的情况。

公文筐测验的设计需要注意以下两点。

①测验材料的难度控制

材料过难或过于容易，都可能影响选拔效果。

②材料真实性的把握

需要在虚构与真实之间寻找平衡点，避免处理结果缺乏针对性或过于偏重经验，从而影响选拔的公平性和有效性。

（3）测验评分。公文筐测验的评分工作由专家和具备相关职位经验的人员承担，评分者需要事先培训。评分程序通常包括：独立评分、交流评分结果、再次独立评分、汇总评分并计算平均分。若答案不够清晰，评分者可能需要向应试者询问，并依据其解释来最终确定得分。

4. 公文筐测验的程序

公文筐测验通常为集体测验，实施过程中需完成以下工作。

（1）准备工作

主要涉及测验材料的准备与测试场所的布置。

①材料准备

为每位应试者准备编号的测试材料和答题卷。答题卷包括基本信息、处理意见、签名和处理时间、处理依据或理由。文件序号仅用于标识，不代表处理顺序，但所有应试者的文件排列顺序必须一致。

②场所布置

环境宽敞、安静，每位应试者有独立桌椅，避免干扰。建议同一时段完成测试。若涉及内部信息，应进行统一培训。

（2）实施过程

①介绍测验要求

主试人介绍测验要求和注意事项，发放指导语和答卷，并解答疑问。

②发放测试文件

确认无疑问后，发放测试文件。

③测试指导语

内容清晰具体，简明易懂。针对初级人员，可增加关于指导语的简短测试。

④文件处理阶段

应试者进入文件处理阶段后，通常不允许再提问，除非测验材料存在客观问题。

（3）评分环节

测试完成后立即评分，尤其是在包含质询环节时。为保证客观性，应对所有应试者进行匿名编号。由专人向所有评分者统一呈现应试者的作答内容，以便评分者独立进行评分。事前对评分者进行培训，以确保评分一致性。此外，进行试评，以检验评分者对评分标准的掌握情况。最后，可采用多种评分方式，例如按序号逐一评定，或按题目/内容分类评定。

5.2.9 管理游戏

1. 管理游戏的含义

管理游戏测试是一种情景模拟面试方法，旨在考察应试者的综合管理能力。测试中，小组成员需协作完成差异化任务，完成既定目标。部分测试会设置小组间的平行竞争，以观察应试者在资源分配、战略决策和团队协作中的表现。该方法通过结构化行为观察，对管理素质进行多维度测评。

管理游戏是一种高度拟真的情景模拟，旨在提升复杂情境下的决策能力。其典型设计包含明确的任务目标、动态竞争机制、量化反馈系统和多阶段决策链条。参与者需运用市场分析、战略规划、财务管理和团队协调等核心管理技能。目前，管理游戏已广泛应用于商学院教学和组织高管培训等领域。

管理游戏在能力培养与评估方面具有显著优势：它通过模拟真实的管理场景，提供低风险实践平台，促进决策经验积累；游戏化元素提升参与度，促进知识迁移；团队协作培养组织协调与领导能力。同时，管理游戏也可作为人才评估工具。然而，管理游戏的应用也存在局限性：定制化场景构建成本高、实施周期长；模拟环境的真实性可能受限，竞争机制易导致结果导向偏差；技术依赖性和跨文化适用性问题也需关注。

2. 管理游戏面试形式的具体应用

（1）分拣跳棋子测试。组织为评估应聘者的手眼协调能力与执行效率，设置专项测试：要求应聘者在一分钟内将混杂的多色跳棋子按颜色分类排列。未能在规定时间内精准完成分类者即被淘汰。此测试通过量化操作精度与耗时，可有效筛选具备快速信息处理能力的候选人。

（2）动态视觉辨识测试。考察应聘者的瞬时记忆与信息捕捉能力。测试中，机械装置呈现动态图景，应聘者需在规定时间内复述所看到的视觉信息。该测试可同步评估候选人的注意力集中度与语言组织能力。

（3）蛋糕分配问题。考察应聘者的创造性问题解决能力。考官要求应聘者将单块蛋糕均分为 8 份，分配给 8 人后，仍需在包装盒内保留 1 份。优秀候选人能突破线性思维，提出非对称分配方案，例如“7 人各取 1 份，第 8 人获得盒中剩余 1 份”。

（4）耐力压力测试。通过高温环境下的长距离跑步，评估候选人的生理耐受度与目标坚持性。组织通过监测心率、完成时间和放弃率等指标，量化评估应聘者的抗压能力与职业韧性。此类测试须严格遵守劳动法规，以避免健康风险。

3. 管理游戏面试形式的注意事项

（1）团队协作效能评估原则。若小组未能在规定时间内达成任务目标，所有成员的评分将受到系统性下调。此评估机制基于集体行动理论，认为任务失败反映团队问题，而非个体能力不足。

（2）竞争认知重构策略。参与者需明确核心评估对象为观察席考官，而非同场应聘者。

（3）观察期行为管理规范。在非主导任务阶段，应保持建设性参与态度。具体表现为：主动提供协作支持，维持适度眼神接触，避免消极肢体语言等。

（4）异议表达技术路径。采用“三明治反馈法”，即首先肯定方案可行性，然后指出优化空间，最后提供具体改进建议。

（5）群体决策优化机制。当出现意见分化时，应优先争取少数派共识。具体策略包括：运用损失规避原理，提供补偿性激励。

（6）冲突调解方法论。在僵持阶段，需要适时做出让步，扮演中间联系人的角色。

实训 5-2

“校园招聘项目助理”岗位甄选方案设计

1. 实训目的

（1）了解人员甄选的基本概念、核心流程及其在组织人才战略中的作用，认识常用人员素质测评方法（履历分析、心理测验、面试、无领导小组讨论、公文筐测验、管理游戏）的基本原理和特点。

（2）理解不同素质测评方法的适用场景、优缺点以及组合使用的原则，明确胜任素质模型在提升人员甄选科学性与精准度方面的重要价值。

（3）掌握结合具体岗位需求构建简要胜任素质模型、设计多阶段人员甄选流程、选择并初步应用恰当测评工具（特别是面试、无领导小组讨论等）的基本方法与技能。

2. 实训任务

(1) 个人任务

①以思维导图或其他形式梳理人员甄选的主要环节，素质测评主要方法的定义、优缺点及典型应用场景。

②理解胜任素质模型的构成要素（如素质簇、素质项、行为等级描述），思考其与传统岗位职责描述的区别。

③选择“面试”或“无领导小组讨论”中的一种方法，思考：如果要评估应聘者的“沟通能力”，你会如何设计提问或设置讨论任务？

(2) 小组任务与报告

每组由 5～7 名成员组成，推选组长并明确分工。

①岗位分析与模型构建：仔细阅读背景资料及问题。基于岗位职责和要求，运用头脑风暴或卡片分类法，提炼出该岗位最重要的 3～5 项胜任素质，并尝试给出简要的行为描述（构成简易胜任素质模型）。

②甄选流程设计：依据构建的胜任素质模型，设计一套包含至少三个不同测评环节（例如：简历筛选→半结构化面试→无领导小组讨论/公文筐测验）的甄选流程方案。明确每个环节的评估重点（对应哪些胜任素质）、操作要点、时间安排和淘汰标准。说明选择这些测评方法组合的理由。

③测评工具设计示例：针对所选的面试环节，设计 3～5 个关键面试问题，或者，针对所选的无领导小组讨论环节，设计一个讨论题目和观察要点。

④小组报告撰写：将以上成果汇总，撰写一份《“校园招聘项目助理”甄选方案设计报告》。报告应包含：岗位分析与胜任素质模型、甄选流程图、各环节测评方法说明（含理由、评估重点、工具示例）、预期效果与潜在风险分析。格式规范，逻辑清晰。各组需在课堂上进行 PPT 展示，汇报时间控制在 10～15 分钟。

(3) 师生互动

教师点评各小组成果，并针对学生的观点进行追问，引导学生深入思考，激发深度学习。

Tips：背景资料及问题

大学生就业指导中心，是负责全校学生职业规划、就业指导、市场开拓和招聘服务的职能部门。为提升服务效率与质量，满足日益增长的校园招聘需求，中心现面向本校全日制在读本科生或研究生，招聘兼职（或实习）性质的校园招聘项目助理。

该岗位的核心目标是协助中心教师高效、有序地执行各项校园招聘服务任务，以提升雇主及学生的整体满意度。

其主要职责范围广泛，包括但不限于：协助组织与执行各类线上线下招聘活动（如招聘会、宣讲会）；承担部分用人单位的日常联络、信息发布与接待工作；负责就业信息网、官方微信公众号等平台的招聘信息管理与维护；参与校园招聘相关数据的整理、统计与初步分析；并辅助进行学生职业咨询的初步接待与引导工作，同时完成中心教师交办的其他相关任务。

应聘者需具备良好的沟通表达能力与团队协作精神，展现出高度的责任心、条理性与执行力，并能熟练操作 Word、Excel、PowerPoint 等常用办公软件。此外，要求每周能投入至少 15 小时工作时间，并承诺持续工作不少于六个月。在满足基本条件的基础上，拥有学生工作或社团活动组织经验，或对人力资源管理、就业市场领域表现出浓厚兴趣的候选人将获得优先考虑。

请仔细思考并回答以下问题。

(1) 针对该岗位，除了基本要求外，哪些“软性”胜任素质最为关键？为什么？

(2) 如何通过简历筛选初步判断候选人的责任心和条理性？

(3) 设计什么样的面试问题能有效评估候选人的沟通能力和执行力？

(4) 如果使用无领导小组讨论，什么样的议题既能模拟工作场景，又能考察团队协作和问题解决能力？

(5) 公文筐测验或管理游戏是否适用于该学生助理岗位的甄选？为什么？如果适用，应如何设计？

(6) 你们设计的甄选流程最大的优势是什么？可能存在的最大风险或挑战是什么？

5.3 录用与配置

5.3.1 录用

1. 录用决策的关键要素

有效的录用决策，需基于多方面信息的综合考量与科学分析，主要包含以下四个关键要素。

(1) 信息的准确性与可靠性

录用决策所依据的信息必须真实、准确且全面。

①候选人背景信息：包括但不限于年龄、性别、教育背景、工作履历、前雇主评价等。确保信息的真实性是评估的基础。

②招聘过程信息：指候选人在各环节（如笔试、面试等）中的表现数据、得分、评语及观察记录。

(2) 资料分析的科学性与系统性

对收集到的信息进行科学、系统的分析是做出正确决策的关键。

①核心能力评估：评估候选人与岗位核心能力要求的匹配度。

②职业道德与品格考察：考察职业操守、价值观、诚信度与组织文化的契合度。

③特长与潜力识别：发现并评估候选人的特殊才能、优势领域及长期发展潜力。

④社会资源审视：评估候选人可能带来的社会网络资源及其合规性与价值（针对特定岗位）。

⑤教育与成长背景分析：理解其对能力形成、职业偏好及行为风格的影响。

⑥现场表现解读：结合行为表现，综合判断候选人的实际能力与风格。

（3）招聘程序的科学性与规范性

遵循预先设定、科学规范的招聘程序，是保障录用决策公平、公正、有效的前提。这包括明确的评估标准、统一的操作流程、合格的评估者以及合规的记录与决策机制。

（4）能力与岗位的最佳匹配原则

所有信息收集与分析的最终目标，是实现候选人的综合能力、特质、动机与目标岗位需求之间的最佳匹配。这是录用决策的核心原则，旨在最大化人岗匹配度，从而提升未来绩效和员工满意度。

2. 录用决策的主要程序

录用决策通常遵循一个系统化的程序，以确保决策的科学性与一致性。

（1）候选人信息汇总与整合。

（2）关键决策影响因素分析。审慎分析并权衡影响录用决策的若干关键因素，明确组织的优先级：

①人才定位权衡：明确本次招聘的核心目标是侧重于满足组织当前的即时性岗位需求，还是着眼于候选人未来的长期发展潜力与可塑性。

②薪酬匹配度评估：分析组织现有的薪酬体系、预算范围与候选人期望薪资之间的差距，评估达成一致的可能性以及对内部薪酬公平性的影响。

③人才标准设定：确定选拔标准是“满足最低要求即可”（招合适），还是倾向于选拔综合素质远超标准的优秀人才（招最好），并考虑由此带来的成本与期望差异。

④特殊条件考量：确认是否存在超越常规标准的特殊要求或优先考虑因素，例如符合特定政策（如退伍军人、残障人士就业政策）、内部员工推荐或具备稀缺技能等。

（3）选择恰当的决策方法。基于可获得的信息类型和决策复杂性，选择合适的决策方法整合评估结果

①诊断法，又称临床法或经验判断法，是决策者凭借专业知识、经验和直觉，对候选人进行综合性、定性的评估。此方法灵活性高，能考虑难以量化的因素，但主观性强，一致性相对较低。

②统计法，又称精算法或模型法，是依据预先设定的量化评分模型，对候选人在各项测评中的得分进行加权计算，得出综合分数。通常依据分数高低进行排序和决策。此方法客观性、一致性高，易于操作和验证，但可能忽略某些难以量化的重要特质。

实践中常采用两者的结合，先用统计法进行初步筛选排序，再结合诊断法进行最终决策。

（4）做出并执行最终录用决策

①决策审批：按照组织内部权限规定，由相关负责人（如 HR 经理、用人部门经理、高管等）进行最终审批。

②背景调查（若需要）：对拟录用人选进行必要的背景核实，如学历、工作履历、信用记录等。

③发出录用通知：明确职位、薪酬、入职时间、需提供的材料等关键信息。

④处理未录用者：妥善通知未被录用的候选人，感谢其参与，并可考虑将其纳入人才库。

5.3.2　招聘评估

1. 招聘评估的含义

招聘评估是对整个招聘工作进行系统性审视与衡量的过程，旨在全面判断招聘活动的整体有效性与价值贡献。因此，有效的招聘评估应超越单一的经济效益考量，涵盖效率、质量、时间、应聘者体验及战略契合度等多个维度。

2. 招聘成本评估

招聘成本评估是指对招聘活动全过程中发生的各项费用进行追踪、核算，并与预定预算进行对比分析的过程。其核心在于量化评估招聘活动的经济效率与投入产出状况。常用的量化评估指标如下。

（1）成本效率指标：衡量单位成本所能带来的招聘产出，或获得单位招聘产出所需的成本。

①总成本效率：反映每投入单位招聘成本所能成功录用的员工数量。数值越高，表明整体招聘的成本效率越高。

总成本效率=录用总人数/招聘总成本

②招募效率：衡量在招募环节（如广告发布、渠道维护等）每投入单位成本所能吸引到的合格应聘者数量。

招募效率=合格应聘者总数/招募阶段总费用

③选拔效率：衡量在选拔环节（如笔试、面试、测评中心等）每投入单位成本所能筛选出的合格候选人数。

选拔效率=通过选拔环节总人数/选拔阶段总费用

④录用效率：衡量录用决策与入职管理环节（如背景调查、Offer 发放、入职手续办理等）每投入单位成本最终成功入职的员工数量。

录用效率=最终入职人数/录用阶段总费用

⑤单位录用成本：衡量获取每位新员工的平均花费。

单位录用成本=招聘总成本/录用总人数

选择何种指标取决于具体的评估目的。

（2）招聘投资回报率：评估招聘活动作为一项投资的长期经济回报，衡量招聘投入与新员工未来创造价值之间的关系。

招聘投资回报率=（新员工在特定时期内创造的价值-招聘总成本）/招聘总成本×100%

说明：“新员工创造的价值”通常较难精确计量，实践中常通过其薪酬福利、绩效产出、对团队或业务的贡献或节省的外部服务费用等进行估算。该指标更侧重于战略层面评估招聘对组织绩效的长期贡献。

招聘收益成本比是衡量价值与成本的直接比率，也是一个有用的参考指标。

招聘收益成本比=新员工创造总价值/招聘总成本

3. 录用人员评估

录用人员评估是根据招聘计划，对最终录用人员的数量和质量进行系统性评价，衡量招聘活动目标的达成程度。评估应从数量和质量两个维度展开。

（1）数量评估

①录用比：反映了从所有应聘者中最终被录用的比例，通常用于衡量招聘过程的选择严谨程度或吸引力。较低的录用比可能意味着较高的筛选标准或较大的应聘基数。

录用比 =（录用总人数/应聘总人数）×100%

②招聘完成率：直接衡量招聘计划目标的完成情况，是评估招聘工作量达成度的核心指标。低于 100%表示未完成招聘目标，高于 100%则可能意味着超额完成或计划调整。

招聘完成率 =（实际录用人数/计划招聘人数）×100%

③应聘比：反映了招聘信息发布后吸引到的应聘者数量相对于计划招聘人数的比例，可以间接反映招聘渠道的有效性、雇主品牌的吸引力以及劳动力市场的供需状况。

应聘比 =（应聘总人数/计划招聘人数）×100%

（2）质量评估

录用人员质量评估，根据工作说明书中的岗位要求，细化为具体标准，并以此为标杆，对录用人员的素质、能力和技能等方面进行对照评估，以求从总体上对所录用人员的质量进行客观准确的评价。常用的质量评估方法如下。

①入职后绩效追踪：通过试用期考核、主管评价、关键绩效指标（KPI）达成情况等方式，评估新员工的实际工作表现与岗位要求的符合度。

②胜任素质匹配度分析：将录用人员在测评环节（如面试、测评中心）中展现出的各项胜任素质水平与岗位所需的素质标准进行比对分析。

③新员工流失率：特别是早期流失率（如入职后 3 个月、6 个月或 1 年内离职的比例），可以间接反映招聘质量和入职引导的有效性。

④用人部门满意度调查：通过问卷或访谈，了解用人部门对新录用员工能力、态度及融入情况的评价。

4. 招聘方法的成效评估

招聘方法的成效评估主要关注招聘过程中所使用的测评工具的信度和效度。信度是效度的必要条件，即有效的测验必须是可信的。因此，在评估招聘方法时，追求高信度的同时，必须确保其具备足够的效度。

（1）信度

信度指测评结果的可靠性或一致性。理想情况下，同一个人在不同时间或使用不同形式的同一测评工具时，其得分应保持相对稳定。信度反映了测量结果受随机误差影响的程度。信度通常用信度系数表示，其取值范围在0到1之间。信度系数越高，测量结果越可靠，受随机误差的影响越小。常见的信度评估方法主要有以下三类。

①重测信度：用同一测评工具，对同一组应试者在不同时间点进行两次测试，计算两次测试得分的相关系数，评估测评结果在时间上的稳定性。两次测试之间的时间间隔是关键因素，建议间隔数周至数月。

②复本信度：设计两套或多套内容、难度、题型分布等方面均等的测评“复本”，让同一组应试者完成这些复本，计算其得分的相关系数，评估测量相同构念的不同版本（或形式）的测评工具之间的一致性。主要难点在于开发出真正等值、平行的测验复本。

③分半信度：将一套测验的题目分成对等的两半，计算每位应试者在这两半题目上的得分，然后计算这两组得分的相关系数，评估测评工具内部题目间的一致性。由于该相关系数反映的是半个测验的信度，通常需要使用斯皮尔曼-布朗公式进行校正。

（2）效度

效度是指测评工具能够准确测量其预期要测量的特质或构念的程度，即测验的有效性和准确性。一个有效的测评工具必须能够真正反映其所声称要测量的目标。

在招聘场景下，效度尤为关键，它直接关系到测评结果能否有效预测应聘者未来的工作绩效。一项高预测效度的选拔测试，其得分高的应聘者在入职后的实际工作表现通常会优于得分较低的应聘者。如果一项测试无法区分出具备岗位所需能力的候选人，那么它对于招聘决策而言便失去了价值。常见的效度类型及其评估方法如下。

①预测效度：评估测评得分预测未来工作绩效的能力。对应聘者群体进行测试，记录其得分，待其入职工作一段时间后，收集其工作绩效数据，然后计算测试得分与绩效数据之间的相关系数，相关系数越高，预测效度越好。这是衡量招聘工具有效性的“金标准”，但实施周期较长。

②内容效度：评估测评内容是否全面、恰当地代表了所要测量的知识、技能或行为领域。通常由领域专家进行判断。专家会审查测评题目是否与岗位职责和所需能力紧密相关，是否覆盖了关键的工作内容，以及题目的难度和表述是否适宜。

③同步效度：评估测评得分与当前工作绩效或其他相关标准之间的关系。对在职员工群体进行测试，同时收集他们当前的工作绩效数据，然后计算测试得分与绩效数据之间的相关系数。相关系数高则表明同步效度好。这种方法比预测效度更快捷，但样本可能受到在职员工特征的影响。

5.3.3　员工配置

1. 员工配置的含义

员工配置是组织为了实现战略目标，对人力资源的动态管理过程，包括规划、获取、整合、调整和优化。其核心是确保在合适的时间、合适的地点，拥有具备合适技能和素质的合适数量的员工，以最高效、最经济的方式支持组织的运营和发展。

员工配置决策受到多种复杂因素的综合影响，可分为内部因素和外部因素两大类。内部因素包括组织战略、业务发展阶段、组织文化、财务状况、技术水平、管理风格、现有员工状况等。外部因素包括宏观经济形势、行业发展趋势、劳动力市场供求状况、法律法规政策、技术变革、竞争对手动态等。

员工配置是一个系统性的工程，贯穿于人力资源管理的多个关键环节，并与各个环节相互衔接、相互作用，共同构成了完整的员工配置管理体系，确保组织拥有合适的人力资源，以支持其战略目标的实现。

(1) 人力资源规划是员工配置的起点，通过对未来人力资源的需求和供给进行预测，为员工配置提供基础数据，并制定相应的人员补充、调整和发展计划。

(2) 工作分析明确了各个岗位的工作职责、任务内容、所需技能和任职资格要求，为后续的招聘、选拔和配置提供了明确的标准，是进行合理配置的基石。

(3) 招聘与甄选是获取所需人力资源的关键环节，它根据配置需求，通过各种渠道从内部和外部吸引、筛选和录用合适的候选人，以满足岗位需求。

(4) 内部调配，包括晋升、轮岗、调动等方式，则为组织提供了优化人员配置、提升员工职业发展机会的途径。

(5) 定岗定编则是将人力资源规划的成果具体落实，确定各部门、各岗位的具体编制数量和人员安排，从而实现人力资源的有效配置和管理。

(6) 绩效管理与评估是衡量配置效果的重要手段，通过对员工绩效的评估，可以识别配置中存在的问题，为后续的调整和优化提供依据。

(7) 培训与发展，持续提升现有员工的技能和能力，以满足未来配置的需求，确保人力资源的可持续发展。

(8) 离职管理负责管理员工的离职过程，分析离职原因，为后续的配置调整、招聘策略的完善以及组织文化的建设提供重要信息。

2. 员工配置的原则

为了确保员工配置的科学性与有效性，人力资源管理者在实践中必须遵循一系列基本原则。

(1) 战略导向原则

它强调任何配置决策都必须紧密围绕并服务于组织的整体战略与业务目标，确保人力资源能够有效支撑战略落地。

(2) 因事设岗、因岗配人原则

以工作任务和目标为出发点设置岗位，再根据岗位要求配置合适的员工。

(3) 动态平衡原则

员工配置并非一成不变，需要根据内外部环境变化进行持续评估和动态调整，保持供需平衡。

(4) 成本效益原则

在满足业务需求的前提下，力求以最合理的人力成本实现最大化的组织效益。

(5) 结构优化原则

不断优化人员结构，使其更能适应组织发展需要，提升整体效能。

(6) 合法合规原则

员工配置活动的基础红线，严格遵守国家及地方的劳动法律法规和相关政策，规避法律风险。

3. 员工配置的作用

(1) 支撑战略实现

确保人力资源与组织战略目标相匹配，为战略落地提供人才保障。

(2) 提升组织效率

合理的配置可以避免人浮于事或人手短缺，优化工作流程，提高劳动生产率。

(3) 控制人工成本

通过精确预测和规划，避免不必要的人员冗余，优化人力成本结构。

(4) 增强组织灵活性与适应性

建立能够快速响应市场变化和业务调整的弹性员工队伍。

(5) 激发员工潜能

将员工配置到最能发挥其才干的岗位上，提高员工满意度和敬业度。

(6) 规避用工风险

确保人员配置符合相关法律法规要求。

4. 员工配置方法

选择合适的配置方法是科学定岗定编、实现人岗匹配的前提。实践中，组织常根据自身特点和需求，采用或结合多种配置方法。

(1) 基于流程的配置方法：流程分析法

流程分析法着眼于组织的核心业务流程。首先，梳理和分析关键业务流程，明确各环节的职能和工作量。然后，根据工作负荷、处理时间、协作需求等因素，测算出所需人员数量和技能要求。这种方法特别适用于流程化、标准化程度较高的工作场景，有助于将人员配置与运营效率直接挂钩。

(2) 基于任务的配置方法：任务分析法

任务分析法以具体的工作任务为分析单元，通常与工作分析紧密结合。它首先将岗位职责分解为一系列具体的工作任务，然后评估完成每项任务所需的标准时间、技能要求和发生频率。通过汇总分析总任务量，可以较为精确地计算出所需的人员数量。这种方法适用于工作内容明确、任务可量化的岗位，能够提供详细的工作负荷依据。

(3) 基于能力的配置方法

基于能力的配置方法更侧重“质”，尤其是面向未来和战略需求。它首先识别组织实现战略目标所需的核心能力，然后评估现有员工队伍的能力水平，识别能力差距。配置决策将围绕如何获取、发展和保留具备关键能力的员工展开。这种方法对于知识密集型、创新驱动型或战略转型中的组织尤为重要，旨在构建面向未来的、高质量的人才队伍。

5. 员工配置评估

配置评估旨在检验现有的人员配置是否达到了预期目标，是否适应组织内外部环境的变化，并为后续的调整和优化提供依据。评估通常围绕以下几个关键维度展开。

(1) 战略支撑度评估。评估现有员工配置在多大程度上支撑了组织战略目标的实现。这需要分析关键岗位的人员配备是否到位，核心人才队伍是否满足战略发展的需要。

(2) 效率与成本效益评估。评估人力资源的使用效率和成本控制情况。常用的指标包括人均产出、劳动生产率、人工成本占总成本或销售收入的比率、人员编制与实际需求的匹配度等。

(3) 结构合理性评估。分析员工队伍的结构是否优化，能否适应组织发展。评估内容可包括年龄结构、司龄结构、学历结构、技能结构、职能结构、层级结构等的合理性与均衡性。

(4) 工作负荷与满意度评估。评估员工的工作负荷是否合理，以及员工对当前工作安排、岗位匹配度的看法。高流动率或低满意度可能暗示配置存在问题。

(5) 灵活性与适应性评估。评估现有配置模式在面对市场变化、技术革新或业务调整时的反应速度和调整能力。组织是否能够快速地进行人员调配、技能更新以适应新的需求。

(6) 合规性评估。检查员工配置是否符合国家和地方的劳动法律法规及相关政策要求，是否存在用工风险。

员工配置评估的方法多种多样，包括 KPIs 分析、人力资源数据分析、员工/经理访谈、问卷调查、工作分析回顾、与行业标杆进行对比等。通过定期和不定期的评估，组织可以及时发现配置中存在的问题，采取针对性的改进措施，从而确保持续拥有一个高效、灵活且与战略匹配的人力资源配置状态。

实训 5-3

AIoT 事业部初创期人力资源配置模拟

1. 实训目的

(1) 了解录用决策的关键环节、招聘评估的核心指标以及员工配置的基本概念与原则。

(2) 理解招聘评估数据在优化招聘策略中的应用价值，以及员工配置方案对新业务单元启动和发展的支撑作用。

(3) 掌握运用常用的招聘评估指标进行数据分析的基本方法，并能基于业务需求和给定条件，初步设计一个新部门的员工配置方案。

2. 实训任务

(1) 个人任务

根据背景资料中提供的某科技过往 Pallas 软件项目的招聘数据，独立计算关键招聘评估指标，并提交一份简短的数据分析备忘录，包含计算结果，并根据数据初步判断 Pallas 项目招聘工作的亮点与潜在问题。

①Pallas 项目的平均招聘周期（从收到简历到发出录用通知的平均天数）。

②Pallas 项目的平均招聘成本（总招聘费用/成功录用人数）。

③各主要招聘渠道（如校园招聘、社会招聘网站、内部推荐、猎头）的录用人数占比及渠道成本效益初步分析。

④录用人员入职后 6 个月的平均绩效评分或试用期通过率。

（2）小组任务与报告

每组由 5～7 名成员组成，模拟某科技人力资源部的 AIoT 事业部员工配置项目小组。仔细阅读背景资料及问题，结合个人任务中对公司过往招聘情况的分析。

①讨论并确定 AIoT 事业部在初创期（第一年）所需的核心岗位。

②为每个核心岗位定义简要的工作职责和关键能力要求（应体现 AIoT 行业的特点）。

③根据预估的工作量、团队协作需求和成本考虑，初步确定各岗位的人数配置及事业部总编制。

④讨论并确定这些岗位的理想候选人画像（经验、学历、技能侧重等）以及主要的招聘策略。

⑤讨论并确定录用环节的注意事项，以确保招聘到的人员符合新业务需求。

⑥小组报告撰写：制定一份《某科技 AIoT 事业部初创期员工配置方案（草案）》，内容应包括：事业部组织结构简图、核心岗位设置列表、各岗位职责与能力要求概述、各岗位编制数量、总编制、人员来源策略（内/外比例设想），以及配置方案的主要依据说明。在报告中，需结合个人任务的招聘评估分析结果，提出至少两点针对性的建议，以提高 AIoT 事业部招聘的效率和/或质量。各组需在课堂上进行 PPT 展示，汇报时间控制在 10～15 分钟。

（3）师生互动

教师点评各小组方案的关键点，并针对学生的观点进行追问，引导学生讨论不同方案的优劣之处，以及在实际操作中可能遇到的挑战，激发深度学习。

Tips：背景资料及问题

公司概况：某科技是一家发展迅速的中型科技公司，主营业务为企业级软件解决方案。近年来，公司盈利状况良好，决定拓展新的业务增长点。

新业务单元：公司决定成立一个全新的“AIoT（人工智能物联网）事业部”，目标是在未来 2～3 年内，研发并推出面向消费市场的智能家居系列产品（初期聚焦智能照明和智能安防领域），抢占市场份额。

资源与限制：公司为新事业部投入了专项启动资金，但预算并非无限制，强调成本效益。公司内部有部分具备嵌入式开发或软件开发经验的员工，但缺乏 AI 算法、物联网架构及消费级硬件产品经验的专业人才。管理层希望新团队能在一年内初具规模并开始产品原型研发。

Pallas 项目招聘数据（见表 5-1）已隐去敏感信息。所有日期格式为 YYYYMMDD。招聘成本已分摊至每个成功录用的候选人。绩效评分为入职 6 个月后由直接主管评定。

表 5-1　Pallas 项目招聘数据

候选人 ID	应聘岗位	简历来源渠道	内部/外部	简历接收日期	初试日期	复试/终试日期	录用通知发出日期	候选人接受	入职日期	招聘总成本（元）	入职 6 个月绩效评分（1～5 分）	试用期是否通过
Pallas-001	后端开发工程师	招聘网站 Z	外部	20230301	20230308	20230315	20230320	是	20230410	8500	4	是
Pallas-002	前端开发工程师	内部推荐	外部	20230305	20230310	20230317	20230322	是	20230417	3000	5	是
Pallas-003	测试工程师	校园招聘	外部	20230310	20230320	20230328	20230402	是	20230715	6000	4	是
Pallas-004	项目经理	猎头 A	外部	20230315	20230325	20230405	20230410	是	20230508	35000	5	是
Pallas-005	后端开发工程师	招聘网站 Z	外部	20230318	20230328	20230410	20230415	否	—	1200（仅面试）	—	—
Pallas-006	UI 设计师	招聘网站 Y	外部	20230320	20230401	20230412	20230418	是	20230515	9000	3	是

续表

候选人 ID	应聘岗位	简历来源渠道	内部/外部	简历接收日期	初试日期	复试/终试日期	录用通知发出日期	候选人接受	入职日期	招聘总成本（元）	入职6个月绩效评分（1~5分）	试用期是否通过
Pallas-007	后端开发工程师	内部推荐	外部	20230401	20230408	20230415	20230420	是	20230522	3000	4	是
Pallas-008	测试工程师	招聘网站 Z	外部	20230405	20230415	20230425	20230430	是	20230601	8800	3	是
Pallas-009	前端开发工程师	校园招聘	外部	20230410	20230420	20230428	20230505	是	20230715	6500	4	是
Pallas-010	后端开发工程师（高级）	猎头 B	外部	20200412	20230422	20230505	20230510	是	20230612	40000	5	是
Pallas-011	测试工程师	内部调动	内部	20230415	——	20230425（面谈确认）	20200428（调岗确认）	是	20230510	1000（内部流程成本）	4（基于原岗位表现参考）	内部调动无试用期
Pallas-012	后端开发工程师	招聘网站 Y	外部	20230520	20230601	20230612	20230618	是	20230724	9200	2	否
Pallas-013	产品经理助理	校园招聘	外部	20230525	20230605	20230615	20230620	是	20230715	6800	4	是
Pallas-014	测试工程师	内部推荐	外部	20230601	20230610	20230620	20230625	是	20230801	3200	4	是
Pallas-015	后端开发工程师	招聘网站 Z	外部	20230605	20230615	20230626	20230630	是	20230807	8700	3	是

5.4 数据驱动的人才招聘与配置

1. 数据驱动的招聘变革

（1）精准人才搜寻与吸引

①大数据人才画像。通过分析内部优秀员工特征、行业人才分布和社交媒体信息等多维度数据，人力资源管理部门可以构建更精准的目标候选人画像。

②程序化广告与精准推送。借助智能算法，招聘广告可精确定位潜在候选人常用平台（如专业网站和社交媒体），显著提升广告触达效率和转化率。

③雇主品牌数据化运营。通过系统性分析网络声誉、员工评价和求职者反馈等数据，组织可量化评估雇主品牌形象，并有针对性地进行优化，从而吸引目标人才。

（2）智能化与自动化的筛选评估

①AI 驱动的简历智能筛选。智能招聘系统（ATS）运用自然语言处理（NLP）和机器学习技术，实现海量简历快速精准匹配，显著提升筛选效率和准确性。

②数据驱动的预测性评估。基于大数据分析的在线测评、游戏化评估和视频面试分析等工具，旨在预测候选人的潜在绩效和组织文化契合度，为录用决策提供客观依据。

③算法筛选中的偏见管理。标准化数据分析有助于减少人为偏见，但同时需警惕算法本身可能存在的固有偏见风险，需要持续进行偏见识别和算法优化。

（3）候选人体验的数字化优化

①智能化沟通与实时反馈。聊天机器人（Chatbot）可即时响应候选人问询，自动化系统能准确推送面试信息和状态更新，全面提升候选人互动体验。

②招聘流程的数据驱动优化。通过追踪候选人在各招聘阶段的转化率和停留时间，精准识别流程瓶颈，持续改进招聘效率，降低人才流失风险。

2. 数据赋能的员工配置优化

（1）精准的人力需求预测

①多维数据的预测建模。通过整合销售数据、生产计划、项目规划和市场趋势等多元数据，构建预测分析模型，能够精准预测未来不同业务单元和技能类型的人力需求。

②技能缺口的精确诊断。基于现有员工技能数据与未来业务技能要求的对比分析，量化识别组织技能缺口，为有针对性的招聘、培训和内部调配提供明确路径。

(2) 灵活动态的配置调整

①敏捷的实时响应机制。依托实时或准实时数据（包括项目进度、客户需求变化和员工流动情况），组织可快速发现人员配置失衡，实现项目间人员灵活调配和临时用工补充。

②内部人才市场的智能化。借助内部人才平台，整合员工技能、绩效和职业发展意愿等数据，实现内部岗位的智能匹配，提升人员配置效率，促进员工职业发展。

(3) 结构性配置的数据驱动优化

①组织结构的可视化诊断

通过员工年龄、司龄、学历、职级和技能分布等数据的可视化分析，直观揭示组织人员结构潜在问题，如人员老龄化、关键技能断层和管理层结构失衡等。

②配置方案的数据模拟

在组织架构调整或业务拓展过程中，利用数据模型模拟不同人员配置方案，评估其对组织成本、运营效率和协作模式的潜在影响，为决策提供数据支撑。

(4) 提升配置的风险控制

①降低技能断层风险

通过数据分析及时识别核心岗位和新兴业务领域的关键技能缺口，制定有针对性的招聘、培养或继任计划，有效预防因关键人才流失导致的业务中断风险。

②控制员工流失风险

运用数据分析精准定位可能引发员工不满的因素，如工作负荷失衡、技能错配等。通过优化人员配置，改善工作体验，提高员工满意度和敬业度，降低核心人才流失概率。

③保障业务连续性

对关键职能岗位，利用数据分析进行冗余配置和备份规划，确保在员工休假、离职或突发情况下，核心业务始终保持稳定运行。

实训 5-4

基于网络招聘数据的人才需求分析与画像

1. 实训目的

（1）了解网络招聘数据的采集方法、预处理流程以及其在人才市场分析中的基本应用。

（2）理解数据清洗、集成、可视化分析、描述性统计以及初步数据挖掘（聚类、文本分析）在人才需求分析中的具体操作和意义。

（3）掌握运用 Python 进行网络数据爬取、利用 Excel 或 Python 进行数据预处理、运用 Python 进行数据可视化和基础文本分析（词云、词频）的基本技能，并能撰写简单的数据分析报告。

2. 实训任务

（1）数据采集

①招聘数据洞察：选择 1～2 家主流招聘网站，分别使用关键词结合目标城市进行职位搜索。观察搜索结果列表的特点和随机点开几个职位的详细信息，初步感受市场需求，记录观察要点。

②招聘数据爬取：利用 Python 编写或运行爬虫程序，选择一个招聘网站和特定关键词/城市组合，批量采集招聘信息，至少应包含：职位名称、公司名称、工作地点、薪资范围、工作经验要求、学历要求、岗位职责、任职要求等字段。将采集到的原始数据保存为 CSV 或 Excel 文件。

（2）数据预处理

①招聘数据清洗：使用 Excel 或 Python（Pandas 库）对爬取到的原始数据进行清洗。主要处理缺失值、格式统一和异常值/噪声，记录清洗规则和过程。

②招聘数据集成（可选）。将清洗后的招聘数据导入指定的数据分析系统（如用友云、数据库或直接在 Python Pandas 中工作）。尝试将招聘信息表通过“工作地点”字段与“行政区划码表”进行关联（可能需要先对城市名称进行标准化处理），以便后续进行更精细的地理分析。

（3）人才需求分析

①薪酬差异可视化：使用 Python（Matplotlib/Seaborn 库）读取清洗后的数据，创建条形图，展示不同主要城市（或同一城市不同区域）大数据相关职位的平均薪酬（或薪酬范围中位数）差异。

②描述性统计分析：对清洗后的数据进行探索性分析，例如，用饼图或条形图展示职位区域/城市分布，用柱状图展示工作经验要求分布，用饼图或柱状图展示学历要求分布等。基于以上分析，简要描述大数据人才需求的基本特征。

（4）人才需求企业画像

①企业人才需求特征分析：聚焦于发布招聘信息的企业层面进行分析，例如，企业规模分析、行业分布分析、薪酬水平分析、学历要求分析、工作经验要求分析以及交叉分析。

②企业特征总结：基于以上分析，简要描述招聘大数据人才的企业的典型特征。

（5）人才需求数据挖掘

①企业画像（可选）：使用 Python（Scikit-learn 库）对清洗后的数据进行处理。选取合适的数值型变量，应用 K-Means 等聚类算法，尝试将发布类似需求的企业进行分组。

②聚类结果分析（可选）：分析每个聚类簇的特征，解读不同企业画像群体。

③岗位职责/任职要求词云分析：使用 Python 对“岗位职责”和“任职要求”文本数据进行处理，生成词云图，直观展示核心技能和工作内容关键词。

④岗位职责/任职要求词频分析：统计分词后的高频词汇，并使用条形图展示 Top 10 的关键词及其频率，量化分析核心技能要求。

（6）撰写分析报告

基于上述分析结果，撰写一份《XX 地区/行业大数据人才需求分析报告》。报告应包含：引言、数据处理、人才需求分析、企业需求画像、核心技能分析以及结论与建议。

Tips：背景资料

随着数字经济的蓬勃发展，“大数据”已从一个前沿概念渗透到各行各业，成为驱动业务增长、优化决策和提升效率的关键要素。随之而来的是，社会对具备大数据相关技能的人才需求急剧增加。从大型互联网公司到传统行业的数字化转型部门，再到新兴的科技创业公司，都在积极寻找能够处理、分析和利用大数据的专业人才。

所在高校就业指导中心老师们发现，越来越多计算机科学、统计学、数学以及商科等相关专业的学生对大数据领域的职业发展表现出浓厚兴趣。然而，学生们对于当前大数据人才市场的实际需求状况、不同城市和行业的薪酬水平、核心技能要求以及哪些类型的企业在积极招聘等信息了解有限，常常感到迷茫。就业指导中心希望能够基于实时、客观的数据，为学生提供更精准的就业指导和职业规划建议，同时也为学校调整相关专业课程设置、加强校企合作提供参考依据。因此，中心决定启动一个项目，利用公开的网络招聘信息，对当前大数据人才市场进行一次深入的分析。

您的团队需要利用网络爬虫技术采集主流招聘网站上的大数据相关职位信息，通过一系列数据预处理、分析、可视化和初步挖掘手段，描绘出当前大数据人才需求的市场画像，并形成一份清晰、有洞察力的分析报告，以解答学生和中心老师们关心的问题。

请仔细阅读并思考以下问题。

(1) 如何撰写一份针对高校学生的分析报告，报告内容应包括哪些关键部分，以及每个部分的核心内容是什么?

(2) 如何利用分析报告为学生提供更精准的就业指导和职业规划建议?

(3) 如何利用分析报告为学校调整相关专业课程设置、加强校企合作提供参考依据?

第6章　职业生涯管理

学习目标

1. 了解职业生涯管理的基本概念、核心理论、个人特质与职业选择的关联性。

2. 理解职业生涯管理对员工和组织的双向价值，数智时代下职业生涯管理的新模式。

3. 掌握职业生涯管理实施过程的关键环节和主要方法，能够运用数字化工具进行职业规划设计与组织管理方案优化。

6.1　职业生涯管理概述

6.1.1　职业生涯管理概念

1. 职业

职业是个人在社会分工中从事的专业性工作，以获取物质报酬为主要生活来源，并满足个人精神需求。职业体现了生活方式、经济状况、文化水平、行为模式、社会地位和价值追求。职业的主要特征包括目的性、社会性、稳定性、规范性和群体性。

2. 职业生涯

职业生涯是个人在职业发展过程中的综合经历，涵盖职业、专业和事业的全面发展。它以个人潜能的多维度开发为基础，包括心理、生理、智力、技能和伦理等方面，并以工作内容、业绩、发展和薪酬为核心标准。

（1）职业生涯是个人与工作相关的整个生命历程，具有以下主要特点。

①差异性：职业生涯因人而异，具有独特性，并受到个人因素的深刻影响。

②发展性：职业生涯是一个动态且持续的发展过程，需要不断学习和适应变化。

③阶段性：职业生涯的发展如同人的成长，具有阶段性特征。

④可规划性：职业生涯并非完全随机，可以通过主动规划进行引导和管理。

⑤不可逆转性：职业生涯具有不可逆转的特性。

（2）职业生涯由时间、范围和深度三个维度构成：时间反映职业发展阶段，范围体现工作广度，深度则指个人对工作的投入程度。职业生涯的分类维度是多元而丰富的。

（1）从职业发展阶段来看，可分为初期、中期和晚期，每个阶段有不同的发展特征和任务。

（2）按职业特征，职业生涯可划分为传统型、易变型和无边界型。无边界职业生涯强调多元化就业机会；易变型职业生涯强调个人主动性和持续调整。

（3）从个人发展角度，职业生涯又可分为线性、螺旋形和多元型，体现职业发展的多样性。

（4）按照个人价值取向，职业生涯可划分为成就导向型、平衡导向型和挑战导向型，反映个人职业选择背后的价值追求。

（5）从组织关系视角，职业生涯可分为组织内、跨组织和自主职业生涯，展现个人与组织关系的复杂性。

3. 职业生涯规划

职业生涯规划是个体人生规划的重要组成部分，它通过系统性分析自身情况和客观环境，制定职业发展蓝图。其核心在于明确职业目标、获取职业信息，并制定切实可行的行动计划。

职业生涯规划的制定基于主观和客观因素的综合考量。主观因素为个人价值观、兴趣、知识和动机；客观因素为社会环境、组织机会、家庭背景及外部资源。

职业生涯规划是一个动态、持续的系统工程，主要涉及自我评估、职业定位、职业机会评估、职业目标设定、职业选择、职业策略制定和动态调整等。其本质是一个不断根据外部环境、个人发展和家庭因素进行动态调整的过程，不仅仅是选择组织和工作，更是个人在特定组织中职业发展的主动规划与设计。

4. 职业生涯管理

职业生涯管理是组织为员工提供职业发展系统性指导和支持的战略性过程，其核心目标是平衡个人职业发展诉求与组织战略需求，实现个人与组织的共同发展。

职业生涯管理包括个人层面的职业生涯规划和组织层面的职业生涯管理。组织层面的职业生涯管理，主要是通过管理部门制定系统性的职业发展规划，为员工提供全面的职业发展支持，帮助员工实现职业发展目标。具体而言，组织需要根据自身发展战略和人才需求，为员工创造包括教育培训、轮岗和职业晋升等多元化的发展机会。

5. 职业生涯发展通道

职业生涯发展通道是组织内部员工晋升和职业发展的途径。职业发展通道规划主要涉及结构、模式和设置。

职业生涯发展通道的结构包括通道的宽度、速度和高度。职业生涯通道宽度即员工可晋升的部门或职位范围，宽通道通常要求员工具备综合能力，而窄通道则更侧重专业技能。职业生涯通道速度即员工晋升所需的时间长短，它决定了晋升的快慢。职业生涯通道高度即员工晋升层级的空间，对员工的发展和潜能发挥有重要影响。

职业生涯通道模式是组织为员工规划的职业发展路径，它明确了员工在组织内部实现职位晋升的具体途径，直接影响员工的职业发展方向。现有的职业生涯通道模式包括传统模式、横向模式、网状模式及双重模式。传统模式是单一纵向发展，限制在特定部门或单位内，以工作年限为主要晋升依据。横向模式允许跨职能调动或轮岗，拓宽发展机会，对职业中期员工有益。网状模式是纵向与横向结合，重视综合素质，拓宽路径，但可能导致职业方向不清晰。双重发展模式则提供管理和技术两条职业发展路线。

组织可以通过设置职业生涯通道，对内部员工的工作类型进行分类，并设计与之相匹配的职业发展路径。这些通道与薪酬、职位和职称相对应，帮助员工明确发展方向。员工可根据个人情况，规划职业发展的广度、深度和速度。同时，职业生涯通道的设置应与组织的绩效考核和晋升激励制度紧密结合。

6. 管理继承人计划

管理继承人计划旨在识别并追踪高潜能员工，以满足其职业发展需求。高潜能员工是指具备胜任更高层管理职位能力的人员，他们通常参与快速路径开发计划。该计划涵盖教育、行政指导和培训，并通过工作轮换实现。工作轮换的安排通常基于高潜能员工未来将接替的更高层级职能岗位的成功职业发展路径。

6.1.2　职业生涯管理理论

1. 职业选择理论

（1）特质-因素理论

其核心在于个人特质与职业之间的匹配，职业成功取决于个人特征与职业要求的匹配程度，匹配度越高，职业成就的可能性越大。该理论基于两个关键前提：个人具有独特且可测量的特性；这些特性与特定职业类型存在内在关联。

（2）人格类型理论

其核心在于个人特质与职业环境的契合，该理论将人格类型划分为六种：现实型、研究型、艺术型、社会型、企业家型和传统型。个体通过主动寻找和选择符合自身特质的职业环境，以充分发挥个人技能、表达价值观并实现职业理想，反映了个人与职业环境的内在匹配机制。最终，个人行为是个性特征与职业环境互动的综合产物。

（3）心理动力理论（心理需求理论）

该理论强调个人内在心理需求与职业选择之间的深层关联，将职业选择视为个体心理动机和潜意识驱动的结果。职业选择是个人内在心理需求的外在表达。据此，职业可以被划分为多个心理需求维度，如养育型、操作型、感觉型、探究型、流动型、抑制型、显示型、节奏运动型。

（4）社会学习理论

该理论强调个人行为与认知在职业生涯选择中的关键作用，阐述了职业选择的多元策略，并强调个人如何有效运用这些策略。

（5）职业锚理论

职业锚是职业生涯的核心主线或主导价值取向，是人们在职业选择和发展中不可放弃的原则性因素。职业锚是一种基于个人职业性向、工作经历、兴趣爱好等信息的综合性职业生涯模式，揭示了职业生涯中最重要的要素，为未来的职业发展提供参考。（见表6-1）

表6-1　八种职业锚基本特点与区别对比表

职业锚类型	核心需求	职业驱动力	职业偏好	回避因素	典型职业
技术/职能型	追求专业领域的技术精进与认可	成为专家、解决技术难题	技术岗位、研发、专业顾问	管理类工作、重复性事务	工程师、医生、程序员
管理型	掌控全局、领导团队实现目标	权力、责任、战略决策	管理岗位、项目负责人	单一技术工作、缺乏决策权	经理、CEO、部门总监
自主/独立型	自由安排工作方式与时间	摆脱组织约束、自我掌控	自由职业、远程工作、创业	严格规章制度、层级管理	独立设计师、作家、咨询顾问
安全/稳定型	职业保障与长期稳定	安全感、可预测性	公务员、国企、大型企业	高风险、频繁变动	教师、行政人员、财务人员
创业型	创造新事物、实现商业价值	创新、冒险、商业成功	创业、开拓新市场	按部就班、缺乏挑战	企业家、创始人、产品经理

续表

职业锚类型	核心需求	职业驱动力	职业偏好	回避因素	典型职业
服务型	通过工作帮助他人或推动社会进步	社会价值、使命感	公益组织、教育、医疗	利益导向、缺乏意义感	社工、NGO 工作者、心理咨询师
挑战型	解决复杂问题、突破极限	竞争、高难度任务	咨询、特种行业、危机管理	简单重复、平淡无奇	律师、战略顾问、极限运动员
生活整合型	平衡工作与个人生活	时间自由、家庭优先	灵活工时、低压力岗位	高强度加班、牺牲生活	自由职业者、兼职工作者

2. 职业生涯发展阶段理论

(1) 舒伯的职业发展阶段理论

职业生涯划分为成长、探索、确立、维持和衰退五个阶段，强调个体在不同年龄段的心理发展特征与职业成长任务。该理论注重“自我概念”的动态发展，认为职业选择是持续适应社会角色、实现自我价值的过程，并提出生涯发展的循环性特征，为理解职业规划提供了生命周期视角。

(2) 金斯伯格的职业生涯发展阶段理论

职业选择划分为幻想期、试验期和现实期三个阶段，强调个体从兴趣主导的想象逐步过渡到现实考量。该理论提出职业决策是动态、渐进的过程，早期阶段的探索为后期理性选择奠定基础，并关注社会需求与个人能力的平衡，为青少年职业规划提供了发展心理学框架。

(3) 格林豪斯的职业生涯发展阶段理论

职业生涯发展划分为职业准备、进入组织、职业生涯初期、中期和后期五个阶段，强调个体在不同人生阶段面临的核心任务。该理论突出职业路径的动态适应性与个人-环境匹配，主张通过持续调整职业目标与生活需求，实现工作与人生的整合发展，为现代职业管理的阶段性干预提供了实践框架。

(4) 施恩的人生周期分析理论

职业生涯发展被视为个人与组织相互作用的动态过程，强调个人在不同职业阶段的需求、价值观和能力的变化。该理论关注个人职业发展中的探索、建立、维持和衰退四个阶段，以及每个阶段的关键任务和挑战。通过理解这些阶段，个人可以更好地规划职业生涯，组织也可以更好地支持员工发展。

（5）德斯勒的职业生涯五阶段

个体职业发展划分为成长、探索、确立、维持和下降五个阶段，强调组织需针对不同阶段为员工提供差异化支持。该框架将个人职业成长与组织管理策略结合，突出动态匹配员工能力与岗位需求的重要性，为人力资源实践提供了全周期干预的理论依据。

6.1.3 个人特质与职业选择

1. 个人能力与职业选择

个人能力是指直接影响活动效率的个性特征，可分为一般能力和特殊能力两类。

（1）一般能力

在各类活动中均有所体现的共通能力，包括观察、思维、想象及记忆能力。一般能力可通过智商（IQ）和情商（EQ）两个维度衡量。情商主要包括：自身情绪认识、自身情绪管理、认知他人情绪、自我激励和人际关系协调能力。

（2）特殊能力

从事特定专业活动所需的能力，也称为特长，如计算、音乐、语言表达、动作协调、空间判断、形态知觉、手指灵活性等。为了高效完成某项任务，需同时具备一般能力和该任务所需的特殊能力。

2. 兴趣与职业选择

兴趣对职业选择至关重要，是选择合适职业的重要因素。霍兰德职业兴趣理论将职业兴趣分为六种基本类型。

现实型，喜欢实际工作，倾向于从事技术性工作。

研究型，喜欢思考、探究，倾向于从事科学研究、技术开发等工作。

艺术型，喜欢创造、表达，倾向于从事艺术、设计、写作等工作。

社会型，喜欢与人交往、帮助他人，倾向于从事教育、咨询、服务等工作。

企业型，喜欢领导、说服、管理，倾向于从事管理、销售、创业等工作。

常规型，喜欢有条理、按部就班地工作，倾向于从事文书、会计、数据处理等工作。

霍兰德理论认为，职业选择应与个体的兴趣类型相匹配，从而提高职业满意度和工作效率。

3. 气质与职业选择

气质是指人们在心理活动或行为方式中表现出的动态心理特征，是与生俱来的。心理学家将其分为四种类型。

胆汁质型（兴奋型），适合从事具有挑战性的工作。

多血质型（活泼型），职业选择较为广泛，但不适合细致单调或安静的工作。

黏液质型（安静型），不适合从事变化多端或挑战性较大的工作。

抑郁质型（抑制型），不适合从事需要与各类人物打交道、变化多端或大量消耗体力和脑力的工作。

这四种类型仅是一种典型划分，大多数人可能兼具多种气质特征，不应简单地将一个人归为某种气质类型。

4. 人格与职业选择

人格是指个体稳定的思维方式和行为风格，是独特性的整体体现，在一定程度上决定了个体适合的工作类型以及可能取得的成就。

九型人格学将人格划分为九种具体类型，每种类型具有独特的核心动机、思维模式和行为特征，包括：完美型、助人型、成就型、自我型、理智型、忠诚型、活跃型、领袖型、和平型。每一类型都反映了不同的内在驱动力和对外界环境的应对方式。

5. 性格特征与职业选择

性格是指个体在成长过程中，受环境影响后天形成的、较为稳定的心理特征中的理性部分。它表现为人对现实的态度和行为中较为独特的心理特征总和，具有社会制约性。

职业性格特征可分为以下八种基本类型：变化型、重复型、服从型、独立型、协作型、机智型、自我表现型、严谨型。

个人特质在职业选择中起到关键作用。通过测评工具，如 MBTI 和霍兰德职业兴趣测试，可以更好地了解个人特质与职业的匹配度。MBTI 将人的性格分为四个维度，从而将人分为 16 种性格类型。霍兰德职业兴趣测试则可以帮助个体了解自己的职业兴趣类型，从而选择与之匹配的职业。

6.1.4 职业生涯管理意义

1. 对员工的意义

（1）帮助员工实现职业目标，提升自我价值。通过职业生涯规划，员工可以初步确定职业定位、职业兴趣和职业目标。进入组织后，组织结合员工的职业发展意愿，协助其设定发展路径和目标，并支持员工实现这些目标。

（2）提升员工职业生涯的工作效率。职业生涯管理有助于增强员工对工作环境的适应能力，以及对工作挑战的应对能力，优化资源配置，提升员工职业生涯的工作效率。

（3）帮助员工更好地掌控职业生活，实现工作与家庭的平衡。通过职业生涯管理，员工可以明确职业目标，规划职业发展路径，专注于核心工作，避免时间和精力的浪费，从而有更多时间兼顾家庭，实现工作与家庭的平衡。

2. 对组织的意义

（1）稳定员工队伍，降低人员流失率。在现代社会，员工对自身职业发展的重视程度日益提高，除了物质报酬外，职业发展前景也成为影响员工去留的重要因素。组织通过结合员工的职业兴趣和发展意愿，有效管理员工的职业发展通道和路径，帮助实现其职业进步和成功。

（2）提升组织绩效。员工与组织之间存在一种心理契约。当组织满足员工的期望和需求时，员工也会积极回报组织，努力工作，帮助组织提高绩效。因此，有效的职业生涯管理可以帮助员工在组织内部实现发展需求和职业抱负，增强员工对组织的归属感，提高工作积极性，进而提升组织绩效。

（3）促进组织文化建设。组织文化作为凝聚组织力量的核心价值观体现，对员工行为具有塑造和约束作用。强势的组织文化能够增强员工的归属感。组织关注员工的职业发展，为其提供帮助，这向员工传递了组织对员工的重视和关怀，并能塑造组织的整体形象，营造以人为本的文化氛围，从而提升组织文化的推动力。

实训 6-1

职业生涯探索

1. 实训目的

（1）了解职业生涯管理的基本概念及其在个人职业发展中的重要性。

（2）理解职业生涯管理相关理论的核心观点及其实际应用价值。

（3）掌握结合个人特质进行职业选择与规划，提升职业生涯管理能力。

2. 实训任务

（1）个人任务

①请学生仔细阅读问题并深入思考，鼓励学生提出具有创新性的问题。

②完成个人特质测评（如 MBTI 或霍兰德职业兴趣测试），并分析结果与职业选择的关联性。

③撰写一份个人职业生涯规划初稿，包括短期目标（1～3 年）和长期目标（5～10 年）。

（2）小组讨论与报告

每5～7人自由结合成立小组，明确小组成员的分工。

①以小组为单位，讨论职业生涯管理理论在实际工作场景中的应用，并选择一个案例进行分析。

②结合小组成员的个人特质测评结果，探讨团队中不同特质的互补性与职业发展路径。

③准备一份小组报告，内容包括案例分析、讨论结果及对职业生涯管理的建议。

(3) 师生互动

在课堂上，每个小组以PPT的形式展示所有内容（10～15分钟），小组互评，教师点评并对学生提出的观点进行追问，引发学生深入理解职业生涯管理的理论与实践结合点。

Tips：仔细阅读并思考以下问题

(1) 你认为职业生涯管理的核心要素是什么？为什么它对个人职业发展至关重要？

(2) 职业生涯管理相关的理论或工具在职业规划中的应用有何异同？

(3) 你认为个人特质在职业选择中扮演着什么角色？如何才能更好地利用个人特质进行职业规划？

(4) 除了MBTI和霍兰德测试，你还了解哪些个人特质测评工具？它们有什么优缺点？

(5) 结合个人特质测评结果，分析你的职业兴趣与职业锚，并说明它们如何影响你的职业选择。

(6) 结合你自身的经历和观察，你认为哪些因素会影响职业生涯发展？

(7) 你认为在当今快速变化的社会中，如何进行有效的职业生涯管理？

6.2 职业生涯管理实施

6.2.1 个人职业生涯管理实施

1. 前期准备工作

(1) 职业生涯管理的前提包括：树立正确的职业理想，明确职业目标；进行准确的自我分析和职业分析；构建合理的知识结构；培养职业所需的实践能力；参加有益的职业训练。

(2) 职业生涯管理的基本原则包括：结合个人兴趣，发挥自身特长；追求幸福最大化，并关注社会需求。

(3) 职业生涯管理的主要内容包括：职业目标设定、自我职业分析、社会环境分析。此外，还需确定评估标准，制定实施战略，并进行评估与反馈。

(4) 选取适合的素质测评工具。

2. 确立职业生涯愿景

职业生涯愿景体现一个人的理想、胸怀、情趣和价值观，对个人的成就具有决定性影响。

3. 个人分析

个人分析是指使用素质测评工具对自身进行评估，主要包括对个人要求、能力、兴趣、性格、气质、受教育程度等方面的分析评估，以确定适合的职业方向。

4. 环境分析

环境因素包括组织内部因素和社会环境因素。环境分析旨在通过对内外部环境的全面评估，明确组织对环境变化的适应程度，并制定相应调整策略以适应组织和社会的需求。

5. 职业选择

职业选择的正确与否，直接关系到职业生涯的成功与失败。在职业选择中，应关注性格、兴趣和特长与职业的匹配程度。

6. 确立目标

首先确立职业生涯目标及其年限，并进行目标分解，制定分阶段目标。

7. 职业生涯路线选择

选择职业生涯路线时，需要明确未来发展方向、评估自身可行路径，并衡量各路径的潜在发展优势。综合分析此三个因素后，才能确定最佳的职业生涯路线。

8. 制定行动方案

在确定职业生涯目标和路线后，行动是关键。行动是指落实目标的具体措施，包括培训、轮岗等。这些行动方案要详细具体，以便定期检查。

9. 评估和调整

在职业生涯发展过程中，由于社会环境的变化和不确定因素的存在，原定的职业目标和规划可能与现实产生偏差。因此，需要做好及时评估和调整的准备。

6.2.2 组织职业生涯管理实施

1. 组织不同职业发展周期的职业生涯管理

(1) 组织的职业生涯早期管理

组织在员工入职后，应积极承担职业生涯管理责任，为新员工提供支持。这包括：通过上岗引导和岗位配置，帮助他们熟悉组织环境和明确岗位职责；提供富有挑战性的工作任务，以激发其潜能；进行有针对性的培训，提升专业技能；定期提供工作表现反馈，帮助他们改进；制定适合员工的职业发展培训方案；建立导师制度，提供经验指导；通过绩效管理，及时处理不胜任工作的员工，以确保团队效率。

(2) 组织的职业生涯中期管理

为了提升员工的职业能力，组织应采取多种措施：拓展职业发展机会，例如提供晋升和轮岗的机会；提升员工竞争力，鼓励他们积极提升专业技能和综合素质；促进自我认知，帮助员工明确发展方向；通过项目参与和跨部门合作等方式，丰富员工的工作经验；协助员工平衡工作与生活，以提高工作满意度。

（3）组织的职业生涯后期管理

组织对员工职业生涯后期的管理应遵循以下原则：要尊重和理解老员工，充分认可他们的经验和贡献；在制度化的基础上，根据员工的实际情况采取差异化的管理措施；要真诚地关心老员工的职业发展和生活状况；提前规划，为他们的退休做好准备，包括职业转型和技能培训等；要充分发挥他们的经验优势，例如通过导师制和知识传承等方式。

2. 组织职业生涯管理的实施步骤

（1）确定职业生涯管理的目标，并制定相应的计划

①明确组织的发展战略，并从中提取组织未来的人力资源管理需求。

②评估组织的人力资源管理现状，明确组织的实际需求。

（2）制定详细规划职业生涯管理的具体实施方案

（3）组建员工职业生涯管理小组

（4）开展职业生涯管理学习和宣讲

①对员工职业生涯管理小组开展重点培训。

②获得员工群体的配合。

（5）职位分析与员工自我认知

①组织职位信息系统性分析，利用组织的职位说明书，精准提取以下关键要素：岗位职责范围、权限边界、组织内部关系网络、任职资格标准。通过与管理层进行多轮交叉验证，确保岗位描述的准确性和完整性。

②绩效发展性沟通，由员工的上级基于员工过去一个阶段的绩效与员工沟通，明确该员工在过去所取得的成就和展现的能力，同时指出其不足及改善方法。

③员工多维度自我认知评估，包括职业历程追踪、员工的职业倾向、兴趣偏好分析，以及未来职业规划。可利用评估工具如职业兴趣测评、个人价值观盘点、职业锚定量表和胜任力模型等。

（6）规划职业发展路径，绘制清晰的员工职业生涯规划路线图

（7）构建员工职业生涯发展通道

（8）人才培养与指导，为员工提供职业指导和配套的培训活动。

（9）制定完备的人力资源规划

（10）建立职业生涯管理的资源保障制度与运行机制，并进行监督反馈和评估。

实训6-2

组织职业生涯管理方案设计

1. 实训目的

（1）了解组织职业生涯管理体系的核心要素，以及不同组织在实施职业生涯管理方面的差异。

（2）理解组织职业生涯管理与企业战略、人力资源管理之间的关系，以及数字化工具在其中的作用。

（3）掌握设计、实施和评估组织职业生涯管理体系的方法，并能够运用相关工具进行实践。

2. 实训任务

（1）请学生仔细阅读问题并深入思考，鼓励学生提出具有创新性的问题。

（2）每5～7人自由结合成立小组，明确小组成员的分工。

（3）深入一家具有一定规模、组织职业生涯管理较为成熟的企业，进行组织职业生涯管理方案设计。(教师选择并联系好企业)

①收集所需要的资料，在方便的时候与相关人员面谈或进行问卷调查。

②分析该企业的战略目标、组织结构、现有的人力资源管理现状，以及员工的特点和需求。

③进行组织职业生涯管理方案设计，撰写一份小组职业生涯管理方案

设计报告（2500～3000 字），并进行 PPT 展示（10～12 分钟）。

（4）师生互动：小组互评，教师点评并对学生提出的观点进行追问，引发学生深入理解组织职业生涯管理的理论与实践结合点。

Tips：仔细阅读并思考以下问题

（1）组织在设计职业生涯管理体系时，需要考虑哪些关键因素？

（2）如何将组织战略与职业生涯管理相结合？

（3）如何设计有效的培训与发展项目？

（4）如何设计清晰的职业发展通道？

（5）如何运用数字化工具提升职业生涯管理效率？

（6）在实施职业生涯管理体系时，如何克服组织内部的阻力？

（7）如何评估职业生涯管理体系的有效性？

（8）未来组织职业生涯管理的发展趋势是什么？

6.3　数智时代职业生涯管理新范式

数智时代要求个人和组织在职业生涯管理方面做出显著改变。个人需要主动规划、持续学习、提升核心能力、建立个人品牌并灵活应对变化。组织则需要建立灵活的岗位设计、数字化学习体系、持续反馈机制、扁平化管理模式，并关注员工的长期发展。数字化工具是实现这些改变的重要手段。

1. 个人职业生涯管理改变

（1）从“职业生涯”到“职业生态系统”

在数智时代，职业生涯管理的核心在于观念革新。

①传统的“一份工作做一辈子”的线性职业生涯模式已不再适用。取而代之的是，多元化的职业路径，包括自由职业、斜杠青年、多重职业等多种形式，灵活适应不断变化的市场需求。

②积极建立个人品牌，通过在社交媒体等平台展示专业技能和经验，

打造个人影响力，构建属于自己的“职业生态系统”，从而在职业发展中掌握主动权，实现可持续的个人价值。

（2）从“技能导向”到“能力导向”

职业成功的关键已不再仅仅依赖于单一技能，而是取决于对核心能力的培养与运用。

①个人需要持续提升学习能力，以便快速掌握新知识；培养解决问题的能力，以应对各种挑战；增强沟通协作能力，实现高效的团队合作；以及具备适应变化的能力，以灵活应对市场环境的快速变动。

②为了保持职业竞争力，必须坚持终身学习，不断更新知识和技能。

③积极进行跨领域学习，拓展知识广度，培养跨界能力，从而在复杂的职业环境中脱颖而出，实现个人职业生涯的持续发展。

（3）从“被动接受”到“主动规划”

个人职业生涯管理更加强调主动性和适应性。

①个人要积极主动地探索不同的职业机会，深入了解自身技能、兴趣和价值观，并通过自我评估与反馈机制，不断调整职业发展方向。

②建立广泛的人脉网络，积极参与行业活动，与同行交流，获取宝贵的职业信息和支持。

③要做好应对失业和职业转型的准备，保持积极乐观的心态，灵活应对市场变化，从而在不断变化的职业环境中保持竞争力和发展潜力。

（4）从“依赖组织”到“自我赋能”

个人职业生涯管理更加需要高度的自主性和自我管理能力。

①为了在竞争激烈的环境中脱颖而出，个人需要培养独立思考和解决问题的能力，从而增强自主性。

②熟练掌握各种数字化工具，以提高工作效率和生产力。

③建立个人知识库，系统地整理和管理知识与经验，便于持续学习和复习。

④要关注心理健康，学会管理压力，保持积极乐观的心态，从而在职业生涯中保持持久的动力和良好的状态。

2. 组织职业生涯管理的改变

(1) 从“固定职位”到“灵活岗位”

组织需要重新审视岗位设计，以适应快速变化的市场需求。

①采用更灵活的岗位设计，例如项目制、任务制、虚拟团队等，以提高组织的敏捷性和响应速度。

②鼓励员工在组织内部进行跨部门、跨职能的轮岗和流动，以促进知识共享和人才发展。

③积极适应远程办公模式，提供相应的技术支持和管理措施，以提高员工的工作效率和工作满意度，并扩大组织的人才获取范围。

(2) 从“传统培训”到“数字化学习”

组织应积极构建完善的员工培训体系，以提升员工的技能和知识水平。

①引入在线学习平台，提供多样化的学习资源，满足不同员工的学习需求。

②采用微学习模式，将学习内容分解为小模块，方便员工利用碎片化时间进行学习。

③组织应根据员工的职业发展需求，提供个性化的学习方案，以确保培训的针对性和有效性。

④要鼓励员工自主学习，并提供相应的支持和激励，从而营造积极的学习氛围，促进员工的持续发展。

(3) 从“绩效考核”到“持续反馈”

有效的绩效管理是推动组织发展的重要手段。

①组织应建立持续的反馈机制，定期向员工提供建设性的反馈，帮助他们改进工作表现。

②采用 360 度评估机制，从多个角度全面评估员工的绩效，从而更客观地反映其工作表现。

③绩效评估应更多地关注员工的成长和发展，而不仅仅是工作结果，通过关注员工的进步和潜力，激发其内在动力，实现个人与组织的共同发展。

(4) 从“等级制度”到“扁平化管理”

为了适应数智时代快节奏、高效率的组织运作模式，组织结构需要进行相应的调整。

①采用扁平化组织结构，减少管理层级，进而提升决策效率及响应速度。

②赋能员工，赋予他们更多的自主权和责任，激发其积极性和创造力。

③建立开放的沟通渠道，鼓励员工之间的沟通和交流，促进知识共享和团队协作，从而构建一个更具活力和创新力的组织。

(5) 从“关注短期”到“关注长期”

组织需要着眼于长远发展，构建可持续的人才管理体系。

①需要建立人才储备计划，为组织未来的发展做好充分的人才准备。

②为员工提供清晰的职业发展规划，帮助他们明确职业目标，并为其提供实现目标的路径和支持。

③组织应重视员工关怀，关注员工的身心健康，提供必要的支持和帮助，从而增强员工的归属感和忠诚度，最终实现组织与员工的共同发展。

3. 数字化工具的应用与改变

数字化工具的应用是提升个人和组织职业生涯管理效率的关键手段之一。

对于个人而言，应积极利用在线学习平台、社交媒体、项目管理工具、简历制作工具等，以提升学习效率、拓展人脉、高效管理工作任务，并打造个人品牌。

对于组织而言，则应采用人力资源管理系统（HRMS）、在线招聘平台、学习管理系统（LMS）、绩效管理系统等，以提升招聘效率、优化员工培训管理，并实现更科学的绩效评估，从而全面提升组织的人力资源管理水平。

实训 6-3

数智时代下的职业生涯管理

1. 实训目的

(1) 了解数智时代背景下，个人和组织在职业生涯管理方面面临的新挑战与机遇。

(2) 理解数智时代个人职业生涯管理的核心转变，以及组织在人才管理方面所需要做出的变革。

(3) 掌握利用数字化工具提升个人职业发展和组织人才管理效率的方法。

2. 实训任务

(1) 个人任务

仔细阅读问题并深入思考，结合自身兴趣、专业背景和职业发展目标，分析数智时代对职业生涯的潜在影响，并制定一份个性化的职业生涯规划（1500～2000 字）。

①分析数智时代对你所学专业或感兴趣的行业的影响。

②评估自身的核心能力（包括硬技能和软技能），并找出需要提升的方面。

③设定短期（1～3 年）和长期（5～10 年）的职业发展目标。

④制定实现目标的行动计划，包括学习计划、人脉拓展计划、技能提升计划等。

⑤选择至少三种数字化工具（例如：LinkedIn、Coursera、Trello 等），并说明如何利用这些工具支持你的职业生涯规划。

(2) 小组讨论与报告

每 5～7 人自由结合成立小组，明确小组成员的分工。

①模拟一家企业（可自选行业），根据数智时代的要求，设计一套人才管理策略，以吸引、留住和发展人才。明确该企业的行业特点、发展战

略和人才需求；设计灵活的岗位设置方案，例如项目制、虚拟团队等；构建数字化学习体系，包括在线学习平台、微学习模式等；设计绩效管理体系，包括持续反馈机制和360度评估；提出人才储备计划以及员工职业发展规划。选择并说明如何应用数字化工具来支持所设计的人才管理策略。撰写一份小组人才管理策略报告（2500～3000字）。

②结合个人任务和小组任务的实践，反思数智时代职业生涯管理的核心理念和实践方法，反思数字化工具在职业生涯管理中的作用和局限性，并提出针对个人和组织的职业生涯管理改进建议。撰写一份报告（1000～1500字）。

（3）师生互动

在课堂上，每个小组以PPT的形式展示所有内容（10～12分钟），小组互评，教师点评并对学生提出的观点进行追问，引发学生深度学习。

Tips：仔细阅读并思考以下问题

（1）数智时代背景下，个人职业生涯管理的核心转变是什么？

（2）在数智时代，组织如何通过人才管理策略来提升竞争力？

（3）数字化工具在职业生涯管理中发挥了哪些作用？

（4）你认为个人在数智时代需要具备哪些核心能力？

（5）你认为组织在数智时代应该如何进行人才培养？

（6）结合你的专业背景，你认为数智时代对你未来职业发展的影响是什么？

（7）在制定职业生涯规划时，如何平衡个人兴趣、技能和市场需求？

（8）对于大学生而言，目前可以做哪些准备来适应数智时代的职业挑战？

（9）如何有效地利用社交媒体和在线学习平台来提升职业竞争力？

（10）在数智时代，如何应对职业发展中的不确定性和风险？

第7章　培训与开发

学习目标

1. 了解培训与开发的概念，深入认识其理论基础、实践原则、战略意义，以及新员工导向培训的内涵与特征。

2. 理解培训与开发的关键流程环节（需求分析、计划制订与实施、效果评估）、各类培训方法的特点与适用性，以及数智化转型对培训与开发带来的影响。

3. 掌握根据培训需求分析结果，选择适宜的培训方法并设计、实施与评估培训方案的基本能力。

7.1　培训与开发概述

7.1.1　培训与开发的含义与内容

1. 培训与开发的含义

人力资源培训与开发是组织提升员工能力的关键举措。通过学习、训练等方式，帮助员工更新知识、拓展技能，改进工作态度与行为。其核心目标在于使员工更好地适应工作变化，胜任现有岗位或晋升发展，从而提升组织效率，实现组织目标。

人力资源培训与开发是一项持续的系统性活动，旨在提升员工能力，支持其职业发展，并助力组织战略目标的实现。培训与开发内容丰富多样，涵盖新员工入职、技能、管理、领导力、职业发展、安全、合规、软技能等多个方面，并辅以在线学习、导师制度、轮岗等多种形式。

2. 培训与开发的内容

（1）知识培训

由人力资源和部门主管共同完成，分工协作并相互督促，确保全员理解并达成共识。

①组织战略认知：发展战略、愿景规划、市场定位与竞争分析。

②制度规范学习：规章制度、组织文化、安全生产标准及成本控制方法。

③岗位技能基础：岗位职责说明书、工作流程标准化文件、问题处理预案（含安全事故应急响应）。

（2）技能培训

技能是为满足工作需要必备的能力，需要通过不断的练习才能得到。不同层级的员工，其技能侧重点不同：高层干部侧重于战略制定与领导力培养；中层干部则需着力于目标管理、沟通协作等执行力的提升；基层员工则应专注于按规程操作，以提升完成任务的必备能力。

（3）态度与价值观塑造

员工通过培训获得对人、对事、对己的反应倾向。它会影响员工对特定对象做出一定的行为选择。

7.1.2 培训与开发的原则与意义

1. 培训与开发的原则

为确保培训与开发方向与组织目标一致，组织必须制定员工培训原则并以此为指导。

（1）战略导向原则

应结合组织发展目标和战略制定培训规划，确保培训与开发与组织的长期发展紧密结合。

(2) 理论联系实际，学以致用原则

员工培训应具备明确针对性，以实际工作需求为导向，并结合职位特点、培训对象的年龄、知识结构、能力水平及思想状况等因素。

(3) 因材施教原则

根据员工的实际技能、岗位和个人发展意愿，开展有针对性的培训工作。培训方式和方法应切合个人的性格特点和学习能力。

(4) 知识技能培训与组织文化培训并重原则

确保员工既具备胜任工作的专业能力，又认同并融入组织文化，从而提升团队整体的凝聚力、工作效率和长期发展潜力。

(5) 全员培训与重点提升相结合原则

全员培训是提升全体员工素质的必要手段。同时，重点培训管理和技术骨干，尤其是中高层管理人员和有发展潜力的梯队人员，能够提高培训的效率和投资回报。

(6) 注重实效原则

效果和质量是员工培训成功的关键。为此，必须制定全面、周密的培训计划，并采用先进、科学的培训方法和手段。

(7) 激励原则

将人员培训与人员任职、晋升、奖惩、工资福利等相结合，对受训者进行激励。同时，管理者应关注培训人员的学习、工作和生活情况。

2. 培训与开发的意义

培训与开发对组织和个人都具有重要意义。

(1) 增强员工归属感和主人翁责任感

培训不仅提升职工技能，还增强了员工对自身价值的认识，使其更好地理解工作目标，并能提高组织对员工的吸引力，发挥人力资源的高增值性，为组织创造更多价值。

(2) 促进组织内部沟通，塑造组织文化

培训能促进组织与员工、管理层与员工之间的双向沟通，增强组织向心力和凝聚力。组织文化作为组织灵魂，是以价值观为核心的微观文化体系，培训是组织文化建设的重要途径。

（3）提高员工综合素质和组织竞争力

通过培训，可以提升员工综合素质，提高生产效率和服务水平，树立组织良好形象，增强盈利能力。

（4）适应市场变化，保持组织生命力

培训是组织应对市场变化、增强竞争优势的关键，也是培养后备力量、维持组织持续发展的根本途径。

（5）提高工作绩效

有效的培训与发展能够帮助员工掌握其工作所需知识，包括组织及部门的组织架构、经营目标、战略规划、规章制度、操作流程、工作技能及标准、沟通技巧和人际关系等。

（6）满足员工自我价值实现

培训为员工提供了新的知识和技能，使其能够胜任更具挑战性的工作任务，从而实现个人成长和价值，并获得物质与精神层面的双重满足。

7.1.3 员工培训开发的模式

1. 系统型培训

科学管理视角下的培训模式是一种系统化的培训方法，它通过五个关键步骤：需求分析、课程设计、计划制定、实施和效果评估，实现培训的计划性与针对性。该模式的优势在于：将培训视为循环过程，需求分析确保培训的有效性，并将理论转化为实践。其局限性在于：可能过分关注内部需求，忽视外部环境和长远目标；且效果评估有时未能贯穿整个培训过程，未能充分发挥其反馈和改进作用。

2. 过渡型（泰勒模式）培训

泰勒提出的双环路培训模型将组织战略与学习相结合，通过内部的系统型培训和外部的组织战略环境学习，形成双重循环。该模型在系统型培训的基础上，强调培训应与组织战略目标及外部环境相适应，从而将员工培训置于更广阔的背景下。然而，该模型也存在局限性：实用性有待提高，缺乏具体的实践指导，以及双环路模型的严密性仍需加强。

3. 持续发展型培训

英国人事管理协会提出的持续发展培训模式，核心在于强化和改善培训职能，强调培训与其他活动的协调性。该模式的不足在于：目标实现路径不够明确，且标准过于理想化，超出培训管理人员的控制范围。该模式认为，实现组织持续发展，需要关注七个关键要素：培训制度（规范文件）、培训需求分析与评审、培训规划（预算与内容）、培训组织者与参与者（各层级人员）、培训过程（协商、鼓励与自愿参与）、培训效果管理，以及培训目标（兼顾员工与组织发展）。

4. “国家培训奖”模式（最佳培训实施模型）

系统型培训模式强调政府在组织培训中的作用，其核心原则包括：将员工培训目标转化为组织战略要求，确保转化的连贯性和有效性，以及将培训视为可评估的持续过程。该模式尤其适用于培训体系尚不完善的组织。“国家培训奖”模式是其典型代表。然而，该模式过度关注培训效果的量化评估，可能忽视培训过程中的其他重要成果，从而影响培训质量。

5. 咨询型培训（顾问式培训）

咨询型培训模式通过协议明确培训需求，并基于此进行调查、分析、计划制定与实施。培训服务方（内部或外部专家）为组织提供独立的培训建议，但问题的解决需要双方合作。内部顾问方案更具针对性，而外部顾问则通常带来更丰富的知识和经验，提升培训收益。该模式侧重于提升员工技能，但也存在局限性：咨询的阶段性介入可能导致培训缺乏连贯性，且容易使培训职能与整体人力资源管理脱节。

6. 阿什里德培训模型

根据员工培训的成熟度，组织可分为离散、整合和聚集三个阶段。只有进入聚集阶段的组织，才能充分发挥培训与发展的效能，将培训融入组织成长机制。在此阶段，员工在个人需求与组织战略目标的共同驱动下，更关注个人发展。员工、部门管理者共同承担发展责任，培训管理人员则作为促进者、协调者和咨询者。

7. 学习型组织培训模型

学习型组织是聚集阶段的典型代表。其核心在于培养组织思维和系统思考能力，强调将培训融入组织战略，提升培训地位。该模式鼓励员工主动学习，将培训从辅助环节提升至贯穿生产活动，最终目标是增强组织竞争力。尽管操作性较弱，但该模式尤其适用于忽视培训的组织。其关键原则包括：持续连贯的培训过程、多样化的培训内容与形式、高度自主的培训机制、贯穿始终的评价体系、自我创新的能力，以及组织与个人需求的统一。

7.1.4 新员工导向培训

1. 新员工导向培训的定义

新员工导向培训，又称新员工入职培训，通过系统化的培训，帮助新员工快速了解组织、融入团队、胜任工作的一系列系统性培训活动。

2. 新员工导向培训的内容

(1) 满足新员工对组织的期望，尊重新员工，有效帮助他们建立归属感。

(2) 新员工入职培训通常包括组织概况和工作内容两部分。组织概况部分介绍公司基本情况、组织文化、核心价值观、规章制度和工作流程，帮助新员工建立整体认知。工作内容部分则重点介绍部门职能、岗位职责，并通过参观公司设施，使新员工直观了解工作内容和环境。

3. 新员工导向培训的意义

组织社会化是指新员工成为合格组织成员的过程。有效的入职培训能够加速这一过程，是实现组织社会化的重要途径。其意义主要体现在：帮助新员工熟悉工作环境，尽快胜任工作；促进新员工融入组织文化；培养员工归属感，提高员工留任率。

4. 新员工导向培训的职业顾问

有效的入职培训需要人力资源部门（或培训部门）与新员工所在部门主管的紧密合作。配备职业顾问（导师）是常用的方法，顾问人选可包括新员工的直接上级、经验丰富的同事或人力资源专员。其核心职责如下：介绍组织概况，讲解组织架构、文化、规范等；提供客观反馈，收集并反馈他人对新员工的评价，促进自我认知；协助解决问题，指导新员工处理工作中的困难和挑战；管理期望与压力，引导新员工建立合理期望，缓解焦虑；促进融入与发展，帮助新员工融入组织，提升发展机会。

实训7-1

新员工导向培训方案设计

1. 实训目的

（1）了解新员工导向培训的意义。

（2）理解新员工导向培训的内容。

（3）掌握新员工培训方案的制定过程、实施技巧，并能够初步构建培训方案。

2. 实训任务

（1）个人任务

请学生仔细阅读背景材料及问题并深入思考，鼓励学生提出具有创新性的问题。

（2）小组讨论与报告

每5～7人自由结合成立小组，明确小组成员的分工。在小组讨论达成共识的基础上制定M公司新员工导向培训方案，撰写培训方案报告（1500字左右），并准备10～15分钟展示PPT。

（3）师生互动

通过小组展示汇报和同学互评，教师进行点评并追问，深入探讨新员工导向培训及培训与开发的实践问题、案例分析和方案设计。

Tips：背景材料及问题

M公司是一家快速发展的高科技企业，专注于人工智能、大数据分析和云计算领域的创新研发与应用。公司拥有一支充满活力和创造力的团队，致力于为客户提供领先的技术解决方案。随着业务的不断扩张，公司每年都要吸纳一大批新员工，并高度重视新员工的培养和发展。有效的入职培训不仅能帮助新员工了解公司文化、规章制度和工作流程，更能帮助他们建立归属感，提升工作效率和团队协作能力。因此，如何让这些优秀毕业生尽快融入企业，加深对企业氛围及文化的理解，完成从局外人到企业人的转变，是公司人力资源部门在新员工培训环节中特别关注的问题。

（1）在设计新员工导向培训方案时，需要考虑哪些关键因素？

（2）新员工导向培训包括哪些方法和形式？

（3）如何评估新员工导向培训的效果？

7.2 培训与开发流程

人力资源培训与开发是一项有计划、有组织、系统的训练活动，主要包括四个阶段：需求分析、计划制定、实施和效果评估，如图 7-1 所示。

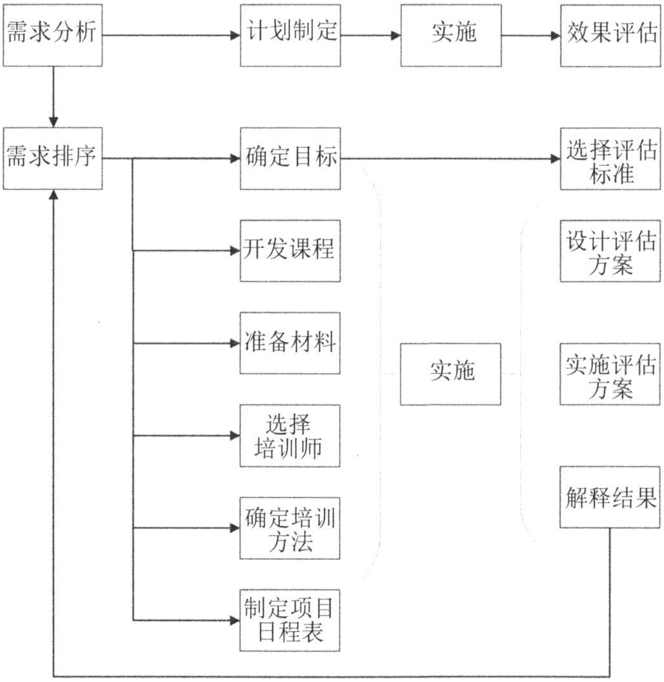

图 7-1 人力资源培训与开发流程

资料来源：李亚慧，韩燕．人力资源管理综合实训［M］．北京：首都经济贸易大学出版社，2023：125

7.2.1 培训需求分析

1. 培训需求分析的定义

培训需求反映了组织或个人预期目标与实际状况之间的差距。

培训需求分析旨在识别实际绩效与期望绩效之间的差距，从而确定是否需要培训以及培训的具体内容。它通过评估组织、员工和任务，收集信息并运用分析方法进行处理。培训需求分析是明确培训内容的关键环节，其重点关注以下五个方面：绩效差异、知识技能差距、内外竞争环境、法律合规性及参与需求。

2. 培训需求分析的内容

（1）组织分析通过评估组织绩效和特征，确定绩效问题及其根本原因，并寻找解决方案，为培训提供参考。主要包括目标分析、资源分析以及组织环境分析。

（2）工作分析是培训需求分析的核心环节，其结果是设计培训课程的重要依据。它旨在深入了解与绩效问题相关的工作内容、标准以及所需的知识和技能。工作分析需要经验丰富的员工参与，以获取完整的工作信息。

根据分析目的的不同，工作分析可分为以下两类。

①一般工作分析旨在快速了解工作的性质、范围和内容，为后续分析奠定基础。其主要内容包括工作简介和工作清单。

②特殊工作分析以工作清单为基础，详细分析并记录每个工作单元的工作细节、标准以及所需的知识和技能。

针对不同类型的培训需求，需采用适合的分析方法。

①职位分解法是由人力资源培训人员对职位进行分解，找出关键因素，作为确定培训内容和目标的依据。关键因素是指能够确保工作任务安全完成或提升工作质量的工作步骤或单元。

②任务分解法通过分析任务，找出难点，并以此确定培训内容和目标，是另一种分析工作职位的方法。

③错误分析法主要针对错误发生率高的职位，培训人员通过分析错误的原因和后果，确定培训内容和目标。

④工作绩效评价法基于员工绩效评估结果，确定培训内容和目标，是一种有效的培训需求分析方法。

⑤调查表（问卷）法是由人力资源部门设计，用于反映员工能力与培训需求关系的工具。员工填写问卷提供的信息，对培训活动的安排具有重要参考价值，有助于满足组织成员的需求。因此，科学设计和组织问卷调查至关重要。

⑥职业计划反映了员工对职业发展的期望，也是一种有效的培训需求分析方法。通过分析员工的职业计划，组织可以系统地安排培训内容，帮助员工实现职业发展目标。

（3）人员分析通过评估员工的实际工作绩效和能力，识别其现有状况与应有状况之间的差距，从而确定培训对象和内容。常用的分析方法包括：绩效记录、自我评价、知识技能测试和态度评价。

（4）战略分析是对未来培训需求的预测，需考虑组织优先权、人事预测和组织态度。影响组织优先权的因素包括新技术、财务约束、组织结构调整、领导意向和突发任务等。人事预测包括短期、中期和长期的人员需求与供给预测。组织态度则指员工对自身技能和未来需求的满意度。

3. 培训需求分析的方法

（1）培训需求必要性分析，是指通过收集和分析信息，确定是否需要通过培训来解决组织问题的方法，它包含一系列具体的技术和方法。

①观察法是通过长时间、多角度的细致观察，得出结论的方法。

②问卷法通过多种问卷形式（如开放式、封闭式等），对样本或总体进行调查。

③关键人物访谈是通过访谈培训主管、部门主管等关键人物，了解员工的培训需求。

④文献调查是通过分析专业期刊、出版物等资料，获取研究资料的方法。

⑤访谈法分为正式或非正式、结构化或非结构化等多种形式，适用于

特定群体，例如行政机构或公司董事会。

⑥小组讨论可用于工作分析、问题分析和目标确定等。

⑦测验法用于评估群体成员的技术水平和知识储备。

⑧记录与报告法通过对组织图表、政策手册、审计报告等文件的分析，为复杂问题提供分析线索。

⑨工作样本法通过分析与工作相关的案例，例如项目建议、市场分析或培训设计等，评估员工能力。

（2）培训需求全面分析方法，旨在通过对组织及其成员进行系统、全面的调研，以识别理想状态与实际状态之间的差距，进而明确具体的培训需求。

①计划阶段：确定计划范围和任命咨询团体。

②研究阶段：深入研究目标工作，重点检查工作描述。

③任务或技能目标设定阶段：形成任务目录清单或将工作分解为任务，明确任务技能目标。

④分析阶段：分析任务的重要性、频率、技能熟练水平、严重性和责任感，确定培训需求。

（3）绩效差距分析，又称问题分析法，是一种广泛应用且有效的培训需求分析方法，侧重于解决组织问题。其主要环节如下。

①问题识别：确定实际绩效与理想绩效之间的差距，例如生产力、士气等问题。

②初步分析：培训者进行初步判断，决定是否采用全面分析方法并选择资料收集技术。

③资料收集：结合使用扫描工具、分析工具等技术收集资料。

④需求分析：分析个体绩效与工作说明之间的差距，以及未来的组织需求，分为工作需求、个人需求和组织需求三个方面。

⑤问题解决：通过新的或修正的培训规划解决需求分析中发现的问题，选择合适的培训方法和内容。

4. 基于胜任力的培训需求分析

基于胜任力模型的培训，以特定知识、技能和个人特质为基础，评估个人能力并设定提升目标。这种培训既能满足当前岗位需求，又能适应组织未来发展，其主要特点如下。

（1）系统性：胜任力模型为任务分析和人员分析提供了框架，并统领其他分析。

（2）范式转移：从注重绩效差距等消极因素转向关注胜任力等积极因素。

（3）长期匹配：调整培训需求与组织长期需求及战略经营目标紧密匹配。

（4）关注优秀员工：聚焦优秀员工的关键特征，具有较高的表面效度，容易被受训人员接受。

（5）强调内隐学习：注重创新培训方法，提倡内隐学习模式。

7.2.2 培训计划的制订与实施

1. 培训计划分类

根据时间维度，培训计划可分为中长期、年度和单项培训计划。

（1）中长期培训计划主要阐述组织的培训理念、投入政策、方针原则和未来发展方向。

（2）年度培训计划是对组织一年内培训活动的整体安排，主要包括当年的主要培训活动和开发计划。

（3）单项培训计划是针对具体培训项目制定的详细行动方案，具有较强的可操作性。

2. 培训计划的构成要素。

培训计划通常包括以下要素：培训目标、内容、对象、师资、时间、地点、设施、方法和费用。这些要素可概括为 5W1H：培训目的是什么？培训对象是谁，由谁负责讲授？培训内容是什么？培训时间及期限如何安排？培训场地在哪里？如何进行教学？这 6 个要素是组织培训的主要依据。

（1）培训目标应与组织发展和员工职业发展紧密结合。在组织培训时，需用简洁的语言明确表述培训目标，作为培训的指导方针。

（2）培训负责人需全力投入培训的策划和实施，确保培训工作高效、高质量地完成。

（3）培训对象由培训内容决定，但也需考虑受训者的兴趣和特点。综合考虑培训内容和受训者特点，最终确定培训对象。

（3）培训内容应根据培训目标、需求分析和培训对象的特点来确定。通常包括专业技能、组织文化和工作态度的培养。

（5）培训师应具备丰富的知识、经验、专业技能和教学技巧，并充满热情。培训师可以是组织内部的领导、专家，也可以是外部培训机构的专业人员。

（6）培训时间和期限是培训计划的关键，应根据培训目标、场地、师资和学员时间等因素综合决定。

（7）培训方法应根据培训内容选择，常用的方法包括讲授、演示、案例、讨论、视听和角色扮演等。为增强培训效果，通常将多种方法结合使用。

（8）培训场地和设备的选择应根据培训内容和方式确定。培训场地可分为内部场地和外部专业机构。内部场地适用于现场培训和部分技能培训；外部机构通常配备专业工具和设施。培训设备包括教材、笔记本、模型、幻灯片和录像等。

（9）培训经费预算包括整体计划执行费用和单个项目执行费用。

3. 制定培训计划的步骤

（1）分析确定培训需求：通过系统分析、明确组织及员工的培训需求。

（2）确定培训目标：根据培训需求，制定具体、可衡量的培训目标。

（3）确定培训计划要素：明确培训内容、对象、方法、时间、地点和预算等，形成完整的培训计划方案。

（4）培训计划的评估及完善：对培训计划进行初步评估，根据反馈进行调整和完善。

（5）培训计划的沟通与确认：与相关利益方（如管理层、受训者等）沟通培训计划，确保其认可和支持。

4. 培训方案实施

(1) 培训实施前的准备工作：组建培训项目小组、准备培训文件、提供后勤保障和制定应急预案。

(2) 实施培训中的组织管理：确保培训按计划进行，协调师生关系，监控培训过程并及时处理突发情况。

(3) 培训后的组织管理：收集反馈、评估效果、总结经验，为后续培训改进提供参考。

7.2.3 培训效果评估

1. 培训效果评估概述

培训效果评估通过科学的方法衡量培训活动的有效性，以确定培训是否达到预期目标，并评估其对组织的贡献。评估体系包括培训方案评价和培训效果考察。这是一项系统工程，需要综合运用多种评估工具进行全面评价。

根据是否有对照组以及是否进行培训前评估和培训后评估，培训效果评估可分为以下类型：

①后测：仅进行培训后评估；

②前测与后测：进行培训前和培训后评估；

③时间序列：在多个时间点进行培训效果评估；

④有对照组的后测：在对照组中进行培训后评估；

⑤有对照组的前测与后测：在对照组中进行培训前和培训后评估；

⑥有对照组的时间序列：在对照组中进行多次评估；

⑦所罗门四组：结合上述方法的综合评估类型。

柯氏评估模型是最常用的评估模型之一，它将培训效果分为四个层次。一个完整的培训项目评估应涵盖这四个层次：

①反应层：评估受训者对培训项目的满意度；

②学习层：评估受训者在知识、技能和态度上的提升；

③行为层：评估受训者在实际工作中的行为变化；

④结果层：评估培训对组织绩效的影响。

2. 培训效果评估的内容

（1）培训前评估包括培训需求分析、培训对象知识技能、工作态度、工作绩效和行为考察，以及培训计划评估。

（2）培训中评估包括培训准备工作评估、学员参与度量化、内容和形式评估、师资评估、进度和中期效果评估，以及培训环境和设施评估。

（3）培训后评估包括培训目标达成度评估、培训效果和效益的综合评估，以及培训工作者的绩效评估。

3. 培训效果评估的流程

（1）作出评估决策：明确评估的目的、范围和对象。

（2）制定评估方案：设计评估方法、工具和时间表，确保评估的科学性和可行性。

（3）收集评估信息：通过问卷调查、访谈、观察等方式收集相关数据。

（4）数据整理与分析：对收集的数据进行整理、分类，并运用统计方法进行分析。

（5）撰写评估报告：总结评估结果，提出改进建议，形成完整的评估报告。

实训 7-2

培训与开发：从需求分析到效果评估

1. 实训目的

（1）了解培训与开发流程的基本概念及其在企业中的应用。

（2）理解培训需求分析的方法、培训计划的构成要素以及培训效果评估的层次与流程。

（3）掌握如何运用培训需求分析工具、制定培训计划，并基于柯氏评估模型对培训效果进行科学评估。

2. 实训任务

(1) 个人任务

仔细阅读企业背景材料，深入思考企业面临的问题，并提出具有创新性的解决方案。

(2) 小组讨论与报告

每5~7人自由结合成立小组，明确小组成员的分工。

①讨论并比较不同培训需求分析方法的适用场景（如必要性分析、全面性分析、绩效差距分析）。

②针对背景材料中的公司进行培训需求分析，明确组织、人员、战略三方面的需求。

③制定一份完整的培训计划和实施方案，包括培训目标、内容、对象、方法、时间、预算等要素。

④基于柯氏评估模型，制定培训效果评估方案，并设计一份培训效果评估问卷。

⑤准备10~15分钟展示PPT，包括培训需求分析、计划制定、效果评估的具体过程与结果；实训中遇到的问题及解决方案以及对未来实际工作的启示与建议。

(3) 师生互动

通过小组展示汇报和同学互评，教师进行点评并追问，深入探讨培训需求分析、计划制定、效果评估的实践问题。

Tips：背景材料及问题

智创科技有限公司是一家成立于2010年的信息技术与软件开发企业，拥有约500名员工，其中技术研发人员占比高达60%，是公司创新与发展的核心力量，市场与销售人员占20%，致力于将先进技术转化为商业价值，管理与支持人员占20%，为企业的高效运营提供坚实保障。公司主营业务涵盖企业级软件解决方案、云计算服务、大数据分析以及人工智能技术应用，始终走在科技前沿，为客户提供智能化、高效化的技术支持与服务。作为行业内的领先者，智创科技以技术创新为驱动，不断探索数字化未来的无限可能。

近年来，智创科技在行业内取得了显著的成绩，但随着市场竞争的加剧和技术的快速迭代，企业面临以下挑战。

（1）技术更新压力：部分员工的技术能力未能及时跟上行业最新发展趋势，导致项目交付效率下降。

（2）团队协作问题：跨部门协作效率低，沟通不畅，影响了项目的整体进度和客户满意度。

（3）员工发展需求：年轻员工普遍希望获得更多的职业发展机会和技能提升培训，但企业目前的培训体系不够完善。

（4）战略转型需求：企业计划在未来三年内拓展人工智能和区块链业务，但现有团队的相关能力储备不足。

为应对上述挑战，智创科技决定启动“员工能力提升计划”，旨在通过系统的培训与开发流程，提升员工的技术能力、团队协作能力和战略执行力。

仔细阅读下面问题并思考。

（1）在实际操作中，如何确定一个组织的培训需求？

（2）培训计划的构成要素有哪些？如何根据实际需求制定有效的培训计划？

（3）柯氏评估模型的四个层次分别适用于哪些场景？如何科学地评估培训效果？

7.3　培训方法

7.3.1　直接传授式（讲授、研讨和视听）

1. 课堂讲授法

课堂讲授法是指培训师通过语言，在课堂上系统地传授知识，帮助学员掌握重要观点和特定知识。为确保讲授效果，需满足以下基本要求。

(1) 科学性：讲授内容必须科学准确，这是保证讲授质量的首要前提。

(2) 系统性：讲授应条理清晰、重点突出，确保知识结构的完整性。

(3) 语言表达：讲授时语言应清晰、生动、准确，以增强学员的理解和记忆。

(4) 板书运用：必要时，应辅以板书，直观呈现关键内容。

(5) 互动配合：培训师与学员应积极互动，这是取得良好讲授效果的重要保障。

课堂讲授法是一种传统的教学方法，具有系统性、高效性和广泛适用性，尤其适用于结构化知识的传授和基础理论的构建。它能帮助学员快速掌握核心概念和理论框架。然而，其效果依赖于讲师的水平和互动设计，并且需要结合其他方法以增强互动性和实践性。

课堂讲授法的优点包括系统性强、进度可控、便于理解难点、规模效应显著，能够提高效率。其缺点在于：强制性高、依赖性强、缺乏及时反馈、互动不足，以及知识巩固困难。

课堂讲授法的过程如下。

(1) 课堂讲授前的准备工作

①制订培训计划：明确培训目的、对象、课程内容及大纲等。

②编写或选择教材：通用理论培训可选用现有教材；针对性强的培训则需自行编写。员工手册是岗前培训的基本教材。

③选择培训师：培训师可来自高校（擅长理论）、组织业务骨干（擅长实践）或组织内部培训师。

④准备培训场所和教学设备：教室布置、视听设备和管理工具（如签到表、考勤表）的准备。

(2) 课堂实施

①课前准备：学员签到、引导就座，介绍课程、培训师及课堂纪律。

②课程介绍：说明培训主题、后勤安排、管理规则、课程内容及日程安排。

③正式讲授：培训师开始课堂讲授。

（3）培训后措施

①向培训师致谢。

②颁发结业证书（如适用）。

③清理并检查设备。

2. 讨论法（研讨法）

讨论法是一种专题性培训方法，通过集体讨论解决复杂问题或达成共识。该方法适用于以问题研究为导向的培训，尤其适合管理层培训和处理复杂管理问题，但对培训师的专业能力要求较高。

讨论法通过观点交流和思维碰撞，激发创新思维，培养批判性思考、促进知识共享、提升沟通协作能力。其局限性在于：对培训师专业能力要求高，容易偏离主题，可能产生“从众效应”，且效果难以量化。为提升讨论效果，应明确讨论目标，控制讨论规模，运用多种讨论技巧，并建立科学的评估机制。

实施讨论法时，培训师需在前期进行充分的主题分析和方案设计，并征求学员意见。学员也应提前准备。讨论过程中，培训师需要具备出色的引导和控制能力，并在总结阶段进行有效的口头表达和归纳。讨论法的实施通常分为七个步骤。

（1）参与者需通过授课或自学等方式掌握基础知识，可辅以讲义或幻灯片。

（2）明确讨论议题及预期目标。

（3）参与者进行独立研究，形成个人见解。

（4）分组讨论时，每组 5～6 人，应遵守以下规则：理性讨论，避免固执和情绪化，聚焦议题实质。讨论应设定时限，先处理共识性议题，再深入探讨分歧性议题。

（5）主持人公布标准答案并进行详细解析，重点说明易错点，及时解答参与者疑问。

（6）评估小组讨论效率，计算公式为：（团体得分－个人平均得分）/（满分－个人平均得分）×100%，百分比越高表明效率越佳。

（7）主持人总结讨论过程，分析普遍性问题，并进行必要的指导，以帮助学员巩固知识。

3. 视听法

视听法是一种通过视觉和听觉双重刺激传递信息的教学方法。它利用多媒体技术，将文字、图像、声音和视频结合，创造沉浸式学习环境，从而更直观地呈现抽象概念，增强学习者的记忆和理解。

视听法在现代教育中颇具价值。它通过视听结合的方式，提高学习兴趣和参与度，帮助理解复杂概念，并模拟真实场景，增强实践性。其优点在于提高记忆效果，促进知识理解和个性化学习。然而，视听法也存在局限性，如依赖技术设备，制作成本较高，可能分散注意力，并对抽象思维的培养带来挑战。

视听法的实施过程如下。

（1）需求分析：确定教学目标和学习者特点。

（2）内容设计：选择适当的视听元素，设计教学方案。

（3）材料制作：开发高质量的多媒体教学资源。

（4）课堂实施：合理安排视听材料的使用时机和方式。

（5）效果评估：通过测试和反馈评估学习效果。

（6）改进优化：根据评估结果调整教学策略。

7.3.2 体验法（角色扮演、游戏、案例分析和行为示范）

体验法就是要求受训者积极参与培训过程的方法，这种方法可使学习者亲身经历一次任务完成的全过程或学会处理工作中发生的实际问题。

1. 角色扮演法

角色扮演法是一种模拟真实情境的培训方法。通过让参与者扮演特定角色，模拟实际场景中的行为和互动，从而提升沟通、解决问题、团队协作及应对复杂情境的能力。这种方法强调实践和互动，让参与者在安全环境中体验和学习，并通过反馈和反思不断改进。

角色扮演法种类如下。

（1）结构化角色扮演：其情境、角色和任务都是预先设计好的，参与者需要严格按照剧本或指导进行表演。适用于培训目标明确、需要标准化操作的情境，如客户服务、销售技巧培训等。

(2) 非结构化角色扮演：一种开放式的培训方法，参与者可根据自身理解即兴表演。这种方法适用于培养创造力、灵活性和复杂问题解决能力，例如领导力开发或冲突管理。

(3) 单人角色扮演是指一名参与者扮演角色，其他参与者或观察者提供反馈。这种方法主要用于个人技能提升，如演讲技巧、面试技巧等，侧重于个人能力的培养。

(4) 多人角色扮演：多名参与者分别扮演不同的角色，模拟团队合作或复杂情境中的互动。适用于团队协作、跨部门沟通、项目管理等培训。

(5) 观察式角色扮演：部分参与者扮演角色，其他参与者作为观察者，记录和分析表演者的行为和互动，随后提供反馈。适用于需要深入分析和反思的培训，如领导力开发、团队动态分析等。

(6) 反转角色扮演：要求参与者扮演与自己实际角色相反的角色。这种方法有助于培养同理心和多角度思考能力。适用于提升同理心、跨角色理解能力的培训，如客户服务、团队管理等。

角色扮演法通过模拟真实情境，帮助参与者在实践中学习和成长，尤其适用于提升人际互动能力和复杂问题解决能力的培训。通过反馈和反思，参与者能够不断优化行为，从而提升实际工作中的表现。

角色扮演法的优点在于：有助于训练基本技能，提升观察和解决问题的能力，培养专门技能，以及训练态度、仪容和言谈举止。其缺点在于：效果可能受人为因素影响，可能过分强调个人表现而忽视团队协作，对行为改变的作用有限，且设计与实施较为复杂，需要精心策划。

角色扮演法的操作过程如下。

(1) 明确目标

确定角色扮演的目标，例如提升沟通技巧、解决冲突或模拟客户服务等。

(2) 设计情境

根据目标设计一个与现实相关的情境，确保其具有挑战性和实用性。

情境应包含背景信息、角色设定和需要解决的问题。

(3) 分配角色

为参与者分配角色，并确保每个人清楚自己的角色任务和目标。可以包括主要角色（如客户、经理）和辅助角色（如观察者）。

(4) 提供信息

向参与者提供必要的背景信息和角色描述，确保他们理解情境和角色的要求。

(5) 实施角色扮演

让参与者在设定情境中进行角色扮演，模拟真实互动。可以设定时间限制，以确保活动高效进行。

(6) 观察与记录

观察者在角色扮演过程中记录参与者的表现，关注他们的沟通方式、决策过程、问题解决能力等。

(7) 反馈与讨论

角色扮演结束后，组织反馈和讨论环节。参与者可以分享感受，观察者提供建设性反馈，讨论过程中的优点和不足。

(8) 总结与改进

总结角色扮演的收获，提出改进建议，并将学到的技能应用到实际工作中。

角色扮演法的注意事项如下。

(1) 情境真实性

设计的情境应尽可能贴近现实，以确保参与者的投入感和学习效果。

(2) 角色分配合理

根据参与者的能力和特点分配角色，避免因角色不适合而影响活动效果。

(3) 时间控制

设定明确的时间限制，避免角色扮演过于冗长或仓促结束。

(4) 营造安全环境

确保参与者在一个安全、支持的环境中表达自己，避免批评或指责。

(5) 观察者作用

观察者应保持客观，记录具体行为而非主观评价，以便提供有价值的反馈。

(6) 反馈建设性

反馈应具体、积极，聚焦于行为而非个人，帮助参与者改进。

(7) 灵活调整

根据参与者的表现和反馈，灵活调整情境或角色，以确保活动效果。

2. 游戏法

游戏法是一种通过游戏形式进行教学、培训或团队建设的方法。它利用游戏的趣味性、互动性和竞争性，激发参与者的兴趣和积极性，从而达到传授知识、培养技能或提升团队协作能力的目的。其核心特点是趣味性、互动性、实践性、竞争性以及目标导向。

游戏法常见形式如下。

(1) 模拟游戏：模拟现实情境，让参与者扮演特定角色并解决问题。

(2) 团队合作游戏：通过团队协作完成任务，培养团队精神和沟通能力。

(3) 知识竞赛：以问答或挑战的形式检验和巩固知识。

(4) 创意游戏：通过开放性任务激发参与者的创造力和想象力。

游戏法通过激发学习兴趣，帮助参与者在轻松愉快的氛围中掌握知识、技能，拓展思维，并提升解决问题的能力。精心设计的游戏能够培养合作意识，并加深对管理思想的理解。游戏法的核心在于竞争性、明确规则和特定结局。其优点包括：调动积极性，改善人际关系，加深对业务知识的理解，并促使参与者将游戏情境与现实后果联系起来。其缺点包括：设计可能过于简单，实施耗时，有效性有待验证，以及可能面临后勤保障问题。

为了确保培训的有效性，应根据培训目标和内容选择合适的游戏，并将游戏目的与培训内容紧密结合。在制定培训计划时，需仔细考虑引入游戏的环节，以最大化其作用。通常，游戏法的实施包括以下步骤。

(1) 选择相关游戏并准备道具：根据培训目标选择合适的游戏，并确保所需道具齐全。

（2）介绍游戏规则和方法：培训师向学员清晰讲解游戏规则和工作方法，确保每位学员理解并遵守。

（3）分组进行游戏：将学员分组，开始游戏，鼓励积极参与和团队协作。

（4）评估与总结：游戏结束后，培训师对游戏过程进行评估，总结游戏中的收获与不足，并将其与培训目标相联系。

3. 案例分析法

案例分析法是一种通过分析真实或模拟案例，帮助学习者理解复杂问题、提升解决问题能力的教学方法。它通常涉及对案例背景、问题、解决方案及结果的深入探讨，旨在培养学习者的批判性思维、决策能力和实践应用能力。

案例分析法作为一种有效的教学手段，在多个层面展现出其独特的应用价值。

（1）该方法通过引入真实或模拟的案例情境，将抽象的理论知识与具体的实际问题有机结合，有效提升了学习者的实践能力。

（2）案例分析鼓励学习者从多维度、多视角对问题进行深入剖析，有助于培养其批判性思维和独立判断能力。

（3）通过系统分析案例中的问题及其解决方案，学习者能够逐步掌握科学的问题解决策略与方法，从而增强其问题解决能力。

（4）在小组讨论环节中，学习者通过积极的交流与协作，不仅提升了沟通能力，也培养了团队协作精神。此外，案例的生动性和现实性特征能够有效激发学习者的学习兴趣，提高其学习主动性和积极性。

案例分析法的优点在于贴近实际、互动性强、灵活多样、培养综合能力。其缺点为耗时较长、依赖案例质量、对教师要求高，存在个体差异影响以及理论性较弱。

案例分析法的过程如下。

（1）准备

①选择案例：根据培训目标和受训群体情况，选择或编写具有客观性

与实用性的案例。

②制订培训计划：明确培训时间、地点及具体安排。

（2）介绍

①学员自我介绍：学员相互认识，营造友好、轻松的讨论氛围。

②分组与角色分配：将学员分为5～6人（视需要而定）一组，并确定组长。

（3）讨论

①案例介绍：向学员提供案例（如人才选拔案例），要求其提前阅读并提出问题。培训师需明确讨论立场（客观或当事者），通常以客观立场为主。

②分配工作：讨论前明确组织、记录和时间控制等分工，确保讨论有序进行。

③问题与原因分析：学员按重要性整理问题及原因，避免偏离设定条件。

④对策讨论：小组成员提出多种解决方案，通过讨论选择最佳方案。

⑤结论形成：形成可应用于实际工作的结论。

⑥培训师参与：培训师需关注讨论进展，适时提醒并辅助，避免时间浪费或情绪对立。

（4）小组发言

各组用10分钟（视需要而定）发表讨论结果，由组长主讲，重点阐述对策和结论。其他组可提出建设性而非攻击性的问题。培训师总结案例内容及解决方案。

（5）总结

培训师总结案例课程的学习要点，分析讨论质量，并对学员发言进行评价。

4. 行为示范法

行为示范法是一种通过展示特定行为模式，引导学习者观察、模仿并内化目标行为的学习方法。它基于社会学习理论，强调观察学习在行为习得过程中的重要作用，广泛应用于教育、心理咨询和职业培训等领域。

行为示范法在职业培训中可以快速提升员工的专业技能。其优点在于直观性强、学习效率高、适应面广以及效果持久。其缺点为：对示范者的专业素质要求较高；可能忽视学习者的个体差异；难以培养学习者的创新能力；在复杂行为教学中可能存在局限性。

7.3.3 实地培训法（师徒制、工作轮换和行为学习）

实地培训法是一种旨在解决理论知识与实践应用脱节问题的培训方法，通过在工作场所实施培训，使受训者能够将所学直接应用于实际工作中。

1. 师徒制培训

师徒制是一种融合在职培训与课堂学习的传统培训方式。传统模式中，师傅凭借自身经验指导徒弟。现代师徒制则更加系统化，根据技术难度制定学习计划，并指派专人负责，采用在职培训与课堂培训相结合的分段式培训方法。

2. 工作轮换（轮岗法）

工作轮换法是一种通过安排员工在不同部门短期任职，以丰富其工作经验的培训方式。该方法常用于培养新入职的人员或具有管理潜力的后备人才，有助于拓宽其职业视野，提升综合管理能力。

3. 行为学习法

行为学习法是一种基于实际问题解决的培训方法。组建 6～30 人的工作团队，成员可来自同部门、跨部门，甚至包括外部人员。团队针对实际工作中的具体问题，合作制定并实施解决方案。这种方法强调实践与学习的有机结合，有助于提升团队协作能力和问题解决能力。

实训 7-3

培训与开发训练：从方法认知到方案实践

1. 实训目的

(1) 了解直接传授式、体验式、实地培训法三大类培训方法的基本分类及典型形式。

(2) 理解讲授法、角色扮演法等具体方法的适用场景、实施流程及应用价值。

(3) 掌握根据培训目标、学员特点及资源条件，灵活选择和组合多种培训方法的能力。

2. 实训任务

(1) 个人任务

选择一个感兴趣的培训主题（如：时间管理、沟通技巧、团队建设等），设计一份包含至少两种不同类别方法的培训方案框架（如“讲授法+角色扮演法”），明确培训目标、培训对象、培训内容、方法选择依据、培训流程、时间安排、评估方式等。

(2) 小组讨论与报告

每 5～7 人自由结合成立小组，根据个人任务中设计的培训方案，进行模拟培训。

①讨论、选择个人任务中设计最好的培训方案，并对方案进行优化。

②角色分工，确定培训师、学员、观察员等角色。

③实施与记录，模拟培训时长 30 分钟，观察员记录培训过程中的学员参与度、方法实施效果、时间管理等。

④撰写报告（2500 字左右），内容包括培训方案的详细介绍，模拟培训的实施过程描述；对培训效果的评估与分析以及对培训方案的改进建议。

(3) 师生互动

各小组轮流展示培训模拟过程，并进行简要讲解。教师及其他小组进行点评，重点关注培训方案的设计合理性、方法的选择与组合、实施效果、改进建议等。

Tips：仔细阅读并思考以下问题

(1) 在设计培训方案时，如何选择合适的培训方法？需要考虑哪些因素？

(2) 如何将多种培训方法进行有效组合，以达到最佳的培训效果？请举例说明。

(3) 在实际培训过程中，如何评估培训效果？有哪些常用的评估方法？

(4) 针对不同的培训对象（如：新员工、管理层、技术人员），应选择哪些不同的培训方法？为什么？

(5) 如何应对培训过程中可能出现的问题（如：学员参与度低、时间控制不当等）？

7.4 数智化转型背景下的培训与开发

1. 数智时代培训与开发的革新

数智时代是数字化与智能化深度融合的新纪元，员工培训领域正经历根本性变革。人工智能（AI）、大数据、云计算、物联网等新兴技术的融合，使员工培训更智能、个性化、高效且富有适应性，重新定义了学习、培训流程和评估标准。

(1) 智能化学习体验：超越传统，打造沉浸式、个性化的学习旅程

①AI 驱动的个性化学习路径

传统的培训难以满足个性化需求。数智时代，AI 能深度分析员工的学习偏好、知识储备、工作职责、技能差距等，为每位员工量身定制学习路径，推荐最适合他们的学习资源。

②智能内容生成与推荐

借助自然语言处理和机器学习，培训内容可以实现自动化生成与推

荐。例如，AI 可以从海量资料中提取关键知识点，生成摘要、测验、练习题，并根据员工的学习行为动态调整难度和内容。

③智能虚拟助手

AI 驱动的虚拟助手（如聊天机器人）可以提供 7×24 小时的学习支持，解答员工的疑问、提供学习建议、引导学习路径，甚至进行模拟面试和技能评估。

④沉浸式学习体验

虚拟现实（VR）、增强现实（AR）等技术与 AI 的结合，可以创造出逼真的模拟场景。例如，在 VR 环境中进行复杂设备的维修、危险化学品的处理、紧急情况的应对等，从而提升学习的沉浸感和实践效果。

（2）数据驱动的培训管理：从经验判断到数字决策，实现精准化、高效化

①更精细的数据分析

大数据分析可以收集、整合和分析海量的学习数据，包括学习时长、学习路径、考试成绩、互动行为、反馈意见等，从而更全面地了解员工的学习情况和培训效果。

②预测性分析

通过机器学习算法，可以预测员工的学习表现、技能发展趋势，甚至预测员工的离职风险，从而提前采取干预措施。

③培训效果的量化评估

基于数据分析，可以更客观、量化地评估培训效果，例如培训对员工绩效提升的贡献度，从而优化培训投入。

④智能化的培训资源管理

利用大数据和人工智能，可以实现对培训资源的智能管理，例如自动分类、推荐、更新，提高资源利用率。

（3）增强互动与协作：打破孤岛，构建开放、共享的学习生态

①智能化的社交学习平台

结合社交媒体和人工智能，可以创建更智能、更活跃的学习社区，员工可以分享学习心得、交流经验、互相帮助，促进知识的共享和协作。

②实时协作工具

集成实时协作工具，如在线会议、协同编辑、虚拟白板等，方便员工进行团队合作和项目实践。

③基于 AI 的反馈与评估

AI 可以提供更及时、更个性化的反馈，例如通过语音识别技术对员工的口头表达进行评估，或者通过图像识别技术对员工的操作进行指导。

（4）培训效率与效益的提升：优化流程，降低成本，实现价值最大化

①自动化流程

人工智能可以自动化培训流程中的许多环节，例如课程注册、学习提醒、考试安排、证书发放等，从而减轻培训管理人员的工作负担。

②更灵活的学习模式

结合移动学习、微学习等模式，员工可以随时随地利用碎片化时间进行学习，提高学习效率。

③更精准的培训投入

通过数据分析，可以更精准地识别员工的培训需求，避免无效的培训投入，提高培训的投资回报率。

（5）培训内容的创新：紧跟时代，拥抱变化，打造更具吸引力的学习体验

①动态内容更新

AI 可以自动抓取最新的行业信息，并将其整合到培训内容中，确保内容的及时性和相关性。

②情境化学习

基于大数据，可以为员工提供更贴近实际工作场景的培训内容，例如根据员工的职位和工作任务，提供相关的案例分析、模拟练习等。

③跨平台内容整合

可以将不同来源的培训内容整合到一个统一的平台上，方便员工进行学习和管理。

2. 数智时代培训与开发的趋势

数智时代对员工培训的改变是持续演进的。未来，我们可以预见以下趋势。

(1) 更智能的培训系统

AI 将更加深入地融入培训的各个环节，实现更智能的个性化学习、更精准的培训评估和更高效的资源管理。

(2) 更沉浸式的学习体验

VR/AR 技术将更加普及，为员工提供更沉浸式的学习环境，增强学习的趣味性和实践性。

(3) 更开放的生态系统

培训将更加开放，组织将与外部培训机构、专家学者等合作，共同构建更丰富的学习资源和更完善的培训体系。

(4) 更注重软技能的培养

随着技术的发展，对员工软技能（如沟通、协作、创新等）的需求将越来越高，培训内容将更加侧重于这些方面。

3. 数智化培训与开发的一些挑战

(1) 数据安全与隐私保护：数智化培训中需要重点关注的问题，组织需要采取措施保护员工的学习数据和个人隐私。

(2) 数字素养的提升：并非所有员工都具备良好的数字素养，组织需要加强对员工的数字技能培训，确保他们能够充分利用数字化的培训资源。

(3) 技术与人文的平衡：在追求技术进步的同时，组织需要关注员工的情感需求和学习体验，避免过度依赖技术而忽视了人文关怀。

(4) 培训评估的完善：需要建立更完善的培训评估体系，确保培训效果能够得到客观、准确的评估。

实训 7-4

数智赋能：开启培训与开发新未来

1. 实训目的

(1) 了解数智技术（如人工智能、大数据、VR/AR 等）对企业传统培训与开发模式带来的主要变革与革新之处。

(2) 理解数智时代背景下，企业培训与开发的关键发展趋势及其对组织和员工能力发展的深远影响。

(3) 掌握分析数智化培训与开发实施过程中可能面临的主要挑战，并初步探讨相应应对策略的基本方法。

2. 实训任务

(1) 个人任务

①查阅相关文献、行业报告或网络资源（至少3篇），重点关注“数智时代培训与开发的革新”“趋势”与“挑战”三个方面。

②梳理至少2个利用数智技术进行培训与开发的具体企业案例（例如：某公司使用VR进行安全操作培训，或利用AI进行个性化学习路径推荐），记录并思考：这些数智化应用相比传统培训方式，其“革新”体现在哪些方面？你认为当前最显著的数智化培训与开发趋势是什么？实施这些数智化培训可能遇到哪些普遍性的挑战？

③撰写个人研究笔记或摘要。

(2) 小组讨论与报告

每5～7人自由结合成立小组。

①分享个人研究的案例和初步思考。

②共同讨论并总结：数智时代培训与开发的三大革新表现。

③深入探讨并预测：未来3～5年，企业培训与开发的五大关键趋势。

④聚焦分析：数智化培训与开发面临的三大主要挑战，并针对每个挑战提出至少一条应对建议。

⑤撰写报告（2500字左右），内容包括小组总结的革新点、预测的趋势（附理由）、分析的挑战及应对策略。制作PPT演示文稿。

(3) 师生互动

各小组轮流展示研究成果（10～15分钟）。教师及其他小组进行提问及点评，教师结合理论前沿和行业实践，对数智时代培训与开发的革新、趋势与挑战进行总结与拔高。

Tips：背景材料及问题

我们正处在一个由数据驱动、智能赋能的高速发展商业时代。人工智能（AI）、大数据分析、云计算、物联网、虚拟现实（VR）/增强现实（AR）等前沿技术，不仅在重塑市场格局和客户体验，也在深刻变革着企业内部的运营模式，尤其是人才培养与发展（Talent Development，TD）这一核心环节。传统的、标准化的企业培训模式已难以满足快速变化的业务需求和员工个性化的成长诉求。为了保持竞争优势和组织活力，企业必须积极拥抱数智化转型，革新我们的人才培养战略与实践。请从以下三个关键议题，探讨如何利用数智技术提升我们组织的人才发展效能。

（1）数智时代企业培训与开发的革新（The Innovation）：深入探讨数智技术如何从根本上优化甚至颠覆我们现有的培训体系。

内容层面：AI如何辅助快速生成、迭代和精准推送符合业务需求的学习内容？

交付层面：如何利用移动学习、VR/AR等技术打破时空限制，创造沉浸式、场景化的学习体验（例如，用于高风险工作模拟、销售技巧演练或新员工入职引导）？

评估层面：大数据分析如何帮助我们更科学地追踪学习过程、评估培训效果与业务绩效的关联，实现从"完成度考核"到"能力提升衡量"的转变？

管理层面：智能化的学习管理系统（LMS）或学习体验平台（LXP）如何提升培训管理的效率和员工的学习体验？这些革新旨在推动企业培训从成本中心向价值创造中心转型，实现更高效、更精准、更具吸引力的人才赋能。

（2）数智时代企业培训与开发的趋势（The Trends）：洞察并把握未来几年企业人才发展的关键方向，对于我们制定前瞻性的人才战略至关重要。

①学习敏捷化与即时化：微学习（Microlearning）、即时学习（Just-in-Time Learning）成为主流，支持员工在工作场景中快速获取所需知识和技能。

②体验个性化与智能化：基于AI的学习路径推荐、自适应学习系统，为每位员工提供量身定制的发展计划。

③学习融入工作流："learning in the flow of work"理念普及，学习活动与日常工作任务更紧密地结合，减少学习与应用的脱节。

④技能导向与未来就绪：更加聚焦于提升员工的核心技能（硬技能+软技能）和面向未来的能力（如数字化能力、适应性、创新思维），支持企业的战略目标和业务转型。

⑤构建学习生态系统：打破内部壁垒，整合内外部学习资源，利用社交化学习、导师制等方式，营造持续学习、共同成长的组织氛围。

（3）数智化培训与开发的挑战（The Challenges）：在推进企业培训数智化转型的过程中，我们必须正视并积极应对可能遇到的障碍与风险。

①投资回报率（ROI）考量：新技术的引入和平台建设需要显著的初期投入和持续的维护成本，如何有效论证其商业价值并确保投入产出比？

②数据安全与合规：在利用数据进行个性化推荐和效果评估时，如何确保员工数据的隐私安全，并符合相关法律法规要求？

③员工接受度与数字鸿沟：如何引导和帮助所有员工（尤其是非技术背景或资深员工）适应新的学习方式和工具？如何弥合不同员工群体间的数字技能差距？

④内容质量与适配性：如何持续开发或引入高质量、与业务场景紧密结合的数字化学习内容？如何确保内容能有效转化为员工的能力和绩效？

⑤效果评估的复杂性：对于领导力、创新力等复杂能力的培养，如何设计有效的数字化评估方法？

⑥技术与人文的平衡：在追求效率和智能化的同时，如何避免学习过程变得过于冰冷和工具化，保持必要的人际互动和情感关怀？

第 8 章　绩效管理体系

学习目标

1. 了解绩效管理的基本概念、特征、目标以及在组织中的作用。

2. 理解绩效管理体系的各个环节，包括计划制定、监控、考核和反馈，以及它们之间的相互关系。

3. 掌握绩效考核指标的设计方法、常用的绩效考核方法，以及绩效反馈面谈的技巧，并能够运用这些知识于实践。

8.1　绩效管理概述

8.1.1　绩效

1. 绩效的内涵

绩效指员工在工作中展现的、与组织目标相关的、可被评估的工作业绩、工作能力和工作态度的综合体现。其中，工作业绩侧重于工作结果，而工作能力和工作态度则反映了员工的工作行为。

2. 绩效的性质

绩效具有多因性、多维性和动态性三重性质。

（1）多因性

绩效受多重因素影响，包括员工技能、激励（主观因素）以及工作环境、机会（客观因素）。技能与激励是影响绩效的主观因素，而机会则涉及外部的可能性或机遇，通常超出个人和组织的直接控制。

①技能指员工完成工作所需的能力，主要受天赋、智力、经验、教育背景及培训等因素影响。培训不仅能提升员工技能，还能增强他们达成目标的信心，进而提高其工作动机。

②激励关乎员工的工作意愿与驱动力，受需求层次、个性、价值观等多种因素影响，其中需求层次尤为关键。组织需识别并满足员工在不同需求层面（如生理、安全、社交、尊重与自我实现）的差异化需求，以有效激励。

③环境指员工工作的客观条件，涵盖组织内部的物质、制度、人际关系、文化氛围等，以及组织外部的宏观环境。

（2）多维性

评价绩效需要从多个维度进行综合考量，通常包括工作能力、工作态度和工作业绩等。具体的维度、指标及权重会根据组织战略、文化和岗位特性等而变化。

（3）动态性

工作的绩效是随时间变化的，可能变好也可能变差，并非固定不变，需要动态看待和管理，即绩效管理具有周期性。

8.1.2 绩效管理

1. 绩效管理的概念

绩效管理是一种基于组织战略，系统化管理绩效实现过程的体系。它通过战略制定、目标分解、绩效评价等环节，激励员工持续改进业绩，最终达成组织战略目标。

所有管理者都需要参与员工绩效指标设计、考核周期确定、考核标准调整和绩效反馈面谈。管理者的日常工作以员工的绩效表现为导向，持续督促员工实现绩效目标。管理者的绩效管理能力直接反映了组织的整体管理水平。

2. 绩效管理的特征

绩效管理是一种战略驱动、系统化、目标导向、持续改进的管理模式，它强调沟通、发展、客观公正和员工参与，旨在持续提升组织和员工绩效，实现组织战略目标。其特征如下。

（1）战略一致性

绩效管理的核心在于将个体与团队绩效与组织战略目标相统一。体系设计、目标设定和评价标准均应服务于组织战略，以确保资源投入与战略方向一致。

（2）系统性

绩效管理体现为一个循环往复的系统过程，包括目标设定、绩效计划、辅导、评价、反馈与改进等环节。各环节相互作用，构成闭环，以实现绩效的持续优化。

（3）目标导向

绩效管理强调明确、可衡量、可达成、相关且有时限的目标设定。目标为员工提供清晰的工作指引和绩效衡量基准，并应鼓励员工参与目标制定，以增强其承诺。

（4）持续性

绩效管理并非一次性活动，而是一个贯穿于工作周期的持续过程。管理者应定期与员工沟通，提供反馈和辅导，以促进绩效的持续改进。

（5）沟通与反馈

双向沟通是绩效管理的关键要素。管理者应定期与员工进行沟通，了解工作进展并提供支持。及时且具有建设性的反馈有助于员工了解自身表现，并进行改进。

（6）发展性

绩效管理不仅关注绩效结果，更强调员工的发展。通过绩效评价，识别员工的优势与劣势，并制定相应的培训和发展计划，以提升员工能力，促进个人职业发展。

（7）客观性

绩效评价应基于事实和数据，避免主观偏见。应采用多元评价方法，例如360度反馈、关键绩效指标（KPI）等，以提高评价的客观性和公正性。

（8）参与性

鼓励员工积极参与绩效管理的全过程，包括目标设定、绩效评价和改进计划的制定。通过参与，增强员工的责任感和对绩效管理的认同感。

3. 绩效管理体系

完整的绩效管理体系由绩效计划、绩效监控、绩效考核和绩效反馈四个环节构成（见图8-1）。绩效管理的核心在于将员工努力与组织战略目标相统一，通过提升员工个人绩效来实现组织整体绩效。绩效考核仅为绩效管理的一个组成部分，二者在内容、目的、侧重点、时间维度和管理地位上均存在差异。

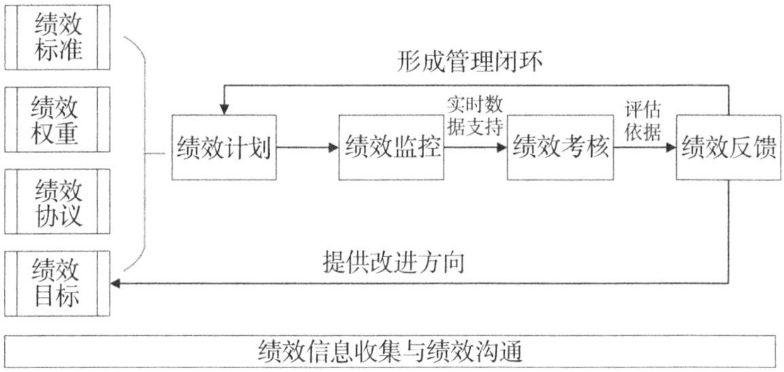

图8-1 绩效管理流程

（1）绩效计划

绩效计划是绩效管理系统的起点，指在绩效周期开始之初，管理者与员工共同制定和修正绩效内容、绩效目标和绩效考核方法的过程，旨在明确工作标准、达成共识。绩效计划也会随着工作的进行不断调整与修改。绩效计划主要包括以下四个核心要素。

①绩效标准

基于岗位职责和组织战略，量化定义员工工作表现的具体评价指标和期望水平。

②绩效目标

在特定时间周期内，对员工工作成果的明确、可测量和可实现的具体要求。

③绩效权重

根据组织战略价值和工作复杂程度，量化配置不同工作任务的相对重要性。

④绩效协议

组织与员工正式签署的、具有法律约束力的绩效管理正式文件，明确双方权责和期望。

（2）绩效监控

绩效监控是绩效管理的关键中间环节，连接绩效计划与绩效考核。通过管理者与员工之间的持续沟通，及时收集和分析绩效相关信息，及早发现并解决工作中的潜在问题，最终确保员工能够顺利实现既定绩效目标。

（3）绩效考核（绩效评价）

组织通过专业的评价方法，将员工实际工作成果与预设绩效指标进行系统性比较和科学评估的过程。其核心目的是促进员工个人绩效与组织整体绩效的有机融合。

（4）绩效反馈

通过管理者与员工之间的正式沟通，全面评估工作成果。这一环节不仅传递考核结果，更是一个多维度的绩效交流过程，旨在客观呈现评估结果、肯定成就、指出不足并共同制定改进方案。绩效反馈对于组织实现绩效管理目标具有决定性影响，是优化人力资源管理的关键机制。

4. 绩效管理目标

（1）战略协同，将组织战略与员工个人绩效紧密结合，达成组织经营目标。

（2）利益共享，构建组织与员工的利益共同体，促使员工行为与组织战略高度一致。

（3）激励赋能，提升员工满意度、组织承诺、心理契约和内在动力，激发员工潜能。

(4) 数据驱动，为人力资源管理决策提供数据支持，推动人力资源配置的科学化和战略化。

实训 8-1

理解绩效管理

1. 实训目的

(1) 了解绩效与绩效管理的基本概念及性质。

(2) 理解绩效管理的特征、主要构成体系及核心目标。

(3) 掌握运用绩效管理基本原理，初步分析组织绩效管理需求的方法。

2. 实训任务

(1) 个人任务

仔细阅读背景材料，理解背景材料中的企业业务模式、发展阶段及面临的核心挑战。

(2) 小组讨论与报告

①每 5～7 人自由组队，明确分工，进行深入讨论与分析。任务包括：识别绩效维度并说明其重要性；明确企业引入绩效管理体系的核心战略目标；设计绩效管理体系基本环节，为关键岗位制定 2～3 个具体、可衡量的 KPI 并说明指标设计理由及其与公司目标的联系；探讨不易量化指标的评估方法；分析推行绩效管理可能遇到的困难，并提出应对建议。

②将小组讨论的核心观点和分析结果整理成一份 800～1000 字的书面报告，内容包括：分析对象简述、关键绩效维度分析、绩效管理核心目标、绩效管理体系初步设计（含关键环节、岗位 KPI 示例）、预期挑战与应对策略以及小组主要结论与思考。

(3) 师生互动

各小组以 PPT 形式展示绩效管理方案的核心内容（5～10 分钟），进行小组互评，教师点评并针对方案细节进行追问，引导学生深入思考绩效管理应用的特点和关键成功因素。

Tips：背景材料及问题

“速食优鲜”是一家专注于提供健康、便捷快餐和生鲜产品的社区连锁便利店品牌。自三年前创立以来，凭借精准的市场定位（服务繁忙的都市白领和注重健康的年轻家庭）和高效的供应链管理，已在某一线城市开设了 15 家直营门店。公司目前约有 120 名员工，包括总部职能人员（采购、市场、运营、人事等）和门店一线员工（店长、店员）。

当前面临的挑战与机遇：

（1）市场竞争加剧：新零售概念兴起，线上生鲜平台、大型连锁便利店（如 7-Eleven，全家）以及同类新兴品牌不断涌入，对“速食优鲜”的市场份额和客户忠诚度构成威胁。

（2）门店运营效率差异：各门店在销售额、损耗控制、顾客满意度等方面表现参差不齐。部分老店出现增长瓶颈，新店则面临快速提升业绩和稳定运营的压力。

（3）员工激励与发展瓶颈：目前主要依赖基本工资+销售额提成的简单模式，未能有效激发员工在提升服务质量、控制成本、产品创新建议等方面的积极性。店长和优秀员工的职业发展路径不清晰，导致人才流失风险增加。

（4）标准化与精细化管理需求：随着门店数量增加，总部发现原有的粗放式管理模式难以为继。迫切需要建立一套系统化的绩效管理体系，以支撑门店标准化运营、提升整体盈利能力，并为未来的扩张计划（计划明年进入邻近城市）打下基础。

（5）数字化转型初步探索：公司已引入基础的 POS 销售系统和会员管理系统，但数据分析能力较弱，未能充分利用数据指导运营决策和绩效评估。

仔细阅读并思考以下问题。

（1）组织实施绩效管理通常希望达成哪些主要目标？

（2）（结合组织性质和目标）组织的关键绩效目标可能是什么？

(3) 设想为该组织设计一个最基础的绩效管理流程，应包含哪些步骤？

(4) 在该组织中推行所设计的绩效管理，可能会遇到哪些来自管理者或成员的阻力或挑战？如何初步应对？

8.2 绩效管理实施

8.2.1 绩效计划制订

绩效计划是管理者与员工之间的双向沟通过程，强调全员主动参与。其工作流程通常包括以下关键环节。

1. 准备阶段

准备阶段是绩效计划制定的基础，主要目的是收集相关信息并规划沟通方式，为后续绩效管理奠定坚实基础。

(1) 信息准备

绩效管理的信息准备是战略基石，它将组织战略与个人发展紧密相连。通过系统地收集和整理信息，可以精准制定绩效计划，提升绩效管理的科学性，从而实现组织目标与个人目标的统一。

信息准备的核心在于确保信息的科学性和有效性，这体现在全面性、客观性、动态性和保密性四个方面。这些原则保障了绩效信息的质量和可靠性，为组织绩效管理提供了坚实的基础。

绩效信息收集是一个多元且系统的过程，常用的方法包括绩效档案审阅、员工访谈、360 度反馈、管理层战略会议以及系统数据分析。通过这些多维度、立体化的信息收集方式，可以全面、客观地获取组织、团队和个人绩效信息，为绩效管理提供全面的数据支持。

绩效信息收集的主要内容如下。

①组织层面信息，收集组织的战略目标、关键绩效指标、组织文化和

行业标杆数据。这些信息为绩效管理提供战略指引，反映组织发展方向和资源分配。

②部门/团队层面信息，收集年度工作计划、团队历史绩效、协作机制、项目里程碑和团队能力资源。这有助于从宏观角度了解团队发展状况，从而制定更精准的绩效计划。

③人员层面信息，收集岗位职责、个人绩效记录、能力评估和职业发展期望。这些信息提供了员工的专业能力、工作表现和发展需求，为制定个性化绩效计划和发展路径奠定基础，是绩效管理的微观基础。

（2）沟通方式的选择

选择合适的绩效计划沟通方式至关重要，它取决于组织文化、员工特点和工作目标。常见的沟通方式包括全员大会、团队会议和个人单独交谈。灵活运用这些沟通方式，组织可以实现从宏观战略到微观个人目标的精准沟通，确保绩效计划的有效实施。

2. 沟通阶段

沟通是绩效计划的核心环节，管理者通过与员工的充分交流，共同确定绩效周期内的工作目标和计划。这一过程强调平等、开放的对话氛围，以及管理者在目标设定和支持性辅导中的关键作用。沟通的关键要素如下。

（1）沟通氛围

绩效计划沟通的氛围营造是一个精心设计的过程，通过选择专门的时间、私密的空间和消除外部干扰，创造一个轻松、开放、无压力的交流环境。这种用心的沟通准备，有助于提高沟通质量，并增强员工的参与感和安全感。

（2）沟通原则

绩效计划沟通的核心原则是建立平等、开放的对话平台，通过主动倾听员工意见，引导个人目标与组织战略的融合，并共同制定绩效目标，从而激发员工的内在动力和参与热情。这种双向、互动的沟通方式，是提升绩效管理有效性的关键机制。

（3）沟通过程

沟通过程并无一定之规。通过回顾历史绩效、协商具体可衡量的目标、讨论管理支持和资源保障，最终明确绩效期望和后续跟进机制。

3. 制订阶段

绩效计划是管理者与员工共同制定目标的过程，最终形成正式的绩效协议。该协议详细规定了员工的工作内容，包括绩效标准、绩效目标和绩效权重。绩效协议是双方共同遵守的依据，旨在指导员工明确工作方向，确保绩效目标的实现。

绩效标准、绩效目标和绩效权重共同构成了绩效计划的主体，是指导员工明确工作方向和努力重点的关键依据。其中，绩效标准相对稳定，绩效目标高度灵活，绩效权重则保持中等频率的动态平衡。

4. 绩效考核（评价）指标设计

绩效考核指标是绩效计划的核心，将抽象的绩效期望转化为可操作、可衡量的评估维度。构成要素包括：指标名称、指标定义、评价标准和评价标度。这些要素共同构建了一个系统、客观的绩效评估框架。

（1）绩效考核指标的设计要求

①明确性

绩效考核指标的含义必须清晰具体，避免歧义，以确保评估的客观性和一致性。设计时应采用明确的术语、避免模糊描述并提供可操作的衡量标准。

②独立性

绩效考核指标之间相互独立，避免重复和交叉，从而确保评估的公正性和准确性。设计时应明确每个指标的评估范围，避免指标间的重叠，并确保每个指标衡量不同的绩效维度。

③针对性

绩效考核指标与工作职责紧密相关，能够准确反映关键绩效表现，从而确保评估的有效性和实用性。设计时应基于岗位职责，关注关键绩效领域，并确保指标与工作目标高度一致。

（2）绩效考核指标的分类

根据绩效考核的内容划分为业绩、能力和态度三类。这三类指标相互关联，共同构成完整的绩效考核体系。在实际应用中，需要根据不同的岗位和工作内容，选择合适的指标，并确定权重。

①工作业绩（工作成果）考核指标

主要衡量员工在工作中取得的实际成果，包括完成的工作量、质量、效率以及对组织目标的贡献。结合实际工作情况，通过数据统计、客户反馈、领导评价、工作成果展示等方式进行考核。

②工作能力（胜任力）考核指标

评估员工完成工作所需的知识、技能、经验和解决问题的能力。通过技能测试、案例分析、360 度评估、观察、工作汇报、培训表现等方式进行考核。

③工作态度（职业素养）考核指标

衡量员工的工作态度、职业道德、责任心、团队精神以及对组织的贡献。通过领导评价、同事评价、自我评价、考勤记录、规章制度执行情况等方式进行考核。

根据指标的量化程度划分定量和定性两类。定量指标和定性指标各有优缺点，在绩效考核中需要根据实际情况进行选择和组合，以实现全面、客观地评估。

①定量指标

定量指标能够用具体的、可测量的数字来表示，通常可以通过统计、计算、测量等方式获得。适用于工作成果明确、可量化的岗位，例如销售、生产、客服等。

②定性指标

定性指标无法用具体数字表示，主要通过描述、判断、评估等方式衡量，涉及质量、态度、行为等。适用于工作成果难以量化的岗位。通过设定明确的评价标准、多角度评估和反馈沟通，可提高其客观性和准确性。设计时，应尽量将其转化为可衡量的形式。

根据特质、行为和结果来划分（见表 8-1）。

①特质指标

衡量员工的个人性格、内在能力、价值观、个性特征等。这类指标关注员工“是什么样的人”，而不是他们做了什么或如何做的。

②行为指标

衡量员工在工作中的具体行为表现，例如工作流程、工作方法、沟通方式、团队合作等。这类指标关注员工“如何做”工作。

③结果指标

衡量员工的工作成果，例如销售额、生产数量、项目完成时间等。这类指标关注员工“做了什么”以及最终的产出。

表 8-1 特质、行为和结果三种绩效指标对照表

指标类型	特点	示例	适用场景	优缺点	注意事项
特质指标	侧重潜在能力和长期发展潜力 需通过观察/评估间接衡量 主观性强	性格：责任心、领导力等 能力：学习力、创新力等 价值观：诚信、敬业等	招聘/晋升/培训评估 管理/销售/客服等软技能岗位	优点：识别优劣势，指导发展 缺点：主观、难量化、易存偏见	匹配岗位需求与文化 避免模糊指标 采用多维度评估（如360度反馈）
行为指标	评估工作过程和方法可通过观察直接衡量与成果间接相关	流程执行情况 团队合作表现 客户服务技巧	程序化岗位（生产/行政） 强调规范的岗位（安全/质检）	优点：规范行为，提升效率 缺点：可能忽视实际成果	明确行为标准 结合结果指标使用 定期记录与反馈
结果指标	评估最终产出贡献数据驱动，客观性强与绩效直接挂钩	销售额/利润 项目完成率 客户满意度得分	可量化岗位（销售/财务） 目标导向岗位（管理/研发）	优点：直接激励目标达成 缺点：可能引发短视行为	对齐组织战略目标 设定SMART指标 监控数据异常

（3）制定绩效考核指标的 SMART 原则

通过 SMART 原则，能将抽象目标转化为可执行、可评估的具体行动，提升绩效考核的公平性和激励效果。

S（Specific）明确的，指标需清晰具体，避免模糊表述，确保员工准确理解目标。

M（Measurable）可衡量的，指标需量化或可通过标准评估，便于跟踪进度和结果。

A（Achievable）可实现的，目标应具备挑战性，但需在员工能力或资源范围内，避免过高或过低。

R（Relevant）相关的，指标需与岗位职责、组织战略紧密关联，避免无关目标。

T（Time-bound）有时限的，设定明确的截止时间或周期，避免拖延。

（4）绩效考核指标确定的步骤

绩效考核指标体系的构建是一个系统性、动态的过程，需要八个步骤紧密衔接，形成闭环，并定期评估和调整，以平衡组织目标与个人发展。成功实施需要成立专门的设计小组，充分征求意见、试点运行、逐步推广并建立反馈机制。这种持续优化的方法能够确保绩效管理工具的科学性、有效性和适应性，真正发挥激励和导向作用。

①工作分析

工作分析是绩效考核指标确定的基础，通过收集岗位说明书、访谈和现场观察，全面了解岗位职责和工作内容。这为后续绩效指标的科学构建提供了实证基础，确保指标设计能准确反映工作的实际情况。

②工作流程分析

工作流程分析旨在通过梳理工作逻辑顺序、分析时间分配和质量要求，全面描绘岗位工作的运行机制。这有助于识别关键环节，并为后续绩效指标设计提供精准依据，确保绩效考核更加科学和有针对性。

③绩效特征分析

绩效特征分析是通过系统考察工作产出、质量、效率和专业能力等维度，准确把握岗位绩效的核心特征和评价标准。这一分析为构建科学、全面的绩效考核指标体系提供了关键依据，有助于建立既能反映岗位本质要求，又能激励员工持续发展的评价机制。

④理论验证

理论验证是通过文献研究、专家咨询和对标优秀组织实践，为绩效考核指标建立科学、系统的理论基础。这有助于确保指标设计的学理性和前沿性，并借鉴成功经验，提升绩效考核指标的专业性和可靠性。

⑤要素调查，确定指标

要素调查是确定绩效考核指标的关键，通过对一线员工、中层管理者和高层管理团队进行多元化调查，全面收集不同层级对岗位绩效的看法和期望。这种多维度、多角度的调查有助于构建更加全面、客观和具有广泛认同的绩效指标体系。

⑥修订

定期修订是优化绩效考核体系的关键，通过审视指标的科学性、可操作性和区分度，持续改进和完善指标设计。这一过程是保证绩效管理有效性和公平性的重要保障，需要持续、动态地进行调整和优化。

⑦确定指标权重和赋值

确定指标权重和分值是绩效考核体系构建的关键，通过专家评分、层次分析等方法，遵循客观、公平、激励原则，为不同指标赋予合理权重。指标权重反映其在考核体系中的相对重要性，权重越大，意义越大。这一环节直接影响考核的科学性和有效性，是平衡组织目标与个人发展的重要机制。

⑧编制绩效考核指标相关表格

编制绩效考核指标相关表格是绩效管理的关键环节，它将分析成果系统化、规范化。通过设计指标明细表、评分标准表和绩效等级划分表，将复杂的绩效评价过程转化为可执行的工具。这些表格应逻辑清晰、便于操作、易于理解，是绩效管理的操作规范，也是组织沟通和员工自我管理的重要依据。

（5）选择绩效指标考核的方法

①工作分析法

通过系统分析岗位职责和工作流程，提取关键绩效指标（KPI），适用于标准化程度较高的岗位，尤其适合需要明确岗位核心职责的场景。其流程包括：梳理岗位说明书、识别关键工作行为、转化为量化指标。该方法的优点在于指标与岗位高度相关，且客观性强。然而，该方法耗时较长，灵活性较低。

②个案研究法

通过分析典型员工行为或关键事件，提炼影响绩效的核心因素，并转化为可量化的评估指标，尤其适用于创新性岗位和新业务领域的绩效评估。其流程包括：样本选取、行为分析和指标转化。该方法的主要优势在于能够识别隐性能力，适用于复杂性较高的岗位，并有助于建立新型业务的绩效标准。然而，该方法存在样本偏差风险，且研究过程耗时，成本较高。

③问卷调查法

通过设计标准化问卷，收集来自员工、上级和客户等多方反馈，以确定绩效指标的权重或行为标准。该方法适用于需要多维度评估的岗位（如管理岗、服务岗）以及大规模组织。其流程包括：问卷设计、样本选取和数据分析。该方法的优点在于执行效率高，能够在短时间内快速收集大量数据，并增强员工参与感。然而，问卷质量直接影响结果的有效性，且可能存在主观偏见。

④专题访谈法

通过深度访谈高管、专家等，获取定性洞察以补充量化指标，主要应用于战略指标制定和复杂专业岗位的绩效评估。其流程包括：设计访谈提纲、执行访谈、信息处理和指标转化。该方法优势在于能够深入挖掘潜在影响因素，尤其适用于高层管理和专业技术岗位。然而，该方法实施成本较高，结果质量受访谈技巧影响，且数据处理过程较为复杂。

⑤经验总结法

通过分析历史绩效数据和管理经验，提炼高绩效的关键规律，并将其转化为可量化的绩效指标。该方法适用于成熟业务领域及需要快速构建绩效评价体系的组织。具体流程包括：数据收集、经验提炼和指标构建。其优势在于操作简便、实施迅速且具有较强的实践指导意义。然而，该方法可能忽视外部环境动态变化，存在经验主义偏差的风险，因此不适用于快速迭代的创新型领域。

8.2.2　绩效监控

绩效管理是一个连续的循环过程，包括绩效计划、绩效监控、绩效评价和绩效反馈四个主要阶段。绩效监控是最关键的中间环节，其成功与否取决于：管理者的领导风格和绩效辅导水平；持续沟通以支持员工并纠正偏差；记录关键事件或绩效数据，为绩效评价提供信息。

1. 领导风格与绩效辅导

管理者需要审慎选择领导风格，通过有效的绩效辅导，帮助员工将个人工作与组织战略目标有机结合，持续提升绩效水平。

2. 绩效沟通

绩效沟通是管理者和员工提高工作绩效的重要途径。选择恰当的沟通方式至关重要。绩效沟通的成功实施需要组织系统性地培养开放、尊重的沟通文化，建立规范的沟通流程，持续提升管理者沟通能力，并鼓励双向、坦诚的交流。

（1）绩效沟通的多元价值

绩效沟通是管理者和员工分享绩效相关信息的互动过程，是一个多赢的价值创造过程。通过有效沟通，若组织可以适应市场变化并提升竞争力，管理者能够协调工作、发展团队，员工则获得成长机会和职业发展建议。这种多层次、多维度的价值实现，使绩效沟通成为组织持续发展的重要机制。

（2）绩效沟通的有效性驱动因素

绩效沟通的有效性依赖于组织文化、制度机制和管理者能力的协同，需要构建开放、信任的高绩效沟通文化，建立规范的沟通制度，并不断提升管理者的专业沟通技巧。这种系统性的方法能够确保绩效沟通真正发挥其促进组织绩效提升的作用。

（3）建设性沟通

建设性沟通是在维护管理者和员工关系的基础上，针对特定问题进行有效沟通的方式，其核心在于管理者能够换位思考，以开放、尊重和解决问题为导向。这种沟通方式不仅能够有效处理工作中的具体问题，还能增进相互理解，促进组织绩效的提升。

建设性沟通的核心原则是“对事不对人”“责任导向”和“事实导向”。通过聚焦问题本质、引导责任承担和基于客观事实的沟通方式，管理者可以在维护员工尊严的同时，有效推动问题解决和绩效改进。这种原则性的沟通方法能够最大限度地减少情绪对话，提高沟通效率和质量。

3. 绩效信息收集

（1）绩效信息收集的内涵

绩效信息收集是绩效监控的关键环节，通过系统性地记录和收集与绩效相关的信息，为绩效考核提供客观、全面的基础依据。这一过程旨在减少评价的随意性，及时监控绩效完成情况，帮助员工持续改进。

绩效信息收集是绩效管理的关键环节，其核心作用是为绩效评估提供客观、全面的事实依据，帮助组织发现绩效问题和优秀绩效的根源，并在员工绩效争议时提供公正的信息保护。

绩效信息收集的主要内容包括工作目标和任务完成情况，以及员工的典型行为表现。具体涵盖量化指标达成程度、关键任务进度、质量和效率评估，以及具有积极或消极意义的行为和关键事件记录，全面反映员工的工作表现和潜在发展空间。

绩效信息收集的来源是多元化的，包括员工自我评测、直属管理者观察、同事和团队反馈、相关部门评价，以及客户和外部利益相关者的反馈。这种全方位、多角度的信息收集方式能够确保绩效评价的客观性和全面性，提供更加立体和真实的绩效画像。

绩效信息收集遵循客观性、及时性、全面性和针对性四项基本原则。这些原则确保了收集信息的科学性和有效性，使绩效评价能够真实反映员工工作表现，为组织的绩效管理提供可靠的决策依据。

（2）绩效信息的收集步骤

①明确指标，梳理并确定与绩效评估相关的关键绩效指标。

②信息分类，依据关键绩效指标，对绩效信息进行分类，以便于后续的整理和分析。信息主要分为三类，分别来源于业绩记录、上级主管的观察以及他人评价，涵盖了工作目标完成情况、员工的突出表现和问题行为以及来自客户的反馈等多个维度。

③信息收集，确定信息收集的周期和抽样方法，并使用结构化的工作记录表，及时、准确地记录绩效信息。尤其关注员工的关键事件，为后续评估提供翔实依据。

④信息汇总，对收集到的绩效信息进行汇总和整理，为绩效评估提供数据支持。

（3）绩效信息收集方法

绩效信息收集方法包括定性记录和定量记录两大类。定性记录通过观察、工作记录、关键事件记录和访谈沟通等方式捕捉员工行为特征，定量记录则通过绩效指标完成情况、工作量统计和质量评估数据等客观指标反映员工绩效表现。这种多维度、多层次的收集方法能够全面、准确地呈现员工的工作状况。

①观察法

观察法是绩效信息收集的重要方法，通过管理者直接观察员工的工作行为、工作态度和工作过程，系统性地记录员工的实际表现。这种方法能够获取第一手资料，有助于全面、客观地评估员工的工作绩效。

②工作记录

工作记录是员工对工作过程、任务完成情况和关键绩效指标的系统性、规范化文档。通过详细、准确地记录工作内容、时间、数量和质量等维度，工作记录为绩效评价提供了客观、连续的原始依据，有助于管理者全面、公正地评估员工的工作表现。

③定期抽查

定期抽查是管理者通过随机、不定期地检查员工工作现场和工作过程，了解实际工作情况的绩效信息收集方法。这种方法能够及时发现员工的工作状态、潜在问题和绩效偏差，为绩效管理提供动态、真实的一手资料，有助于及时干预和改进。

④调查反馈

调查反馈是通过问卷、访谈或座谈会等方式，收集员工、同事、上级、客户等多方对员工绩效的评价和意见的信息收集方法。这种多元化、多角度的反馈机制能够全面、客观地评估员工的工作表现，为绩效管理提供更加立体和真实的绩效画像

⑤关键事件分析

关键事件分析是通过记录和研究员工工作中具有典型意义的重要事

件，系统性地评估其工作表现和专业能力的绩效信息收集方法。这种方法通过捕捉和分析员工在工作中的优秀或有问题的行为，能够深入揭示绩效表现的根本原因，为绩效管理提供更加精准的洞察。

关键事件分析的实施依赖于持续的记录，评估者或管理者需为每位员工建立绩效档案，并由相关人员及时记录员工的关键行为，无论其影响是积极（有效行为）还是消极（无效行为）。

STAR 法是一种结构化的关键事件记录方法，通过情境（S）、目标（T）、行动（A）和结果（R）四个要素，全面、清晰地描述员工的关键行为，从而深入分析其绩效表现。关键事件法提供了一个框架，用于识别和记录对工作绩效有重要影响的事件。STAR 法则提供了一个具体的、结构化的工具，用于详细描述这些关键事件，从而帮助评估者更全面、客观地了解员工的表现。通过结合使用这两种方法，可以更有效地进行绩效评估，并为员工提供有针对性的反馈和发展建议。

8.2.3 绩效考核

1. 绩效考核的概念

绩效考核是一种正式的、结构化的制度，旨在衡量员工的工作表现。通过将员工的实际绩效与预定的目标进行比较，评估员工发展潜力，促进共同发展。绩效考核反映员工贡献，实现有针对性的薪酬和奖励。及时的绩效反馈有助于员工调整行为，以实现组织目标。由于员工绩效受多种因素影响，绩效考核必须是多角度、多方位和多层次的。

2. 绩效考核的目的

（1）支持组织战略目标的实现

绩效考核将个人目标与组织战略目标紧密结合，明确员工贡献，确保全体员工协同一致地推动组织发展。绩效结果为资源配置提供依据，优先支持高绩效部门和员工。绩效考核塑造以绩效为导向的组织文化，激励员工积极主动，共同实现组织战略目标。

(2) 为人力资源管理提供决策依据

绩效考核是人力资源管理的重要基石。它为招聘选拔提供参考，助力选拔合适人才；通过识别员工优劣势，指导培训发展，提升整体绩效；为薪酬管理、晋升调动提供依据，激励员工积极性；并有助于了解员工关系，优化管理，构建和谐团队。

(3) 促进人力资源开发

绩效考核是员工成长的重要驱动力。它通过反馈与辅导，帮助员工了解自身优劣势，不断提升能力；为职业规划提供参考，助力员工明确发展方向；通过激励与认可，激发员工积极性，营造积极进取的团队氛围。

(4) 提升日常管理的效果和效率

绩效考核在提升管理效率方面发挥关键作用。它通过明确工作目标，帮助员工清晰工作方向；监控工作进展，及时发现并解决问题；促进工作流程优化，提升效率；并加强沟通协作，构建高效团队。

3. 绩效考核的原则

绩效考核应遵循以下原则：公开透明，公开标准、流程和结果，鼓励参与并及时反馈；反馈提升，及时反馈结果，提供辅导与培训，促进持续改进；定期程序，遵循规范流程，定期考核，建立标准化流程；可靠准确，基于客观数据，避免偏见，采用量化指标和多维度评估；实用可行，标准和流程简洁易懂、指标具有可操作性，并与组织实际情况相结合，确保有效实施。

4. 绩效考核的内容

绩效考核通常综合评估工作业绩、工作能力和工作态度，并根据组织和岗位的不同，调整各要素的侧重点。工作业绩侧重于产出结果，衡量工作成果；工作能力涵盖专业知识和技能，评估胜任力与发展潜力；工作态度关注责任心和团队合作，评估工作投入与行为表现。通过这三个维度的综合评估，可以更全面地了解员工的绩效表现。

5. 绩效考核的主体

(1) 绩效考核对象

绩效考核涵盖组织、部门和员工三个层面，通过平衡计分卡和关键绩效指标等可将各层面的目标关联起来，最终实现组织整体绩效的提升。

（2）绩效考核主体

绩效考核主体是负责评价的人或组织，其选择与考核对象和指标相匹配。考核主体应具备公正、专业、掌握评价技能和良好沟通能力等素质。采用多样化的评价方式和合适的考核主体，有助于提高考核的信度和效度。现代组织应采用多角度的绩效评价，如上级、下级、同事、员工本人及外部客户等，以实现更全面、准确的绩效评估。

（3）不同考核主体的选择

由于不同考核主体具备各自的特点和职责，选择合适的考核主体不仅是绩效考核的要求，更是实现绩效管理目标的关键。不同考核主体的对比，见表 8–2。

表 8–2　考核主体对比表

考核主体	定义/角色	优点	缺点	适用场景	示例指标
上级/直属领导	直接管理者	熟悉员工日常工作表现 目标导向性强	可能存在主观偏见 视角单一	常规绩效考核、晋升评估	目标达成率、执行力、决策能力
同级/同事	同部门或跨部门合作者	反映团队协作能力 多角度反馈	易受人际关系影响 可能存在评分趋同效应	团队协作评估、项目制工作考核	沟通能力、协作性、责任心
下级/员工	被考核者的直接下属	反映领导力和管理能力促进管理者改进	员工可能不敢真实反馈样本量可能不足	管理层领导力评估、民主测评	领导风格、授权能力、公平性
自我评价	被考核者本人	提高参与感与反思意识 明确个人发展认知	易出现过高/过低评分偏差 缺乏客观性	个人发展计划（IDP）、能力自检	工作成果总结、能力短板分析
客户/外部关联方	组织外部合作对象（B 端/C 端）	直接反映服务质量与市场价值真实需求反馈	样本收集成本高评价标准可能不统一	销售/客服岗位、产品服务类岗位考核	服务满意度、问题解决效率、专业度
跨部门评审组	多部门代表组成的评估团队	综合多维度视角减少单一主观因素影响	组织成本较高评价标准需高度统一	重要岗位竞聘、特殊贡献评估	战略匹配度、跨部门价值贡献、创新性

续表

考核主体	定义/角色	优点	缺点	适用场景	示例指标
360度评估	综合上述多个主体	全方位覆盖评价维度 数据交叉验证	实施复杂度高 可能产生信息冗余	高管评估、关键人才盘点	综合能力雷达图、发展潜力分析

6. 绩效考核中评价者误区

绩效评价中，评价者的主观判断易受多种因素影响，进而产生偏差，这些偏差被称为"评价者误区"。识别和理解这些误区对于提升绩效评价的客观性和准确性至关重要。常见的评价者误区包括：晕轮效应（以单一突出特征影响整体评价）、逻辑误差（基于错误的逻辑推断）、宽大倾向（高估绩效）、严格倾向（低估绩效）、近期偏见（过分关注近期事件）、个人偏见（受价值观、喜好等影响）、首因效应（初期表现影响后续评价）、中心化倾向（评价结果集中于中间分数段）、溢出效应（因前期失误降低当期评价）、类我效应（高估与自己相似的员工，低估与自己不相似的员工），以及对比效应（受他人绩效评定的影响）。

7. 绩效考核的周期

绩效考核周期，即绩效评估的频率，指对员工进行绩效评估的时间间隔。合理的考核周期对绩效管理至关重要。考核周期过短会增加管理成本，而考核周期过长则可能影响数据准确性并降低改进效率。

确定考核周期时，应综合考虑岗位、考核指标和考核标准等因素，并根据实际情况灵活调整。此外，与员工充分沟通，确保他们理解并认同考核周期，是有效实施绩效考核的关键。

（1）岗位的性质（岗位的特点和职责）

不同岗位因工作内容差异，绩效考核期限不同。操作性岗位和高频互动岗位宜采用月度或每周考核，因成果快速显现或需及时反馈。管理、战略、研发及项目制岗位可设为季度、年度或依据项目周期考核，因成果体现周期长。

（2）指标的性质（考核指标的特点）

易于量化和即时性指标，因数据收集快、需及时反馈，考核周期宜短，如月度或更短。需要积累和发展性指标，因成果体现周期长，考核周期可设为季度或年度。

（3）标准的性质（考核标准的特点）

明确易量化的标准可缩短考核周期，模糊或需主观判断的标准则需延长。考核周期应根据动态调整的标准灵活调整，以确保考核的有效性。

8. 绩效考核流程

绩效考核是一个系统性的过程，通常包含以下四个步骤。

（1）建立考核系统

这是绩效考核的基础。明确考核目标后，设定具体的考核指标和权重，并为每个指标设定明确的考核标准，选择合适的考核方法，以确保考核的客观性和全面性。

（2）收集整理数据

在建立考核系统后，需要收集与绩效相关的数据。数据来源多样，如工作日志、项目报告、客户反馈等。收集数据时，应注意真实性、完整性和及时性。

（3）分析判断

这是绩效考核的核心环节。对收集的数据进行分析，评估员工绩效水平。分析方法可根据指标性质和数据特点选择，如定量、定性、对比分析等。分析过程中，应客观公正地评价员工表现，并结合考核标准进行判断。

（4）输出结果与反馈

绩效考核的最终目的是改进员工的工作表现。在形成考核结果后，需及时反馈给员工，让他们了解优缺点，并为未来发展提供指导。反馈形式多样，鼓励员工制定改进计划。

9. 绩效考核方法

绩效考核方法是组织评估员工的关键工具，通过各种考核方式客观衡量员工的工作成果、行为表现和能力发展。由于影响绩效的因素复杂，单一方法难以全面反映真实绩效，因此，实践中通常采用综合考核体系，结合多种方法，以实现更全面、客观地评估。

(1) 绩效考核方法的分类

根据考核标准的不同，绩效考核方法可以分为相对考核和绝对考核两大类。

①相对考核（比较法）

相对考核，即比较法，通过比较同一部门或团队内员工的相对表现来评估绩效。它侧重于员工间的相对表现，而非绝对标准。常见方法包括简单个体排序法、配对比较法、人物比较法和强制分布法。

简单个体排序法直接按绩效高低排序团队成员。该方法操作简便，但缺乏明确评价标准，易受主观因素影响。

配对比较法通过两两比较员工绩效，根据胜负排名。该方法相对客观，但当员工数量增加时，比较次数急剧增加，操作较为烦琐。

人物比较法通过将员工绩效与标杆员工对比，明确努力方向。其关键在于选择合适的标杆，并确保比较的客观性。

强制分布法通过预设比例，强制将员工分配到不同绩效等级。其优点在于能有效区分绩效水平，但易引发竞争，甚至可能打击高绩效员工的积极性，尤其是在团队整体表现优异时。

相对考核法操作简便，易于区分员工表现，但存在局限。它受团队整体水平影响，无法反映员工绝对绩效；易引发竞争，不利团队合作；且缺乏明确反馈，不利于员工改进。

②绝对考核

绝对考核是指依据统一、客观的考核标准，衡量员工绩效的方法。它将员工表现与预先设定的客观标准进行比较。核心在于设定明确的考核标准。常见的绝对考核方法包括评级量表法、行为锚定量表法（BARS）、行为观察量表法和混合标准测评法。

评级量表法通过预设等级（如优秀、良好等）评估员工绩效指标。该方法操作简便，易于理解，但易受主观影响，且等级定义不清晰时，可能导致评估差异。

行为锚定量表法（BARS）通过将员工绩效与具体行为锚点进行比较，提供更客观、具体的反馈。该方法相对客观，但制定过程复杂，耗时较长。

行为观察量表法侧重于量化评估员工的具体行为表现，客观反映行为习惯。该方法需要事先明确观察指标，并进行系统的数据收集和分析。

混合标准测评法结合多种考核方法，形成综合评估体系，以提高考核的全面性和准确性，弥补单一方法的不足。

绝对考核作为绩效考核的重要发展方向，优势在于其客观公正性。它通过预先设定的明确标准，不受考核对象影响，从而确保评估结果的可靠性。这种方式有助于员工了解自身优缺点，促进个人改进，并适用于组织成员的绩效评估。

③描述法（辅助方法）

描述法是一种通过文字描述来评价员工绩效的方法。它通常作为其他考核方法的辅助手段，用于更全面地了解员工的表现。

描述法通过文字描述，评估员工的能力、态度、业绩优缺点、发展潜力、改进方向及关键事件。常见方法包括态度记录法、工作业绩记录法、指导记录法和关键事件法。

态度记录法记录员工的工作态度、职业道德、团队合作精神等，从而更全面地了解员工的工作投入程度和热情。

工作业绩记录法记录员工的工作成果、完成任务的数量和质量及工作效率，帮助管理者了解员工的工作产出，并评估其工作能力。

指导记录法记录对员工的指导、培训、辅导情况，以及员工的进步和改进。通过指导记录，可以了解员工的学习能力和发展潜力，并提供针对性的发展建议。

关键事件法记录员工工作中的关键事件，如成功案例、失败案例、突发事件等。通过分析关键事件，深入了解员工的实际工作能力、应对突发事件的能力和解决问题的能力，并提供反馈和改进建议。

描述法优势在于提供详尽绩效信息，帮助全面了解员工表现。其局限性在于主观性强，易受偏见影响；难以量化分析，缺乏客观标准；且实施过程耗时。

（2）影响绩效考核方法选择的因素

①绩效考核的目的

绩效考核的目的直接影响考核方法的选择。由于考核结果的应用不同，即使是相同的考核指标，也会因考核目的的差异而采用不同的考核方法。明确考核目标是选择合适考核方法的前提。例如，为了促进员工发展，可采用360度反馈；而为了评估工作表现，则更倾向于使用KPI等量化方法。

②工作特征

考核方法应与工作特征相匹配。工作特征是选择绩效考核方法的重要依据。例如，对于程序化程度高的工作，KPI等量化方法较为适用；而对于独立性要求高的工作，则可考虑行为评价量表或360度反馈等方法。此外，工作复杂性和团队合作程度也会影响考核方法的选择。

③考核方法的特点

每种绩效考核方法都具有独特的优缺点，选择时应根据实际情况权衡利弊。例如，KPI注重结果，但可能忽视过程；360度反馈较为全面，但易受主观因素影响。了解不同考核方法的适用范围，有助于选择最适合的方法。

④指标特性

绩效考核指标可分为结果导向和行为导向。结果导向指标通常是滞后指标，包括硬指标和软指标，考核需结合行为锚定和主观判断。行为导向指标多为前置指标，也属于软指标，需要基于关键行为事件和工作记录进行评估。良好的绩效考核指标应具备客观性、可衡量性、关联性和代表性，以确保考核结果的公正性和有效性。考核方法的选择应以指标的特性为基础。

⑤绩效数据的可获得性

选择绩效考核方法时，需优先考虑指标数据的可获取性和便利性。不同的考核指标在数据类型、来源、规模和分析过程上存在差异，因此对绩效数据的要求也各不相同。绩效数据的可获得性包括数据的来源、质量和收集成本。当数据难以获取或质量不高时，应考虑调整考核方法或改进数据收集方式，以确保考核的有效性。

⑥考核方法的使用成本

考核方法的使用成本涵盖时间、人力和资金三方面。实施过程涉及方案制定、培训、数据收集等，需要人力资源、管理者和员工的参与，部分方法还需额外资金投入。因此，在选择考核方法时，务必进行成本效益分析，以确保其价值最大化。

8.2.4　绩效反馈

1. 绩效反馈的内涵

绩效反馈是绩效管理中至关重要的一环，它通过绩效反馈面谈与员工进行有效沟通，帮助员工全面了解其绩效评价结果，并清晰地传递管理者的期望和目标。绩效反馈应贯穿于整个绩效管理过程，成为持续改进的重要驱动力。

对错误的行为进行建设性反馈，应以积极和建设性的方式进行，避免负面评价。建设性批评需遵循七个关键要素：战略性、维护自尊、选择恰当环境、强调进步、互动式沟通、保持灵活性、传递帮助信息，助力员工成长。

对员工的积极行为进行反馈时，应遵循以下四项关键原则：明确肯定、具体指出行为、及时反馈、强调积极影响，增强员工的成就感和责任感。

绩效反馈面谈是管理者与员工之间进行正式沟通的重要环节。在面谈中，管理者将针对上一绩效管理周期内员工的工作表现和绩效评价结果进行详细的阐述和反馈。通过这种面对面的交流，管理者可以帮助员工深入了解自身的优势与不足，并共同探讨改进措施，以提升未来的工作绩效。

2. 绩效反馈面谈的目的

（1）评估并反馈员工的绩效表现，帮助其了解自身优势与待改进之处，从而促进绩效提升。

（2）深入探讨绩效评价结果，分析成功和失败的原因，并共同制定改进方案。

（3）共同制定下一阶段的绩效目标与计划。

（4）为员工提供职业发展支持，助力其更好地规划未来。

3. 绩效反馈面谈的原则

（1）直接具体原则

直接具体原则强调绩效反馈需基于明确的事实和具体的行为表现，避免模糊的评价。在面谈中，管理者应提供具体的例子和数据，例如，与其笼统地说“你的工作效率不高”，不如指出“在过去的一个月里，你完成了5个项目，而其他同事平均完成了8个项目”。

（2）互动原则

互动原则强调绩效反馈面谈应是一个双向沟通的过程，鼓励员工积极参与。管理者应主动倾听员工的反馈，了解其遇到的困难，并共同寻找解决方案，从而建立信任关系，提高员工的参与度和满意度。

（3）基于工作原则

基于工作原则要求绩效反馈聚焦于员工的工作表现和绩效结果。面谈内容应围绕员工的工作职责、目标完成情况和工作技能展开，例如，讨论员工在项目管理中的表现，而非涉及其个人性格。

（4）相互信任原则

相互信任原则要求绩效反馈面谈在相互尊重、信任和理解的基础上进行。管理者应以诚恳的态度与员工沟通，营造开放、坦诚的氛围，鼓励员工积极改进，从而建立相互信任的关系，促进员工更好地接受反馈并提升工作表现。

4. 绩效反馈面谈的准备工作

（1）管理者的准备工作

① 提前通知员工，尊重员工意愿，选择合适的面谈时间。

② 营造安静、不受干扰的面谈环境，例如，避免接听电话，并注意双方的座位安排。

③ 设计面谈流程，计划好面谈方式，面谈内容及顺序，从轻松的话题开始，围绕绩效评价结果展开。

④ 收集并整理面谈所需的信息资料，例如绩效考评结果和日常工作记录。

（2）员工的准备工作

① 收集并整理相关信息资料，包括工作行为及成就的详细材料，对于未完成或做得不正确的工作也应该找出原因。

② 草拟自我评估表、个人发展计划、绩效改进计划和下一绩效周期计划。

③分析工作中存在的问题，并收集需要再面谈时提出的问题和意见以及需要上级给予的帮助和提供的条件，尽可能细化。

④安排好个人工作，确保有充足的时间参与面谈。

5. 绩效反馈面谈步骤

（1）开场，营造轻松友好的氛围，明确面谈目的。

（2）员工自评，鼓励员工回顾自身绩效表现，进行自我评价。

（3）管理者基于绩效考核结果，对员工的表现进行评价。

（4）深入探讨绩效表现，分析问题产生的原因，记录员工的不同意见并及时反馈。

（5）结合员工本期绩效表现和下一阶段目标，制定改进计划，并与组织目标相一致。

（6）讨论资源与支持及员工发展计划，讨论所需资源和支持，以及员工的职业发展规划和培训需求。管理者应提供建设性建议，并避免不切实际的承诺。

（7）重申下一阶段的考评内容和目标，确认工作目标和阶段成果目标的可行性和可衡量性。

（8）确认评估结果，整理面谈记录并备案，双方签字确认。

6. 绩效反馈面谈的主要技巧及应用

（1）为了确保绩效反馈面谈的有效性，管理者应掌握以下核心技巧

①建立信任，坦诚沟通

管理者应坦诚相见，向员工展示评估表，并解释评估依据。管理者应开放透明，告知员工评估的参考资料来源，并鼓励员工提出真实意见，同时勇于承认评估中可能存在的不足。

②深入分析，精准定位

深入分析员工绩效差的原因，涵盖工作态度、积极性、培训、工作条

件等多个方面。避免简单归咎于员工个人，而是要精准定位真正的原因，并采取相应的改进措施。

③虚心倾听，灵活调整

认识到评估结果的暂时性，并乐于根据员工的反馈进行调整。鼓励员工表达意见，并根据实际情况灵活修改评估结果。

④总结要点，确保理解

在讨论结束后，管理者应与员工一起总结要点，回顾重要内容。同时，提供一份与管理者相同的资料，以确保员工充分理解反馈内容。

（2）具体应用

鉴于员工个体的差异性，管理者在绩效反馈面谈中应灵活运用不同的沟通技巧。

①绩效优秀的员工

重点在于认可与激励。肯定其突出表现，挖掘典型行为，促进经验分享。关注其职业发展规划，共同制定发展目标。谨慎承诺奖励，避免期望落空。

②绩效无明显改进的员工

关键在于诊断与引导。深入分析绩效未提升的根本原因，例如动机、职位匹配度、工作方法等。坦诚沟通，对症下药，协助其制定改进方案。

③绩效差的员工

核心在于理解与支持。深入分析绩效不佳的成因，避免简单归咎于个人因素。关注其情绪反应，采取合适的沟通策略，提供必要的支持。

④资历老但绩效不佳的员工

重视肯定与引导。肯定其过往贡献，表达关怀，同时帮助其理解绩效评估的客观性。

⑤过分雄心勃勃的员工

侧重于引导与规划。肯定其积极性，但也要帮助其正视差距。探讨未来发展计划的可行性，制定切实的行动方案。

⑥沉默内向的员工

关键在于鼓励与引导。运用开放式提问，鼓励其表达想法。多征询意见，创造参与机会。

⑦发火的员工

重点在于冷静与疏导。耐心倾听，待其情绪平复后，共同分析问题。

⑧自我防卫意识强的员工

核心在于理解与尊重。承认自卫行为的普遍性。对事不对人，避免攻击性言语。延缓处理，给予时间使其理性接受。

⑨被给予正式书面警告的员工

重点在于明确与规范。明确告知被警告的原因，并说明之前的提示和改进机会。

实训 8-2

绩效：目标、衡量与反馈的艺术

1. 实训目的

（1）了解绩效管理流程，以及绩效计划、绩效监控、绩效考核和绩效反馈在实践中的应用。

（2）理解绩效计划的制定方法、绩效监控的实施策略、绩效考核的指标设计和评价标准，以及绩效反馈沟通技巧。

（3）掌握制定绩效计划、实施绩效监控、设计绩效考核方案、进行绩效反馈面谈等关键技能，并能够将理论知识应用于实际案例分析。

2. 实训任务

（1）个人任务

①资料搜集：查阅相关文献资料，深入了解不同行业、不同岗位的绩效管理实践案例，为实训奠定理论基础。

②角色设定：基于背景资料，选择一个企业部门或岗位，并明确你在该部门/岗位中的角色。深入思考该角色在绩效管理过程中可能遇到的挑战与机遇。

③撰写个人反思报告：结合所学知识，针对你所选择的角色，撰写一

份个人反思报告，报告内容应涵盖以下内容。

你对绩效管理的理解。

你认为在绩效管理过程中需要重点关注的问题。

你对自身在绩效管理方面的优势与不足的评估。

你为提升绩效管理能力所做的计划。

(2) 小组讨论与报告

①小组组建与角色分配。每5～7人自由结合成立小组，明确成员分工。

组长，负责组织讨论、协调分工、统筹报告撰写。

绩效计划制定者，负责制定详细的绩效计划。

绩效监控设计者，负责设计有效的绩效监控方案。

绩效考核设计者，负责设计科学的绩效考核方案。

绩效反馈模拟者，负责模拟真实的绩效反馈面谈。

报告撰写人，负责撰写小组报告，整合讨论成果。

②案例研讨与任务实施。小组共同阅读背景资料，并选择一个企业作为案例进行深入分析。小组协作，完成以下任务。

制定绩效计划，针对所选案例，为目标部门/岗位制定详细的绩效计划，包括目标设定（遵循SMART原则）、关键绩效指标（KPI）的确定、权重分配等。

设计绩效监控方案，制定详细的绩效监控方案，包括监控频率、监控方法、数据收集方式等。

设计绩效考核方案，设计科学的绩效考核方案，包括考核指标、考核标准、评分方法、考核周期等。

模拟绩效反馈，模拟真实的绩效反馈面谈，组员轮流扮演管理者和员工的角色，进行实践演练。

③小组报告撰写：小组共同撰写一份小组报告，报告内容应涵盖以下内容。

案例选择与分析，对所选案例的背景进行分析。

绩效管理方案，详细阐述绩效计划、绩效监控方案、绩效考核方案。

模拟反馈总结，对模拟绩效反馈面谈过程进行总结与反思。

讨论成果与心得，总结小组讨论的成果、心得体会。

改进建议，对案例企业，提出改进绩效管理的建议。

④展示准备：准备 10～15 分钟的成果展示，确保内容精炼、重点突出。

(3) 师生互动

各小组在课堂上进行展示，汇报小组研究成果，其他小组针对展示内容提出问题，进行互动答辩与交流，共同探讨绩效管理实践中的经验与挑战。教师将通过理论讲解、案例研讨、模拟演练指导和报告点评等方式，与学生进行互动，帮助学生巩固理论知识，提升实践技能，并获得针对性的反馈，从而深化对绩效管理的理解。

Tips：背景材料及问题

案例 1：飞鱼电商（互联网电商公司）

飞鱼电商是一家成立于 2018 年的互联网电商企业，主要销售服装、鞋包、美妆、家居等商品。公司正处于快速发展期，市场份额和用户规模持续扩大，员工总数约为 500 人，涵盖销售部、市场部、技术部、供应链部等多个部门。飞鱼电商秉承“创新、快速、用户至上、结果导向”的企业文化，鼓励员工积极尝试新方法，快速响应市场变化。然而，飞鱼电商面临来自国内大型电商平台、垂直电商平台以及新兴社交电商的激烈竞争。关键业绩指标包括销售额、GMV（商品交易总额）、用户增长率、复购率、客单价和获客成本等。

市场部是飞鱼电商的核心部门，负责制定市场营销战略和年度计划，统筹品牌推广、用户增长、活动策划等工作。部门组织架构包括市场总监、品牌经理、用户增长经理、活动策划经理、市场分析师等。市场部的核心职责包括：负责品牌推广、用户增长、线上线下营销活动策划、市场营销预算管理、市场调研和营销活动效果评估。市场部当前面临的挑战包括：提升品牌影响力、以更低的成本获取更多用户、提高用户活跃度和复购率、快速适应市场变化，以及有效评估和优化营销活动效果。

飞鱼电商市场部采用 KPI 考核方式，考核周期为月度，由市场总监对部门成员进行考核。绩效考核指标主要包括销售额、用户增长率、获客成本、活动 ROI（投资回报率）等。然而，当前的绩效管理体系存在一些问题：考核指标不够全面，考核标准不够明确，缺乏有效的绩效反馈和辅导，以及绩效管理与员工发展目标结合不够紧密。

案例 2：巨力机械（传统制造企业）

巨力机械是一家成立于 1995 年的机械制造企业，主要生产工程机械设备。公司目前处于稳定发展期，市场份额保持稳定，但面临市场饱和和转型升级的压力。公司员工总数约为 800 人，涵盖生产部、研发部、销售部、售后服务部等多个部门。巨力机械秉承“务实、稳健、质量第一、客户至上”的企业文化，注重产品质量和生产效率。巨力机械面临来自国内外大型机械制造企业的竞争，以及市场需求变化带来的挑战。关键业绩指标包括销售额、市场占有率、生产效率、产品合格率、客户满意度、售后服务及时率等。

销售部是巨力机械的重要部门，负责制定销售战略和年度销售计划，统筹市场开拓、产品销售、客户关系维护等工作。部门组织架构包括销售总监、大区经理、销售经理、销售代表等。销售部的核心职责包括：负责市场开拓、产品销售、客户关系维护、销售团队管理、市场调研和客户服务。销售部当前面临的挑战包括：保持销售额增长、拓展新的销售渠道、提高客户满意度、应对市场竞争以及提高销售团队的整体素质和业绩。

巨力机械销售部采用 KPI 考核方式，考核周期为季度，由销售总监对部门成员进行考核。绩效考核指标主要包括销售额、回款率、市场占有率、客户满意度、新客户开发数量等。然而，当前的绩效管理体系存在一些问题：考核指标侧重于销售结果，忽略了过程管理和客户关系维护；考核标准不够清晰，绩效反馈不够及时和具体，缺乏有效的激励机制，以及绩效管理与员工培训发展结合不够紧密。

请仔细阅读并思考下面的问题。

（1）绩效计划制定

①如何根据企业的战略目标，为所选部门/岗位设定具体的、可衡量的绩效目标？

②如何选择合适的 KPI，并确定其权重？

③如何确保绩效目标与员工的个人发展目标相一致？

（2）绩效监控

①如何设计有效的绩效监控方案，以跟踪员工的绩效表现？

②如何选择合适的监控频率和方法？

③如何利用绩效监控数据，及时发现问题并采取改进措施？

（3）绩效考核

①如何设计公平、公正的绩效考核方案？

②如何选择合适的考核指标和考核标准？

③如何进行绩效等级划分和绩效结果应用？

（4）绩效反馈

①如何进行有效的绩效反馈面谈，帮助员工了解自身优缺点？

②如何鼓励员工积极参与绩效反馈过程？

③如何制定改进计划，并跟踪改进效果？

④如何处理绩效反馈面谈中可能出现的冲突？

（5）案例分析

①结合案例企业的实际情况，分析其绩效管理中存在的问题。

②为案例企业提出改进绩效管理的建议。

8.3　绩效管理常用工具

8.3.1　目标管理

1. 目标管理的内涵

目标管理（MBO）是管理学大师彼得·德鲁克于 1954 年提出的管理思想，核心在于通过共同设定目标，实现组织绩效的提升。德鲁克认为，目标管理超越了传统管理模式的局限性，它将工作与人的需求有机结合，强调在共同目标下，激发员工的积极性和创造力。

2. 目标管理的实施步骤

（1）目标预设

目标设定的起点是预设目标，这既可以是上级提出的初步方案，也可以是下级提出的建议。无论采取何种方式，目标都应通过上下级共同协商确定，并结合组织的使命、战略和外部环境分析，进行综合考量。

（2）组织结构与职责调整

目标管理强调责任到人，因此，在确定目标后，需要审视并调整组织结构和职责分工，以确保每个目标都有明确的责任主体，并促进部门间的协同合作。

（3）目标分解与下级目标确立

在明确组织总体目标的基础上，上级与下级共同协商，将总体目标分解为具体、可量化的分目标。在此过程中，上级应尊重下级的意见，提供必要的支持，并确保分目标与组织总体目标的一致性。目标设定应兼顾挑战性与可实现性，并明确优先级。此外，各员工和团队的分目标之间应相互协调，形成合力，共同推动组织目标的实现。

（4）协议达成与资源配置

上级与下级就实现各项目标所需的资源、支持条件，以及目标达成后的奖励与惩罚机制达成一致。同时，上级应赋予下级相应的资源配置权力，确保责、权、利的统一，从而激发员工的积极性和责任感。

8.3.2 关键绩效指标

1. 关键绩效指标的理论基础：二八法则的启示

关键绩效指标（KPI）方法植根于“二八法则”，该法揭示了在价值创造过程中，“关键少数”（约20%）的因素对整体结果（约80%）起着决定性作用。对于组织而言，这意味着要聚焦于20%的关键领域和关键活动，进行精准的衡量与分析，从而有效评估业绩。对于个人而言，80%的工作成果往往源于20%的关键行为。

2. 关键绩效指标的定义与战略价值

关键绩效指标是评估组织战略实施成效的重要工具。它们将组织战略目标分解为可量化、可操作的指标，形成严谨的指标体系。其核心作用在于建立连接战略意图与内部执行的桥梁，从而驱动核心竞争力的持续增强，最终实现组织的可持续发展。

3. 关键绩效指标的核心特征

关键绩效指标应具备以下五项关键特征，以确保其衡量、指导和激励作用。

①及时性：关键绩效指标的监测频率应足够高，以便及时获取信息，驱动业务的快速响应和调整。监测频率可根据实际情况，从每日、每周到每月不等。

②CEO 关注：所有关键绩效指标都应受到组织最高管理者的重视，并促使管理者与相关人员进行持续的沟通和互动。

③简明易懂：关键绩效指标应清晰明确，能够直接指导行动。

④团队责任明确：每个关键绩效指标都应与具体的团队或个人挂钩，以便对其工作情况进行有效评估和激励。

⑤重大影响：一个关键绩效指标通常会影响一个或多个核心的关键成功因素，并与平衡计分卡的多个维度相关联。

4. 关键绩效指标的设定方法

组织可以采用多种方法来设定关键绩效指标，以确保其与战略目标的一致性。

①关键成功因素法：通过识别组织成功的关键领域，进而确定关键绩效要素，最终提炼出 KPI。

②职责分解法：基于岗位职责，分解工作任务，并据此设定相应的关键绩效指标。

③业务“价值树”法：类似于关键成功因素法，利用树形图分解业务流程，从而确定关键绩效指标。

④平衡计分卡法：运用平衡计分卡的四个维度（财务、客户、内部运营、学习与成长），全面分解组织的战略目标，并设定相应的关键绩效

指标。

5. 平衡计分卡

(1) 平衡计分卡的特点与功能

平衡计分卡（BSC）是一种创新的绩效管理方法，适用于部门和团队的绩效考核。该方法突破了传统绩效管理仅依赖财务指标的局限，在财务指标基础上，新增了客户、内部流程和学习成长等未来驱动因素。其主要特点如下。

①战略管理支持：不仅是一个考核体系，更能为企业战略管理提供有力支持。

②沟通与协作：强调团队合作，促进组织内部沟通，提升整体管理效率。

③因果关系体现：各维度相互关联，突出绩效指标间的因果关系。

④平衡性：兼顾财务与非财务指标、长期与短期目标、外部与内部群体、结果与过程、管理业绩与经营业绩、领先与滞后指标之间的平衡。

(2) 平衡计分卡的核心内容

平衡计分卡的设计包含四个相互关联的层面，分别对应企业三大核心利益相关方：股东（财务层面）、客户（客户层面）和员工（学习与成长层面），并通过内部流程层面实现三者协同。

①财务层面，聚焦企业战略实施对盈利能力的贡献，核心目标涵盖获利能力（如资本回报率、经济增加值）、增长能力（如营业收入增长率）以及现金流管理三大维度，确保短期收益与长期发展的平衡。

②客户层面，通过差异化市场战略驱动财务回报，其核心要素包括客户价值定位（满意度、忠诚度）、市场竞争力（份额占有率、新客获取）及客户质量（盈利贡献度）三个维度，系统衡量企业在目标市场的战略执行效果。

③内部经营流程层面，聚焦于识别和优化能够创造持续竞争优势的核心业务流程，主要包括运营管理流程（提升运营效率）、客户管理流程（实现价值交付）和创新流程（构建长期竞争力）三个关键领域。

④学习与成长层面，致力于构建组织可持续发展的基础架构，通过人

力资本（员工能力提升）、组织资本（业务流程优化）和信息资本（智能决策系统）三支柱，为前三个层面的战略目标实现提供关键支撑。前三个层面的绩效差距分析将直接指导本层面的资源配置决策，形成战略闭环。

（3）平衡计分卡与关键绩效指标的比较

平衡计分卡与关键绩效指标虽然同属战略性绩效管理工具，均以企业战略为导向设定衡量指标和目标，但二者存在本质区别。KPI 通过分解战略目标识别关键绩效因素，各因素间多为并列关系，共同构成总体目标。相比之下，BSC 将绩效指标系统性地划分为若干维度，各维度间存在明确的因果逻辑，形成闭环的绩效发展循环。具体而言，BSC 的各指标通过相互支撑的因果关系链构成有机整体。

8.3.3　360 度反馈（全方位考核）

1. 360 度反馈概述

360 度反馈（亦称全方位考核）是一种重要的绩效管理工具，旨在通过整合多方评价，实现对员工工作表现的全面、客观评估，从而提升员工工作积极性，促进绩效管理参与度。它是一种多源评估方法，其核心在于从与被评估者存在工作关系的多方主体处收集反馈信息，构建全方位的绩效画像。这些主体如下。

上级：评估工作成果、战略目标达成情况及领导能力。

下属：评估领导者的管理能力、团队建设能力。

同事：评估协作能力、工作态度、团队贡献。

服务对象（客户）：评估服务质量、客户满意度。

内部协作部门/供应部门：评估跨部门协作能力。

被评估者本人：进行自我评估，提供多角度视角，促进自我认知。

2. 不同考评人员的特点与优缺点

360 度反馈的优势在于其多源信息融合，但不同考评人员的视角与评估侧重各异，也存在相应的局限性。

上级考核侧重于工作成果与战略目标达成，但可能忽视工作过程，并受部门资源分配影响。

下属考核有助于评估领导者的管理风格与团队建设，但易受报复情绪干扰。

同事考核有助于考察合作意识与工作态度，但可能受人际关系影响，评价标准不易统一。

客户考核能有效评估服务质量与客户满意度，但评价主观性较强，且难以全面衡量员工对组织长期价值的贡献。

因此，在实际应用中，需综合考虑各方反馈，并结合其他评估方法，以提升评估的客观性与全面性。

3. 360 度反馈的使用注意事项

360 度反馈的有效实施，依赖于对关键要素的关注。其适用范围主要集中于中高层管理人员，侧重于素质、领导力、团队协作等发展性绩效要素。优点在于提供全面、客观的评估，促进员工参与和沟通，但同时亦存在缺点，如易受主观因素影响、评估效率较低、成本较高，以及可能引发员工抵触情绪。为应对这些挑战，实施过程中需关注使用难点，如信息平台建设、客观性保障、成本控制、员工心理疏导及反馈结果的有效利用。为此，可采取多种弹性处理措施，包括匿名反馈、抽样分析、多渠道评估、网络化平台应用以及重视反馈结果沟通，以提升评估的客观性、效率和接受度。

4. 360 度反馈的实施流程

（1）准备阶段

①获得高层领导的支持至关重要，这不仅能保障项目的顺利进行，更能提供必要的资源支持。

②成立考核小组，由人力资源部门牵头，联合被评估者的上级、下属、同事及客户代表组成，以确保评估的全面性和公正性。

③充分宣传，向全体员工阐释 360 度反馈的目的、流程和作用，以消除员工的疑虑和抵触情绪，营造客观、开放的反馈氛围。

（2）设计阶段

①确定考核周期，通常为一年，但可根据实际情况灵活调整。

②明确考核对象，主要针对中高层管理者，也可根据需要扩展至其他层级。核心在于确定考核内容，需紧密围绕组织战略目标和岗位职责，涵盖任务绩效、管理绩效、周边绩效、态度和能力等多个维度。

③设计调查工具，主要采用问卷调查法，可结合等级量表和开放式问题。问卷设计需遵循以下原则：明确考核目的，确保指标与战略目标一致；设计差异化的问卷内容，针对不同岗位进行定制；考虑不同考核者对考核内容的侧重点，并确保问卷的信度和效度，以保障评估结果的准确性。

（3）实施阶段

①问卷发放与填写需进行标准化管理，明确填写说明，并控制填写时间在合理范围内。

②问卷回收环节务必严格保密，由专人负责，以防止篡改。

③数据统计与分析需借助专业统计软件，对收集到的数据进行整理、分析，客观呈现评估结果。最终的评估报告通常包括维度定义、核心能力确定、评价观点比较、能力综述、得分项目及改进建议等内容，为后续的反馈与发展提供依据。

（4）评估与反馈阶段

①主管领导需将考核结果反馈给被考核者，并通过一对一面谈，详细解释评价的含义，肯定优点，指出不足，并协助制定个人发展计划。

②被考核者应根据反馈结果，制定具体的个人发展计划，并定期进行自我评估和改进。

③人力资源部门需持续跟踪发展计划的实施情况，并根据实际情况进行调整和优化，以确保员工的持续进步。

实训 8-3

战略目标驱动的绩效管理实践

1. 实训目的

（1）了解目标管理、关键绩效指标（KPI）和 360 度反馈等绩效管理工具的基本概念和理论框架。

(2) 理解目标管理在组织战略实施中的作用，以及 KPI 和 360 度反馈在绩效衡量与改进中的应用。

(3) 掌握运用目标管理、KPI 和 360 度反馈进行绩效管理实践，并能够分析案例、解决问题的能力。

2. 实训任务

(1) 个人任务

①选择一个感兴趣的行业或企业，查阅资料，了解其战略目标。

②分析该企业如何运用目标管理制定战略目标，并结合 KPI 和 360 度反馈进行绩效管理。

③撰写一份个人案例分析报告（约 1000 字），内容包括以下几个方面。

企业战略目标概述。

目标管理的应用（目标分解、目标设定等）。

KPI 的设计（选择关键绩效指标、设定目标值、衡量方法等）。

360 度反馈的应用（评估对象、评估维度、反馈流程等）。

对该企业绩效管理的评价与改进建议。

(2) 小组讨论与报告

①小组组建与角色分配。每 5～7 人自由结合成立小组，明确成员分工。

组长，负责组织讨论、协调分工、统筹报告撰写。

绩效计划制定者，负责制定详细的绩效计划。

绩效监控设计者，负责设计有效的绩效监控方案。

绩效考核设计者，负责设计科学的绩效考核方案。

绩效反馈模拟者，负责模拟真实的绩效反馈面谈。

报告撰写人，负责撰写小组报告，整合讨论成果。

②模拟背景材料公司的创业团队，为公司设计绩效管理方案。小组根据其实际情况，制定更详细的战略目标，设计目标管理方案、KPI 体系及 360 度反馈方案。

③小组报告撰写：小组共同撰写一份小组绩效管理方案报告，报告需包含方案的实施计划与风险评估。

④展示准备：准备 10～15 分钟的成果展示，确保内容精炼、重点突出。

（3）师生互动

各小组在课堂上进行展示，汇报小组成果，其他小组针对展示内容提出问题，进行互动答辩与交流，共同探讨绩效管理实践中的经验与挑战。教师引导学生深入思考以下问题。

①围绕目标管理、KPI 和 360 度反馈各自的优缺点展开讨论，帮助学生辨析不同工具的适用场景和局限性。

②探讨如何在实际应用中将这三种工具结合起来，发挥协同效应，以提升绩效管理的整体效能。

③深入分析在设计 KPI 和 360 度反馈方案时，应注意哪些问题，包括指标选择、目标设定、评估维度设计等，以确保方案的有效性和可行性。

④讨论如何有效利用绩效评估结果，促进员工发展和组织改进，强调绩效管理与人才发展之间的内在联系，从而实现组织的可持续发展。

Tips：背景材料及问题

公司简介：智汇科技（SmartTech）是一家成立于 2018 年的高科技初创公司，总部位于中国深圳。公司专注于智能家居领域，致力于通过物联网技术和人工智能算法，为用户提供智能、便捷、安全的家居体验。目前，智汇科技主要产品包括智能灯具、智能安防系统、智能家电控制中心等，并提供相应的云服务和技术支持。

公司愿景：成为全球领先的智能家居解决方案提供商，让科技融入生活，提升人们的生活品质。

公司使命：创新科技，服务用户，打造智能、互联的家居生态系统。

公司战略目标（2024—2026）：聚焦于四大核心领域。在市场拓展方面，公司旨在扩大国内市场份额，力争成为国内智能家居行业的领导者，并积极拓展海外市场。产品创新是公司持续发展的动力，通过不断推出创新型智能家居产品，满足用户日益多样化的需求，并加大研发投入，提升核心技术竞争力。品牌建设是提升市场竞争力的关键，公司致力于提升品牌知名度和美誉度，树立良好的企业形象，同时构建完善的销售渠道和售后服务体系。最终，公司将通过提升盈利能力，实现可持续发展，并积极降低运营成本，提高资金使用效率，以确保长期竞争优势。

公司组织结构：智汇科技的组织结构相对扁平化，主要分为以下几个部门。

研发部：负责新产品研发、技术创新和技术支持。

市场部：负责市场调研、产品推广、品牌建设和销售渠道拓展。

销售部：负责线上线下销售、客户关系维护和市场反馈。

供应链部：负责供应商管理、采购、生产计划和库存管理。

客服部：负责客户服务、技术支持、售后服务和用户反馈。

行政人事部：负责行政管理、人力资源管理、财务管理等。

公司文化：智汇科技倡导创新、协作、以用户为中心的文化。鼓励员工积极创新、勇于尝试，注重团队合作，并始终以用户的需求为导向。

(1) 智汇科技的战略目标是否清晰、具体、可衡量?

(2) 如果让你为智汇科技设计 KPI，你会选择哪些关键指标？为什么?

(3) 如果让你为智汇科技设计 360 度反馈方案，你会选择哪些评估维度？评估对象是谁?

(4) 智汇科技在绩效管理方面可能面临哪些挑战？如何解决?

8.4 算法赋能的绩效管理体系

1. 数智时代绩效管理的范式变革

数智技术的快速发展正在深刻地重塑绩效管理的底层逻辑。从依赖主观经验到数据驱动决策，从静态评估到动态优化，从统一标准到差异化管理，数智化转型正在引领绩效管理进入一个全新的时代。

(1) 从模糊评估到精准衡量

传统的绩效评估依赖上级主观评分，易受“近因效应”“晕轮效应”等认知偏差的影响。这种主观性导致评估结果的准确性和客观性不足，员工难以获得公正的反馈。

数智转型的实践通过多源数据融合构建量化指标体系，从而实现绩效的客观衡量。组织能够整合销售系统、客户关系管理（CRM）系统、协作平台等多个来源的数据，进而形成全面的绩效视图。多源数据融合指的是将来自不同系统、不同格式的数据进行整合、清洗和分析，以获得更全面、准确的信息。

数据驱动的数智化转型提升了绩效评估的客观性和准确性，使评估结果更具说服力，也为员工提供了更清晰的改进方向。

(2) 从滞后反馈到实时洞察

传统的绩效评估通常依赖季度或年度的定期评估方式。这种方式反馈周期长，导致员工难以获得及时反馈，也难以依据反馈调整工作策略。

数智化转型的实践借助嵌入式数据采集建立实时绩效看板，从而实现对员工绩效的实时监控与反馈。组织可通过工作流埋点、API 接口等手段，实时采集员工工作数据，并运用数据可视化技术，将这些数据展示给员工和管理者。嵌入式数据采集是指把数据采集功能嵌入工作流程和业务系统，达成数据的自动采集与实时更新。

实时反馈机制能助力员工及时知晓自身工作表现，并依据反馈调整工作策略，进而提高工作效率与绩效水平。

(3) 从一刀切到个性化适配

传统的绩效管理通常采用统一的考核标准，却忽视了员工能力差异、岗位特性以及个人发展需求。这种统一标准难以激发员工的积极性与创造力，也无法满足员工的个性化发展需求。

数智化转型的实践借助员工画像分析来制定差异化目标，进而实现个性化绩效管理。组织可通过工作风格测评、技能雷达图等方式，分析员工的特点、能力与偏好，为员工制定个性化的绩效目标及激励措施。员工画像分析指的是，通过收集和分析员工的各类数据，构建员工“画像”，以此更好地了解员工的特点、能力与偏好。

个性化绩效管理能更有效地激发员工的积极性与创造力，提升员工的满意度与敬业度，从而提高整体组织绩效。

(4) 从经验决策到科学预测

传统绩效管理的局限性在于，其往往依赖管理者基于经验的主观判断，难以准确预测人才发展和离职风险。这种主观性限制了决策的准确性和效率，也容易导致人才流失。

数智化转型实践则侧重于通过预测性分析，提前识别风险，为管理者提供科学的决策依据。组织可以运用绩效趋势拟合、离职预警模型等技术，分析员工的绩效、行为和社交数据，从而预测员工未来的表现和离职风险。

预测性分析是指利用历史数据和统计模型，预测未来的趋势和事件。它能够帮助管理者更好地了解员工的未来表现和潜在风险，从而做出更科学、更有效的决策。

(5) 从结果导向到全过程管理

传统绩效管理的局限性在于过度关注 KPI 达成，而忽视了工作方法、协作质量和员工发展等因素。这种结果导向的模式容易导致员工为了达成 KPI 而采取短期行为，甚至损害团队合作和组织文化。

数智转型实践则侧重于通过过程数据挖掘，实现全过程管理，从而诊断效能瓶颈。组织可以利用会议记录 NLP 分析、项目里程碑追踪等技术，分析员工工作过程数据，识别工作流程中的瓶颈和问题，并提供改进建议。过程数据挖掘是指通过分析员工的工作过程数据，例如会议记录、项目文档、沟通记录等，来发现工作流程中的问题和改进空间。

全过程管理能够帮助组织更全面地了解员工的工作表现，并提供有针对性的改进建议，进而提高工作效率和组织绩效。

2. 算法赋能：数智时代绩效管理的技术实现

在数智化转型的大背景下，算法技术成为驱动绩效管理变革的核心引擎。通过数据建模、自动化决策与持续学习，算法技术为绩效管理提供了前所未有的效率和精准度。

（1）数据自动化治理

数据自动化治理是算法赋能绩效管理的关键基础，它支持精准衡量和实时洞察。

从技术实现层面来看，数据整合环节利用数据仓库，自动从多个异构系统中抽取数据，进行清洗、转换和整合。数据清洗依赖规则引擎，对数据中的异常值进行处理，以确保数据的准确性。实时数据管道实现分钟级甚至秒级的指标更新，从而实现对绩效的实时监控。

数据自动化治理具有重要的管理价值。它确保了评估基准的一致性，并提高了数据分析的效率和准确性。通过自动化的数据整合、清洗和实时更新，为后续的分析和决策提供了高质量的数据保障。

（2）多目标优化建模

多目标优化建模在组织绩效管理中发挥着关键作用，它与个性化适配和全过程管理的转型方向相对应。该方法有助于组织探寻最佳考核方案，在不同绩效指标之间实现良好平衡，进而推动更高效、更公平的绩效管理。

从技术层面来看，其中一个重要环节是权重动态平衡。这可以通过多臂老虎机算法（Multi-armed Bandit）来实现。多臂老虎机算法属于强化学习算法，其核心功能是在多个选项中挑选出最佳选项，以实现累积奖励的最大化。在实际应用中，例如在销售考核中，该算法能够动态平衡结果指标与过程指标的权重，具体表现为合理平衡销售额与客户满意度的权重。

多目标优化建模能够针对销售、研发等不同岗位的特性，自动生成最为适宜的考核公式。这一过程减少了人工尝试与犯错所产生的成本，极大地提高了考核的科学性和有效性。

（3）智能诊断与干预

智能诊断与干预对应科学预测、实时洞察的转型方向。其可助力管理者及时发现绩效问题，并迅速采取相应的干预措施，从而改善员工绩效，提升组织整体效率。

从技术层面来看，智能诊断与干预主要包含两个关键部分：一是绩效趋势预测。该部分借助时序预测模型，如 Prophet 和 LSTM，来预警绩效下滑趋势。Prophet 是 Facebook 开发的时间序列预测工具，尤其适用于具有显著季节性和趋势性的数据；而 LSTM 作为一种特殊的循环神经网络，在处理时间序列数据方面具有独特的优势。例如，通过这些模型，可以预测员工未来 30 天内的离职概率是否超出阈值。二是低效根源定位。这通过关联规则挖掘中的 Apriori 算法实现，该算法是关联规则挖掘领域的经典算法，用于挖掘数据集中项集之间的关联关系。例如，利用此算法能够发现会议时长与任务延期之间存在强相关关系，从而精准定位低效根源。

智能诊断与干预能够提前 2～3 个月识别出潜在的离职人员，进而针对这些人员制定保留措施，有效降低人才流失风险，提升组织稳定性。

(4) 个性化策略生成

个性化策略生成旨在实现个性化适配，这是转型的重要方向。

从技术层面来看，它主要包含两个关键部分：一是激励方案推荐，该部分利用协同过滤技术，根据员工的个体差异，推荐合适的激励方案。例如，对于注重物质激励的员工，系统会推荐弹性奖金，以更好地激发其积极性。二是资源匹配，这可以通过知识图谱来实现，从而精准匹配员工的能力短板与相应的培训资源。例如，针对 Python 技能不足的员工，系统会关联数据分析课程，帮助员工提升技能。

个性化策略生成能够提升员工对发展计划的满意度，进而提高员工参与度和敬业度，最终促进整体组织绩效的提升。通过个性化策略，组织可以为员工提供更具针对性的发展机会和激励措施，从而切实提高员工满意度和敬业度，促进组织与员工的共同发展。

(5) 闭环反馈进化

闭环反馈进化是一种旨在实现全过程管理转型的策略。它有助于组织不断完善绩效管理体系，提高绩效管理的效率和效果，最终实现组织绩效管理的持续改进，为组织的稳定发展和竞争力提升提供坚实保障。

从技术层面来看，闭环反馈进化主要包含两个重要方面：一是强化学习循环。通过建立“评估结果→归因分析→模型参数调整→新一轮评估”的强化学习循环，可以持续优化考核模型。该循环使考核模型能够根据每次评估结果，深入分析原因，针对性地调整模型参数，从而在新一轮评估中不断完善，以适应组织绩效管理的动态需求。二是决策解释。通过 SHAP 值来解释算法决策。SHAP 值是一种用于解释机器学习模型预测结果的工具，它能够精准衡量每个特征对预测结果的贡献。组织可以运用 SHAP 值，清晰地向员工阐释绩效评估算法的决策依据，确保管理透明度，增强员工对绩效评估结果的理解与信任，避免员工因不了解评估过程而产生误解。闭环反馈进化考核模型能够每季度自动迭代，每次迭代均可降低关键指标预测误差率，有力地推动绩效管理的持续改进与优化。

算法赋能的绩效管理体系是未来的发展趋势。组织通过数据自动化治理、多目标优化建模、智能诊断与干预、个性化策略生成和闭环反馈进化等方式，能够构建更为高效、精准、个性化且智能的绩效管理体系。这有助于提升员工绩效，实现组织战略目标。

实训 8-4

绩效业务需求分析与实践

1. 实训目的

（1）了解绩效管理在企业运营中的重要性，以及数据分析在绩效管理中的应用。

（2）理解绩效数据采集、预处理、可视化、数据挖掘等关键环节，以及它们之间的逻辑关系。

（3）掌握绩效业务需求分析方法，并能够基于实际案例设计绩效数据分析方案，构建绩效驱动因素模型，并进行预测分析。

2. 实训任务

（1）小组组建与角色分配：自由组建 5～7 人的小组，明确每位成员的分工。

（2）绩效数据分析方案设计

①需求分析

明确企业绩效管理的目标和待解决的问题，以此确定数据分析的目标。

②数据采集方案

确定数据来源、采集方法和采集频率。制定数据质量控制措施，以确保数据的准确性和完整性。

③绩效问卷设计方案

明确问卷调查的目的和调查对象。问卷应包含基本信息、核心指标、影响因素和开放性问题。问题应清晰、简洁、易于理解，并根据需要选择合适的问卷类型。结合企业实际情况和调研结果，选择合适的关键绩效指标（KPI）。

④数据预处理方案

使用 Excel 或 Python 进行数据预处理。确定数据清洗、转换和整合的方法。

⑤数据可视化方案

确定可视化图表类型和展示内容，为后续分析提供支持。包括团队绩效可视化，例如：KPI 考核结果、团队整体分析、团队领导者分析（性别、受教育程度、年龄、司龄、晋升时长）、考核等级分析、KPI 考核成绩及指标完成情况分析，以及团队绩效驱动因素可视化，例如：团队绩效特征分析、特征 KPI 分析、团队凝聚力差异分析、领导风格与 KPI 交叉分析、胜任力与绩效交叉分析、领导自我效能感与 KPI 交叉分析、薪酬与绩效交叉分析等。

⑥数据挖掘方案

确定绩效驱动因素模型和绩效考核等级模型的构建方法，例如回归分析、决策树、神经网络等。

⑦调配计划预测对比分析方案。确定预测方法和对比分析方法。

（3）数据预处理

完成数据准备、数据清洗、数据转换和数据整合工作。详细记录数据预处理的步骤和方法，并展示数据预处理前后的对比结果。分析数据预处理过程中遇到的问题，并提出解决方案。

（4）数据可视化与初步分析

使用数据分析工具，绘制各种图表、对数据进行初步分析，并解读分析结果，提出初步的结论和建议。

（5）绩效驱动因素模型构建

包括模型选择、数据准备、模型训练、模型评估和模型解释。详细描述模型构建的步骤和方法，并展示模型的评估结果。分析模型的输出结果，并提出相应的结论和建议。

（6）绩效考核等级模型构建

（7）调配计划预测对比分析

①预测方法

确定预测方法，例如时间序列分析、回归分析等。进行数据准备和模型训练，以进行调配计划预测。

②对比分析

对比不同方案的预测结果，或对比实际结果与预测结果。详细描述预测和对比分析的步骤和方法，并展示预测结果和对比分析结果。分析预测结果和对比分析结果，并提出相应的结论和建议。

（8）撰写报告

基于上述分析结果，撰写报告。报告应包含：小组任务概述、绩效数据分析方案（详细）、数据预处理过程及结果、数据可视化结果及分析、绩效驱动因素模型构建过程及结果、绩效考核等级模型构建过程及结果、调配计划预测对比分析结果、结论与建议、遇到的问题及解决方案，以及小组分工及贡献。

Tips：背景资料及问题

教师需提前准备以下材料。

（1）2～3 家不同行业的企业案例，包括企业背景、组织架构、业务模式、绩效考核指标、数据来源、考核流程、数据分析需求等。

（3）数据集，包括员工基本信息、工作表现、考核结果、销售数据、客户数据等

（4）行业报告，帮助学生了解行业发展趋势和绩效管理实践。

请仔细阅读并思考以下问题。

（1）如何针对不同类型的企业，设计合适的绩效考核指标？

(2) 在数据采集过程中，如何保证数据的准确性和完整性?

(3) 如何选择合适的数据可视化图表，以便更好地展示数据分析结果?

(4) 如何构建有效的绩效驱动因素模型，并利用模型进行预测分析?

(5) 如何根据绩效考核结果，对员工进行合理的激励和改进?

(6) 在实训过程中，你遇到了哪些问题?是如何解决的?

(7) 通过本次实训，你对绩效管理和数据分析有什么新的认识和体会?

第 9 章　薪酬福利管理

学习目标

1. 了解薪酬福利的基础框架，包括薪酬构成标准、福利分类模式，以及精准化管理在现代组织中的核心价值。

2. 理解薪酬体系设计全流程，岗位评估、薪酬调查与结构设计方法，以及差异化薪酬模型和个性化福利方案。

3. 掌握薪酬沟通技巧、满意度分析工具和弹性福利计划的落地实施方法。

9.1　薪酬管理

9.1.1　薪酬

1. 薪酬的含义

薪酬是组织支付给员工的报酬，旨在吸引、留住并激励员工，包括工资、奖金、福利、股票期权等。薪酬涵盖所有基于对组织或团队贡献的报酬，这些报酬被认为是具有价值的。

2. 薪酬的构成

为了迎合不同员工的需要，同时达成组织的总体目标，薪酬的设计通常是多样的。薪酬一般由经济性报酬与非经济性报酬组合而成，其具体组成会因组织、行业及岗位而异。

经济性报酬包括直接报酬和间接报酬。直接报酬如基本工资、绩效工资、奖金、股权激励等，直接体现为货币收入。间接报酬则包括社会保险、住房公积金、带薪休假等福利，为员工提供保障和支持。

非经济性报酬则关注工作本身的价值，以及工作环境和组织特征带来的心理效用，例如工作的趣味性、良好的同事关系、组织的发展前景等。将非经济性报酬纳入考量，有助于提升员工的工作满意度，是组织吸引和留住人才的重要策略。

3. 经济性报酬

(1) 基础工资

基础工资是组织定期向员工发放的固定报酬，通常以月薪形式为主。它主要反映员工职位价值或技能（或能力）价值，可分为基于职位的基础工资和基于能力的基础工资。国外基础工资的形式多样，包括小时工资、月薪和年薪等；国内通常采用月薪制，即每月按时向员工发放固定工资。

(2) 绩效工资

根据员工年度绩效评价结果，在基础工资基础上增加的部分，是对员工优良工作表现的奖励。与奖金不同的是，绩效工资是基础工资的永久性增加，而奖金通常是一次性的奖励。

(3) 奖金

奖金，又称激励工资或可变工资，是薪酬中根据员工工作绩效浮动的部分。奖金可以与员工的个人业绩、所在团队业绩或组织的整体业绩挂钩，分别称为个体奖金、团队奖励和组织奖励。需要注意的是，奖金不仅与员工的业绩相关，也与员工在组织中的职位和价值有关，通常是两者乘积的结果。

(4) 津贴和补贴

员工津贴和补贴是组织为员工提供的福利，旨在帮助员工应对生活和工作中的各种开支。常见的津贴包括交通、餐费、住房、通讯、高温/寒冷、出差等补贴，以及夜班、技术等特殊津贴，以提高员工的生活质量和工作积极性。

(5) 福利

福利是组织为员工提供的除工资之外的各种非现金形式的报酬。福利的目的是提高员工的生活质量，增强员工对组织的归属感和忠诚度。常见的福利包括社会保险、住房公积金、商业保险、带薪假期、培训发展机会、健康体检等，以及员工旅游、节日礼品等，旨在构建全面的福利体系。

(6) 股票期权

股票期权是企业给予员工的一种激励方式，允许员工在未来以特定价格购买企业股票的权利。股票期权的目的是将员工的利益与企业的长期发展联系起来，激励员工为企业创造更大的价值。股票期权通常面向高级管理人员或核心员工。

4. 薪酬的作用

薪酬在组织管理中扮演着多重关键角色，主要包括四个功能：激励功能，激发员工潜能；保障功能，满足员工基本生活需求；调节功能，引导人力资源合理配置；增值功能，提高劳动生产率，为组织带来更大收益。

5. 全面薪酬战略

全面薪酬战略是一种超越基本工资的薪酬策略，它涵盖了福利、激励、职业发展机会等多元化的回报方式，旨在满足员工的全面需求。这种战略不仅关注经济回报，更重视员工的整体价值，包括福利保障、职业发展和工作环境等，从而提升员工的整体满意度和对组织的归属感。

(1) 全面薪酬战略下的薪酬构成及其作用

①基本薪酬仍然扮演着重要的角色，它为员工提供基本的生活保障，体现岗位价值，并有助于稳定员工队伍。然而，基本薪酬不再是唯一的关注点，而是作为整体薪酬体系的基础，与其他构成部分协同发挥作用，以实现更全面的激励效果。

②可变薪酬在全面薪酬战略中扮演着关键角色，其主要作用是激励员工努力工作，实现绩效目标，并体现员工的绩效贡献。随着全面薪酬战略的实施，可变薪酬变得更加重要，它与绩效考核紧密结合，成为驱动员工

行为、实现组织战略目标的关键工具。

③福利不再仅仅是传统的“保障”，而是成为提升员工生活质量、增强员工对组织归属感，以及体现组织对员工关怀的重要组成部分。随着全面薪酬战略的推进，福利更加注重个性化和多样化，成为吸引和留住人才、提升员工满意度的关键因素。

（2）全面薪酬战略的主要特征

全面薪酬战略的主要特征包括：战略性，与组织整体战略目标高度一致；激励性，通过多种薪酬形式激励员工提升绩效；灵活性，能够根据组织发展、市场变化以及员工需求的变化进行及时调整；创新性，采用新的薪酬模式和方法；沟通性，组织与员工进行充分的沟通，增强员工对薪酬体系的理解和认同。

9.1.2 薪酬管理概述

1. 薪酬管理的含义

薪酬管理是组织实现战略目标的关键环节，它基于组织经营战略和发展规划，综合考虑内外部因素，运用科学方法构建薪酬体系，明确薪酬水平、结构和构成，明确员工所应得到的薪酬，并进行相应的调整和控制，以此提升员工满意度和激发工作积极性，最终实现组织战略目标。

薪酬管理的核心目标是通过科学设计薪酬体系平衡员工激励与组织成本，在吸引保留人才、驱动绩效提升、维护内部公平的基础上，同步实现人力成本优化、合规风险防控及战略目标落地，最终通过价值分配机制引导组织行为，促进人才价值与组织价值的共生增长。

有效的薪酬管理系统应同时兼顾公平性、有效性和合法性。公平性体现在内部和外部的公正性，内部关注基于工作内容、技能和绩效的合理薪酬差异，外部则关注薪酬的市场竞争力。有效性在于激励绩效、控制成本和支持战略，通过激励机制、成本控制和战略对齐，实现组织目标。合法性是基础，要求薪酬体系符合法律法规，规避风险。

战略性薪酬管理将薪酬视为支持组织整体战略目标的关键工具。这种管理方式超越了传统的薪酬范畴，将薪酬设计与组织的业务战略、组织文化和人力资源战略紧密结合，旨在通过有效的薪酬激励，实现组织目标。

战略导向的薪酬管理体系以组织战略为核心，设计并实施薪酬体系，确保薪酬与组织战略目标高度一致。这种体系强调薪酬对战略的支持作用，通过激励员工和引导员工行为，最终实现组织战略目标。薪酬结构、水平和发放方式等各个方面都围绕战略目标展开。

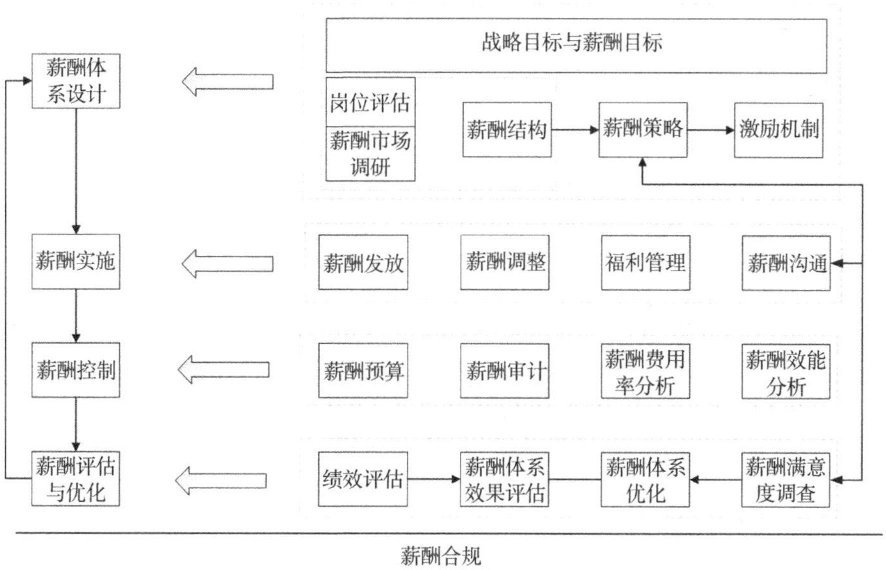

图 9-1　薪酬管理流程

2. 薪酬管理的内容与流程（如图 9-1 所示）

（1）薪酬体系设计

①岗位评估

通过职位分析、职位说明书和多种评估方法（如排序法、分类法、因素比较法、评分法），评估组织内各岗位的相对价值，为确定薪酬等级提供依据。

②薪酬结构设计

确定薪酬等级、范围和级差，构建合理的薪酬结构，包括基本工资、绩效工资、津贴和福利等组成部分及其比例。

③市场薪酬水平调研

收集并分析同行业、同地区、同类型组织的薪酬数据，以了解市场薪酬水平，为确定具有竞争力的薪酬水平提供参考。

④薪酬策略制定

薪酬策略制定需要综合考量组织战略、经营目标、发展阶段以及财务状况等关键因素。常见的薪酬策略包括：领先策略，提供高于市场平均水平的薪酬；匹配策略，薪酬水平与市场平均水平持平；滞后策略，薪酬水平略低于市场平均水平。

⑤激励机制设计

设计多元化的激励措施，包括绩效工资、奖金、股权激励和期权激励等，以激发员工积极性和创造力，从而助力组织战略目标的实现。

（2）薪酬实施

薪酬管理主要包括：薪酬发放，按时足额发放员工薪酬；薪酬调整，根据绩效、岗位变动及市场数据进行调整；福利管理，构建全面的福利方案；薪酬沟通，向员工解释薪酬政策、结构和调整依据，增强制度公信力。

（3）薪酬控制

薪酬管理控制包括：薪酬预算，编制年度薪酬支出计划，控制成本；薪酬审计，定期审查薪酬发放的合规性、数据准确性及制度有效性；薪酬费用率分析，评估薪酬成本的合理性；薪酬效能分析，量化评估薪酬激励对组织绩效的贡献。

（4）薪酬评估与优化

薪酬体系的评估与改进包括：绩效评估，为绩效调薪和激励提供依据；员工满意度调查，了解员工对薪酬制度的看法，为改进提供参考；薪酬体系效果评估，评估其对员工激励、战略目标实现、成本控制等方面的效果；薪酬体系优化，根据评估结果和市场变化进行调整和优化。

（5）薪酬合规

薪酬管理合规性要求：遵守法律法规，确保符合劳动法、最低工资标准、社保、个税等相关规定；定期进行合规审查，确保薪酬管理过程和结果符合监管要求，规避法律风险。

3. 常见的薪酬形式

（1）年薪制是指以年度为周期支付工资的薪酬形式，常见于高管或高级专业人员。这种方式有助于员工更好地规划财务，但可能在激励方面有所不足。

（2）结构工资制将工资分解为多个组成部分，如基本工资、绩效工资等，以实现更灵活的薪酬管理。这种方式可以根据不同因素调整工资，但结构相对复杂。

（3）提成工资制根据销售额、业绩等指标按比例提成，具有很强的激励作用。这种方式的收入与业绩直接挂钩，但收入的稳定性相对较低。

（4）固定工资制是指每月或每周支付固定工资的薪酬形式，不考虑工作表现。这种方式简单易懂，但可能缺乏对员工的激励。

（5）计件工资制根据员工完成的工件数量支付工资，具有很强的激励作用。然而，这种方式可能导致员工为了追求数量而忽视质量。

（6）协议工资制允许雇主和雇员协商确定工资，具有较高的灵活性。然而，这种方式也可能导致工资水平的不公平性。

（7）绩效工资是根据员工的工作表现，例如 KPI 或目标完成情况来支付的。这种方式具有很强的激励作用，但绩效考核可能存在一定的主观性。

（8）技能工资是根据员工的技能水平和掌握的技能来支付的。这种方式鼓励员工提升技能，但技能评估可能面临一定的挑战。

（9）市场工资制是根据市场上同类职位的工资水平来确定工资的。这种方式具有竞争力，有助于吸引和留住人才，但需要定期进行市场调研。

4. 薪酬管理的理论基础

（1）公平理论认为员工会通过自身投入产出比与他人的对比，来判断薪酬的公平性，这直接影响着他们的工作态度和行为。因此，薪酬管理应力求实现公平，包括外部公平性（与市场水平相比）、内部公平性（不同岗位之间的薪酬差异）和个人公平性（相同岗位员工之间的薪酬差异），以提升员工满意度和工作积极性。

(2) 双因素理论将影响员工满意度的因素分为保障因素和激励因素。薪酬作为保障因素，能够消除员工的不满，但并不能直接激励员工。因此，薪酬管理应关注如何通过薪酬设计，结合成就感、认可等激励因素，以全面提升员工的积极性和满意度。

(3) 期望理论认为，员工的激励程度取决于努力与绩效、绩效与结果的期望值，以及结果的效价。因此，薪酬管理应确保努力与绩效、绩效与薪酬挂钩，并且薪酬对员工具有吸引力，从而激发员工的工作积极性，最终实现组织目标。

(4) 代理理论关注委托人（如股东）与代理人（如管理者）之间的关系，以及如何通过薪酬设计，使代理人的利益与委托人的利益保持一致。薪酬管理应设计合理的激励机制，如绩效工资、股权激励等，以促进管理者与股东的利益一致，最终提升组织绩效。

9.1.3 薪酬体系的设计概述

1. 薪酬体系设计的原则

薪酬体系设计应遵循以下原则：战略导向，与组织战略目标一致；经济性，在控制成本的前提下实现最大效益；体现员工价值，反映员工贡献和能力；激励作用，激发员工积极性和创造性；公平性，体现外部、内部和个人公平；竞争性，具有市场竞争力。

2. 薪酬体系设计的影响因素

(1) 战略与发展阶段因素

组织的战略目标和发展阶段会影响薪酬体系的设计，例如，初创期组织可能更侧重激励型薪酬，而成熟期组织可能更注重稳定性和长期激励。

(2) 文化因素

组织文化对薪酬体系的设计有重要影响：功能型工作文化强调自上而下管理，薪酬以职务工资制为主；流程型工作文化强调团队合作，薪酬以职能工资制为主；时效型工作文化强调高增长和速度，薪酬以绩效工资制为主；网络型工作文化强调利益共享和风险共担，薪酬侧重于合伙人制度或利益分成。

（3）市场竞争因素

其对薪酬体系的竞争力至关重要。组织需要根据市场上的薪酬水平和人才竞争情况，及时调整薪酬水平，以吸引和留住人才。

（4）价值因素

薪酬体系设计需要考虑组织必须支付薪酬的各种因素，主要包括岗位、知识能力和绩效。岗位因素是确定岗位工资的基础，通过评估岗位责任和价值来体现。知识能力因素是确定能力工资的基础，通过评估员工的知识和能力及其重要性来体现。绩效因素是确定绩效工资的基础，通过评估员工的业绩及其重要性来体现。

3. 基本薪酬体系

（1）基于职位的薪酬体系

基于职位的薪酬体系是根据员工所担任的职位（岗位）的相对价值来确定薪酬的体系。通过岗位评估，确定不同岗位的相对价值，进而将岗位划分为不同的薪酬等级，并为每个等级设定薪酬范围。这种体系强调内部公平性，管理相对方便，但灵活性有限，对员工个人能力和贡献的体现相对不足。它更适用于组织结构稳定、岗位职责明确的组织。其优点在于维护内部公平性、管理简单、易于控制成本；局限性在于灵活性不足、难以体现个人贡献、可能滋生官僚主义，并可能影响人才吸引力。实施该体系需要组织结构稳定、岗位职责明确、清晰的岗位描述、健全的管理制度、公平公正的岗位评估方法以及定期的市场薪酬调研。

（2）基于能力的薪酬体系

基于能力的薪酬体系是指根据员工所拥有的知识、技能、经验和能力来确定薪酬的体系，侧重于员工的个人能力。它特别适用于知识密集型、技术密集型、创新型行业。该体系优点在于能够激励员工学习、提高薪酬的灵活性、增强人才吸引力、促进团队合作，以及适应技术变革。其不足为，如能力评估难度大、成本较高、可能导致过度培训、某些能力难以量化，以及实施过程复杂，需要完善的管理制度支持。

①基于能力的薪酬体系具有以下显著特征：通过能力评估，对员工的知识、技能、经验等进行评估；鼓励员工学习和掌握多种技能，并根据其掌握的技能支付薪酬（多技能薪酬）；强调员工的横向发展；薪酬具有较高的灵活性，可根据员工能力的提升而调整；薪酬可以根据员工的个人能力和发展情况进行个性化设计。

②基于能力的薪酬体系设计流程包括：确定组织所需的核心能力，建立能力模型；制定能力评估标准和方法，对员工进行能力评估；根据能力水平划分薪酬等级；为每个薪酬等级设定薪酬范围；建立薪酬调整机制，根据员工能力提升情况调整薪酬；实施薪酬体系，并进行监控和评估，及时调整和改进。

（3）基于绩效的薪酬体系

基于绩效的薪酬体系是指根据员工的工作表现来确定薪酬的体系。绩效通常通过预先设定的目标、关键绩效指标（KPI）或工作成果来衡量。

其优势在于能够直接激励员工、引导员工关注绩效目标、体现薪酬的公平性，以及便于绩效的衡量和管理，最终促进组织目标的实现。其局限性包括考核难度大、考核结果可能受到主观因素的影响、可能导致短期行为，以及实施过程的复杂性。

实施基于绩效的薪酬体系时，需要注意以下事项：设定清晰、可衡量的绩效目标；采用客观公正的评估方法；及时反馈绩效结果并提供改进建议；加强沟通交流，确保员工理解考核标准；持续改进绩效管理体系；并为员工提供必要的培训和支持，以帮助他们提升绩效。

基于绩效的薪酬体系有多种形式，包括绩效工资、奖金、提成、利润分享和股票期权等。绩效工资与绩效挂钩；奖金基于团队或个人绩效发放；提成基于销售额或业绩等指标；利润分享是将部分利润分配给员工；股票期权则用于激励员工长期为公司服务。

①绩效工资计划是基于员工绩效表现的薪酬奖励，主要包括绩效加薪、一次性奖金和特殊绩效奖励三种形式。

绩效加薪计划是一种将基本薪酬的增加与员工绩效评价等级挂钩的奖励方式。其核心要素包括加薪幅度、加薪时间和加薪的实施方式。在实际操作中，可以采用直接基准法、绩效奖励方格图法或综合绩效加薪矩阵法等方法。

一次性奖金计划是一种非累计性的绩效奖励，以一次性支付的形式发放。这种方式的优势在于能够控制薪酬成本的上升，并保持薪酬范围的稳定性。一次性奖金的发放金额可以固定，也可以根据绩效浮动，发放周期灵活可变。员工个人奖金的计算通常与部门绩效和个人绩效相关。

特殊绩效奖励计划是对超出工作要求的优秀表现或重大贡献进行的一次性奖励。这种计划能够提高薪酬系统的灵活性，激励与组织价值观一致的行为，并实现成本效益的最大化。奖励对象包括周边绩效和超额绩效，奖励形式多样，涵盖货币奖励、口头/书面奖励、与工作相关的奖励、社交活动奖励以及其他物质性奖励。

②激励薪酬计划是基于可衡量的工作结果或预设目标而提供的薪酬奖励。这种计划旨在通过对绩效的直接奖励，激发员工的积极性和工作动力。

个人激励薪酬计划是针对员工个人工作绩效的奖励。针对生产操作类人员，常见的有直接计件工资、差别计件工资等多种形式；针对管理人员，则通常采用目标管理。实施此类计划的前提是员工工作任务相对独立、组织环境稳定、注重个人绩效，并辅以完善的绩效管理体系。

群体激励薪酬计划适用于工作产出是集体合作结果的情况，但实施时可能面临“搭便车”行为的挑战。常见的群体激励薪酬计划包括利润分享计划、收益分享计划（如斯坎伦计划、拉克计划）、成功分享计划以及小群体或团队奖励计划等。

长期激励薪酬计划是对绩效衡量周期超过一年，并达成既定绩效目标的员工提供的奖励。这种计划主要包括现金和股权两种形式。长期现金计划包括项目现金计划、事件相关计划和绩效重叠期计划等；股票所有权计划则包括现股计划、期权计划和股票期权计划等。

4. 薪酬体系设计的具体流程

（1）准备。明确设计目标，如吸引人才、激励员工或控制成本。组织分析，了解组织的战略、组织结构、文化和业务流程。环境分析，收集市场薪酬数据、行业趋势和相关法律法规信息。组建薪酬设计项目组，明确各成员的职责，为后续工作奠定基础。

（2）岗位分析与评估是薪酬体系设计的重要环节。通过收集岗位信息，编写岗位说明书，明确岗位职责和任职资格。运用各种岗位评估方法，如排序法、分类法等，对岗位进行评估，从而确定不同岗位的相对价值，为后续的薪酬等级划分奠定基础。

（3）薪酬结构设计包括确定薪酬构成，如基本工资、绩效工资、津贴和福利等；设计薪酬等级，根据岗位评估结果划分；设定薪酬范围，为每个等级设定最低工资、最高工资和中间工资，以构建完整的薪酬结构。

（4）薪酬水平的确定需要综合考虑多方面因素。首先，进行市场调研，收集同行业、同地区、同类岗位的薪酬数据。其次，在内部平衡方面，确保不同岗位之间的薪酬差异合理。最后，综合考虑市场薪酬水平、内部公平性以及组织的支付能力，最终确定合理的薪酬水平。

（5）薪酬制度制定的核心在于制定详细的薪酬管理制度和明确薪酬发放流程。薪酬管理制度应涵盖薪酬调整、绩效考核、福利待遇等各个方面。同时，需要明确薪酬发放的流程和时间，以确保薪酬体系的规范性和有效性。

（6）实施与沟通是确保薪酬体系顺利推行的关键。首先，向员工公布薪酬方案，并进行详细解释。其次，对员工进行薪酬体系的培训，确保他们充分理解。此外，进行试运行，并收集员工反馈意见，以便及时调整和完善。

（7）评估与调整是持续改进薪酬体系的关键环节。定期评估薪酬体系的实施效果，并收集员工反馈。通过对薪酬数据的分析，评估薪酬体系的公平性、竞争性和激励性。根据评估结果和市场变化，及时调整和优化薪酬体系，以确保其持续有效。

9.1.4 薪酬体系的设计：岗位分析与评估

1. 岗位分析与评估的含义

岗位评价是对组织岗位进行系统评估，以确定其相对价值，从而建立合理的岗位结构。它基于工作内容、技能要求、贡献、组织文化和市场等因素，评估岗位对组织目标的贡献，进而确定薪酬等级和岗位待遇，实现薪酬的科学化和规范化。岗位评价有助于建立员工对薪酬的信任感和内部公平感，提高员工对薪酬差距的接受度。

（1）岗位分析与评估原则。评估对象是岗位本身，而非任职者；鼓励员工积极参与评价过程；评价结果应公开透明。

（2）岗位分析与评估应注意评估的是岗位本身，而非任职者；关注岗位等级分数，而非最终工资总额；专家小组成员独立评分，避免互相协商；评价结果严格保密，不得记录。

（3）岗位分析与评估标准是指有关部门对岗位分析与评估的方法、指标和指标体系的统一规定，包括评价指标标准和评价技术方法标准。采用统一的评估标准有助于确保评价工作的正确性和结果的可比性。评估时，应优先使用国家标准和行业标准，对于尚未制定国家标准的部分，应参考国家标准的基本思想和要求制定统一的评价标准。

2. 岗位分析与评估的方法

（1）排序法是一种简便直观的职位评价方法，包括简单排序法和配对比较法。

①简单排序法是将职位说明书按价值高低排序，价值最高的排在最前，最低的排在最后。这种方法适用于职位层次较少、职责明确的组织。

②配对比较法是将所有职位两两配对比较，价值高者得 1 分。最终，按得分高低对职位进行排序，确定职位等级。在使用此方法时，需特别注意两种职位间价值的比较难度。

（2）归类法是一种通过预先设定职位价值等级和标准，将职位与标准进行比较，从而归入相应等级的职位评价方法。这种方法类似于客户分级，通过明确的标准，将职位划分为不同的价值等级。

（3）要素计点法是一种定量化的职位评价方法，它将职位分解为评价要素，并为各要素设定等级和点数。评价时，确定各要素等级并赋予点数，加总得到总点数，进而对职位进行排序和等级划分。关键在于选择能准确反映职位特征且在所有职位中都有体现的评价要素，并确保要素分级清晰，以保证评价结果的准确性。

(4) 要素比较法是一种将职位评价与工资确定相结合的方法，其过程比计点法复杂，且评级因素的选择难度较高。该方法在完成职位评价的同时，也确定了该职位的工资。要素比较法的实施步骤如下：首先，选择标准职位作为参照；然后，确定所有职位共有的评价要素；接着，明确标准职位的工作内容和市场工资水平；之后，比较相同要素在不同职位中的重要程度，并为每个要素分配相应的工资额度；最后，建立等级定价表，并参照该表评价其他职位，确定其工资率。

3. 岗位分析与评估的程序

(1) 建立评价委员会。成员多元化以减少误差，增强信任度。

(2) 选择典型职位进行评估。

(3) 确定关键薪酬因素并分配权重。

(4) 选择合适的评价方法。

(5) 培训评价人员，使其掌握方法并避免误差。

(6) 制定职位等级结构表，涵盖所有职位。

(7) 与员工进行反馈沟通，并建立申诉机制，确保结果公正。

9.1.5 薪酬体系的设计：薪酬调查

1. 薪酬调查概论

薪酬调查是指组织通过收集市场薪酬信息，了解其他组织的薪酬状况，以解决薪酬管理的外部公平性问题。通过市场薪酬调查，组织可以根据调查结果，结合自身战略，设计和调整薪酬水平、结构和管理政策。

薪酬调查旨在了解市场薪酬水平及动态，以保持薪酬的外部竞争力，实现外部公平。具体目标包括：调整薪酬水平和结构、整合薪酬要素、评估劳动力成本、了解行业趋势以及促进薪酬审计。

薪酬调查通过标准化方法，对市场职位进行分类分析，形成客观报告，为组织薪酬设计提供决策依据。作为薪酬设计的重要环节，它有助于提升薪酬的外部竞争力和内部公平性。调查方式包括查阅权威报告和委托专业机构。

薪酬调查主要有两种方式：自行组织调查和委托外部专业公司。自行调查成本较低，但专业性可能不足；委托专业公司则技术和信息更具优势，但成本相对较高。

2. 薪酬调查的程序

（1）审查现有的薪酬调查数据，确定调查的必要性。若数据充足，则无需重复调查；若数据不足，则需考虑自行调查、委托第三方调查或与第三方合作调查。

（2）确定薪酬调查的职位范围和层次。明确需要调查的职位类型或所有职位，并选择典型的调查职位。在选定被调查职位时，应提供最新的职位描述和标准的职位名称。

（3）劳动力市场范围界定涉及职业、地理和产品市场三个维度。首先明确调查职位，然后分析其地理范围和产品市场，以此确定劳动力市场定位。调查组织数量通常不少于 10 家，可选择的组织类型包括同行业同类型组织、其他行业相似职位组织、竞争同一劳动力组织、本地区招聘组织，以及经营策略、声誉、薪酬和工作环境相似的组织。

（4）薪酬调查需收集多方面信息包括组织与工作信息（如组织规模、财务状况）、薪酬战略信息（如薪酬目标、政策），以及与薪酬水平和结构相关的信息，如薪酬等级结构、要素构成、管理方式等。

（5）设计薪酬调查问卷并实施

①薪酬调查问卷应涵盖以下信息：被调查组织的组织信息、薪酬战略信息、薪酬水平和结构信息、职位权限范围信息、任职者及其职位信息，以及其他相关信息。

②设计薪酬调查问卷时，应注意以下问题：每个问题只提问一个信息，并留出足够书写空间；问卷应简洁明了，易于理解和回答；突出关键词和关键句；在问卷结尾设置开放式问题；提供联系方式，方便被调查者咨询。

（6）核查调研信息。在回收调查问卷后，对每份问卷进行核查，判断问卷的有效性以及数据的可用性。

（7）统计分析调查数据。

薪酬调查中常用的统计分析方法包括：频度分析，分析各薪酬范围内的公司数量；趋中趋势分析，包括简单平均数、加权平均数和中位数；离散分析，包括标准差分析和四分位/百分位分析；回归分析，分析变量间的相关关系并进行预测。

(8) 形成薪酬调查结果分析报告。

9.1.6 薪酬体系的设计：薪酬结构设计

1. 薪酬结构内涵

薪酬结构是组织内部不同职位或技能的工资率体系，主要关注薪资等级的数量、等级间的薪酬差距及其确定标准。制定薪酬结构时，需要在内部一致性和外部竞争力之间取得平衡。内部一致性包括部门间（水平一致性）和部门内（垂直一致性），确保薪酬体系的公平性与合理性。

一个完整的薪资结构包含：薪资等级的数量；同一薪资等级内部的薪资变动范围（最高值、中值和最低值）；相邻薪资等级之间的交叉与重叠关系。

薪酬变动比率是指同一薪资等级内最高值和最低值之差与最低值的比率，其大小取决于特定职位所需的技能水平等综合因素。为了方便使用，也可以基于中值来计算薪酬变动比率。常见的计算公式如下：

薪酬变动比率=（最高值−最低值）/最低值

中值=（最高值+最低值）/2

上半部分薪酬变动比率=（最高值−中值）/中值

下半部分薪酬变动比率=（中值−最低值）/中值

最高值=最低值×（1+薪酬变动比率）

最低值=最高值/（1+薪酬变动比率）

2. 与薪酬结构相关的重要决策

(1) 薪酬变动范围与薪酬变动比率

薪酬变动范围是指同一薪酬等级内，员工薪酬可变动的幅度；薪酬变动比率衡量了这一幅度的大小。确定薪酬变动范围和比率时，需要考虑职位重要性、技能要求、市场薪酬水平和组织支付能力。较大的变动比率能激励员工，但过大可能导致不公平和增加成本。

（2）薪酬区间中值与薪酬区间渗透度

薪酬区间中值指的是一个薪酬等级内，最高薪酬与最低薪酬的平均值，代表该等级的中心薪酬水平。薪酬区间渗透度则用来衡量员工实际薪酬在该等级中的位置，即员工薪酬占中值的百分比。

薪酬区间渗透度反映了员工的绩效和资历水平，绩效优秀或资历深的员工，其薪酬通常更接近或超过中值。确定薪酬区间中值和渗透度，有助于组织进行有效的薪酬管理和差异化分配。

（3）相邻薪酬等级之间的交叉与重叠

相邻薪酬等级之间的交叉与重叠，指的是较低等级的薪酬范围与较高等级的薪酬范围可能部分或完全重合。这种设计旨在为员工提供晋升后的薪酬增长空间，并激励员工提升绩效。无重叠可能降低晋升意愿；部分重叠则平衡晋升激励和薪酬成本；完全重叠可提供更大灵活性，但可能增加薪酬成本。组织需综合考虑晋升机会、薪酬成本和激励效果。

3. 薪酬结构确定程序

不同的组织拥有不同的薪酬价值观，从而形成不同的薪酬结构。在设计薪酬结构时，组织通常需要综合考虑以下五个因素：职位等级、个人技能和资历、工作时间、个人绩效以及福利待遇。以计点法进行职位评价的薪资结构建立过程如下。

（1）职位评价采用计点法。根据工作内容、责任、技能等要素，为每个职位赋予相应的点值，从而量化了不同职位的相对价值。

（2）职位排序与分组。根据点值对职位进行排序，并将点值相近的职位归为同一薪酬等级。

（3）确定等级数量与范围。确定薪酬等级的数量，并为每个等级设定点值范围。可以采用恒定或变动的绝对极差/差异比率，以合理划分不同等级的职位。

（4）市场薪酬调查。通过收集各等级职位的市场薪酬数据，了解行业薪酬水平，确保薪酬的外部竞争性。

（5）建立薪资趋势线。将职位等级的点值与市场薪酬数据相结合，绘制薪资趋势线。该趋势线反映了不同点值对应的市场薪酬水平，为确定薪酬中值提供参考。

(6) 确定薪资中值。根据薪资趋势线，将每个薪酬等级的点值中点代入，即可得到各等级的薪资中值。薪资中值代表了该等级的“中心”薪酬水平。

(7) 调整中值。根据市场竞争情况和组织战略，对薪资中值进行适当调整。这一步骤旨在确保薪酬的竞争力与组织目标的契合度。

(8) 建立薪资结构。根据确定的薪资等级、点值范围和薪资中值，建立最终的薪资结构。薪资结构应包括各等级的薪酬范围（最高值、最低值)，为员工薪酬的确定提供依据。

4. 薪酬等级的划分

薪酬等级划分是将组织内部职位按相对价值划分为不同的薪酬等级，是薪酬结构设计的重要组成部分。其主要目的是实现内部公平性，确保薪酬与职位价值相符，简化薪酬管理，为员工提供职业发展机会，以及方便组织进行薪酬预算和成本控制。

薪酬等级的划分主要依据职位评估结果，并需结合市场薪酬数据、组织战略和组织结构等因素。常见的划分方法包括：点值法（根据评估点值)、排序法（依据职位排序)、分类法（按职位类别分组）和统计分析。

薪酬等级数量的确定需要综合考虑组织规模、组织结构、管理复杂性和员工需求等因素。一般而言，组织会设置 8～15 个薪酬等级。薪酬等级划分的实施步骤包括：职位评估、数据分析、确定等级数量、划分等级、设定范围和审核调整。

9.1.7 薪酬实施：薪酬沟通

1. 薪酬沟通的含义

薪酬沟通是指管理者与员工之间，通过各种方式交流薪酬信息、思想和情感，以实现组织战略目标的过程。它包括组织就薪酬战略、制度、水平、结构等与员工进行全面沟通，并听取员工反馈，同时，员工表达对薪酬的期望，最终达成共识，共同推动组织目标的实现。

2. 薪酬沟通的特征

薪酬沟通具有以下特征：强激励性，提升员工满意度，激发工作积极性；互动性，双向沟通，形成良性互动；公开性，促进绩效管理制度的公平化和标准化；动态性和灵活性，适应组织战略和组织变革。

3. 薪酬沟通的意义和作用

薪酬沟通的意义和作用包括：营造积极的工作环境，提升员工满意度；促进目标一致，统一员工个人目标与组织发展目标；预防潜在矛盾，促进组织稳定发展；实现激励与约束的统一，明确员工努力方向。

4. 薪酬沟通中应注意的事项

（1）薪酬沟通首先要明确组织价值标准。沟通时，应阐述薪酬战略、目标（吸引、保留、激励）和侧重点，并解释付薪要素在薪酬标准中的应用。这有助于员工理解组织的重视点，从而提升积极性和归属感。

（2）薪酬沟通应侧重外部视角与发展导向。通过引导员工关注行业趋势、市场动态，帮助其理性看待薪酬变化。同时，强调个人发展与组织发展的结合，激发其内在动力，实现共同成长。

（3）薪酬沟通应采用多种形式，确保信息传递的全面性和有效性。一方面，通过书面形式，如内部通知，公开薪酬设计的理念、原则等，实现信息共享。另一方面，管理者应进行个别面谈，根据员工的不同情况进行个性化沟通，了解员工想法，耐心解答，并对涨薪员工进行激励，增强其对组织的认同感。

9.1.8　薪酬控制

1. 薪酬预算

薪酬预算是组织对未来薪酬支出的预测和控制，确保薪酬成本在可承受范围内。准确的薪酬预算有助于控制员工流动率、影响员工行为。薪酬预算需综合考虑组织财务状况、薪酬结构及市场环境等因素，并同时关注内部和外部环境的影响。

内部环境分析是薪酬预算的重要组成部分，包括：薪酬支付能力（劳动分配率、薪酬费用率、薪酬利润率及行业对标）；薪酬策略（薪酬水平策略和激励策略）；薪酬结构（薪酬层级、差距及构成比例）；人力资源流动情况、招聘计划、晋升计划以及薪酬满意度。

外部环境分析侧重于了解市场动态，是薪酬预算的重要参考。应包括：市场情况（发展趋势）；市场薪酬水平（关键点、平均薪酬、最高/最低水平及构成比例）；市场薪酬变化趋势；标杆企业或竞争对手的薪酬支付水平。

2. 薪酬衡量

薪酬衡量是为了评估薪酬体系的有效性，确保其与组织的战略目标、市场竞争力以及员工的贡献相匹配。常用的薪酬衡量指标有薪酬平均率、薪酬总额、薪酬费用率、人工成本占收入比例、员工薪酬满意度等。

薪酬平均率 = 实际平均薪酬 / 薪酬幅度的中间数

薪酬平均率用于衡量实际平均薪酬与薪酬幅度的中间值的关系。理想的薪酬平均率应接近 1，表示薪酬水平合理。大于 1 表明薪酬支出偏高，小于 1 则表明薪酬水平偏低。

3. 薪酬成本控制

薪酬成本控制是指组织为了实现财务目标，对员工的薪酬支出进行计划、管理和监督的过程。其目的是在保证员工获得合理薪酬的同时，控制薪酬总额，提高组织的盈利能力和竞争力。在人工成本过高时，组织可采取多种措施控制薪酬支出。

薪酬冻结，即维持员工现有薪酬水平不变。

延期提薪，即推迟应提薪员工的提薪时间，待组织经济效益好转后再行调整。

延长工作时间、增加工作量、提高工作效率，同时，增强员工的危机意识。

控制其他费用支出，包括适度压缩福利、津贴等开支，以实现整体成本控制目标。

9.1.9　薪酬满意度调查

1. 薪酬满意度的定义

薪酬满意度是指员工对组织薪酬管理体系的整体评价，包括对薪酬制度、政策、薪酬福利水平、薪酬结构、薪酬公平性等方面的满意程度。它反映了员工对薪资和福利是否满意，以及对组织薪酬管理方式的认可程度。

2. 薪酬满意度的多维建构

薪酬满意度可以从以下四个维度进行分析。

（1）薪酬水平是指员工实际获得的薪资总额，包括基本工资、绩效工资、各种津贴和补贴等。员工对薪酬水平的满意度直接关系到他们对自身经济收入的评价。

（2）薪酬结构指薪酬的组成部分及其比例关系，例如基本工资、绩效工资、奖金、福利等在总薪酬中的占比。员工对薪酬结构的满意度取决于他们认为这些构成部分是否合理，是否能够激励他们。

（3）薪酬体系指组织内部薪酬管理的制度和流程，包括薪酬的制定、调整、发放以及绩效考核等。员工对薪酬体系的满意度取决于他们认为这些制度是否公平、透明、有效，以及是否与他们的工作表现相匹配。

（4）薪酬形式指薪酬发放的具体方式，例如现金、股票期权、补充养老金、各种福利。员工对薪酬形式的满意度取决于他们认为这些形式是否符合他们的需求，是否能够提供足够的保障和福利。

3. 薪酬满意度的影响因素

（1）薪酬公平性

薪酬公平性影响薪酬满意度的核心因素包括：内部公平性，员工认为自己的薪酬与组织内部其他员工的薪酬相比是否公平；外部公平性，员工认为自己的薪酬与同行业、同地区其他类似职位的薪酬相比是否公平；个人公平感，员工认为自己的薪酬与其个人贡献是否相匹配。

（2）薪酬制度

薪酬制度是组织分配薪酬的制度框架，它影响着薪酬的制定、调整、发放等流程。一个好的薪酬制度应该能够支持组织的薪酬战略，并实现薪酬目标。

（3）薪酬结构

薪酬结构指的是不同职位或不同技能的薪酬之间的对比关系，以及不同薪酬形式在总薪酬中的比例关系。合理的薪酬结构应该能够激励员工，并反映不同职位和技能的价值差异。

（4）薪酬水平

薪酬水平是指组织相对于其竞争对手的薪酬水平或市场平均薪酬水平的高低。较高的薪酬水平通常可以提高员工的满意度，但同时也需要考虑组织的财务承受能力。

（5）薪酬管理

薪酬管理涉及薪酬成本的控制、薪酬制度的执行以及薪酬信息的保密性等。有效的薪酬管理可以确保薪酬制度的公平性和透明性，从而提高员工的满意度。

（6）福利及服务

福利及服务包括非工作时间付薪（如带薪假期）、培训、健康及医疗保健、保险、养老金等。这些福利可以提高员工的整体福利水平，从而影响他们的薪酬满意度。

4. 薪酬满意度调查的方法

薪酬满意度调查是组织优化薪酬体系的重要手段。它帮助组织了解员工对薪酬制度和管理的真实感受，重点在于评估员工的满意程度，以及他们对自身薪酬的外部比较。调查结果为组织改进薪酬制度提供依据，从而提升员工满意度，增强团队凝聚力，最终促进组织绩效。

薪酬满意度调查常用两种方法：访谈和问卷。访谈深入了解员工看法，但耗时较长；问卷调查快速收集数据，进行量化分析，但可能无法完全捕捉员工的真实想法。为了获得更全面的信息，最佳实践是结合使用访谈和问卷调查，先通过小范围访谈初步了解员工的想法，再设计更贴合实际情况的问卷进行大规模调查。

（1）访谈调查法，通过设计访谈提纲，记录访谈内容，并总结观察到的现象来得出结论。访谈过程通常分为三个阶段：准备、进行和总结分析。

①访谈准备阶段包括明确访谈目标、设计提纲、确定访谈对象、组建访谈小组和分工，确定访谈方式。访谈通常采用漏斗式或倒漏斗式，选择哪种方式取决于访谈目标和被访谈人的特点，并需事先整理思路，确定访谈提纲，以便掌控访谈进程。

②访谈阶段，务必准时赴约，营造安全、放松的氛围，集中注意力，保持眼神交流，灵活掌握访谈内容。访谈结束后，总结要点并向被访谈者表示感谢。

③总结分析阶段，访谈结束后，访谈者需仔细回顾访谈过程，整理并补充原始记录，结合背景资料进行分析总结，最终得出访谈结论。

（2）问卷调查是人力资源管理中常用的信息收集方法，其关键在于问卷的结构性和问题设计。问卷调查以其高效率和广泛性著称，能在短时间内低成本获取大量信息。主要局限性在于问卷设计上，务必确保问卷的完整性、科学性和合理性。设计调查问卷应注意以下问题。

①设计问卷时，问题应清晰明确，确保员工能准确理解并作答。问卷设计完成后，需审阅校对或预调查，及时修正词义不清的问题。

②设计的选项应该有一定的可分辨度。分数等级过少难以准确衡量满意度，而分数等级过多则可能因过于烦琐引起员工反感，并降低测量准确性。多数调查问卷采用五级量表，通常不超过七级。

③若调查涉及比较，为提高准确性，应明确界定比较对象的特性、特质或范围。例如，在调查工资水平时，应明确比较对象，如“在目前生活水平下，与本地同行业企业相比，您的收入水平如何?”

④为减少调查失真，问卷设计应考虑可控因素和员工差异。问题难度应分级，并针对文化程度较低的员工简化。采用便捷的选项方式，并多角度提问以深入了解员工想法。差异化问卷虽可了解不同层级员工的满意度，但会增加处理难度。

5. 薪酬满意度调查的注意事项

进行薪酬满意度调查时，应注意：选择合适的调查时机，避开员工工作高峰期；采用匿名形式收集反馈，确保数据收集的客观性；建立调查结果的双向反馈通道，确保信息透明度和改进措施的落地性。

6. 薪酬满意度调查流程

薪酬满意度调查流程包括：明确目标，阐述调查目的及预期成果；界定范围，确定调查对象；选择方法，选取合适的调查方式；设计内容，确保内容全面；实施调查，按照既定方案执行数据采集；数据分析，统计问卷结果或提炼访谈内容。

7. 薪酬满意度提升策略

薪酬作为组织常用的激励手段，其有效性依赖于对外竞争力、对内公平性以及对员工的激励性。构建有效的薪酬体系，需遵循公开、公正、公平的原则，以激发员工积极性，并使其努力方向与组织发展目标一致。

提升薪酬满意度的核心在于解决公平性问题。应加强组织制度化建设，制定科学、合理的薪酬制度，建立内外相对公平的薪酬体系。通过综合运用多种策略并辅以其他制度的协同配合，最大限度地提升员工满意度，激发其工作积极性。

(1) 提升管理者认知

管理者应将员工薪酬满意度管理视为人力资源工作的核心内容。通过定期调查，深入了解员工需求，为制定和优化薪酬政策提供依据。薪酬满意度的提升是一个动态过程，管理者需根据组织发展灵活调整激励措施，全面掌握员工满意度现状，并采取针对性措施，以提高员工满意度并激发工作积极性。

(2) 进行职位测评，评估职位相对价值

职位测评通过科学方法，评估职位在组织战略中的相对价值，侧重于职位本身的职责、难度和技能要求。测评结果用于划分职位等级，确定薪资水平，解决内部公平问题。组织应建立规范、合理的职位评估体系，确保测评结果客观公正，使各职位价值得到公平体现。

(3) 建立有效的沟通机制

建立有效的沟通机制，是提升员工薪酬内部公平感的重要途径。组织应通过加强沟通交流，增进管理者与员工之间的互信。虽然薪酬保密制度旨在避免员工因比较薪酬而降低公平认同，但封闭的制度也可能导致员工难以理解薪酬与绩效的关系。因此，建立畅通的沟通渠道，是提升员工公平感、发挥激励作用的关键。

（4）通过薪酬市场调查，确定组织的薪酬水平

薪酬市场调查是解决外部薪酬不公平问题的关键。通过调研，组织可了解市场薪酬水平，评估自身薪酬的合理性与竞争力。组织可根据战略定位和发展阶段，选择与市场持平、略高或略低的薪酬策略。通常，具有竞争力的组织，其薪酬水平应高于市场平均水平，以吸引和留住人才。然而，组织在确定薪酬水平时，还需综合考量支付能力、效益和成本，并选择合适的市场策略。

（5）设计合理的薪酬体系

设计合理的薪酬体系是提高员工薪酬满意度的关键。对于实行职位薪酬制的组织，绩效薪酬应作为主要的激励手段，以体现员工的差异化贡献。绩效薪酬的管理，依赖于对员工行为和业绩的有效评估。因此，组织需建立完善的绩效评价体系，增强薪酬体系的弹性，从而充分发挥绩效薪酬的激励作用。

实训 9-1

薪酬管理体系设计与优化

1. 实训目的

（1）了解薪酬满意度调查、职位评价、薪酬市场调查和薪酬结构设计的基本概念和操作流程。

（2）理解各模块之间的数据传导逻辑及其对企业战略的支撑作用。

（3）掌握运用量化工具（如岗位价值矩阵、薪酬回归曲线）设计具有市场竞争力的薪酬体系的方法。

2. 实训任务

（1）个人任务

①设计薪酬满意度调查问卷。设计一份包含 15 题以上的薪酬满意度调查问卷，涵盖薪酬水平、薪酬结构和薪酬调整机制三个维度，使用李克特

量表进行信效度检验，并使用 SPSS 或问卷星完成 Cronbach 的 α 信度检验，确保信度值大于 0.7。

②职位评价。选取 5 个典型岗位（如研发工程师、质量主管、行政助理等），建立包含知识技能、责任强度等 6 项要素的岗位评价表，并使用海氏评价法完成岗位评分。

③薪酬市场调查。收集同行业 3 家企业的薪酬分位数数据，包括各岗位的 25 分位、50 分位和 75 分位薪酬，使用 Excel 绘制市场薪酬散点图。

（2）小组任务与报告

①小组组建与角色分配。自由组建 5～7 人的小组，明确每位成员的分工。

②岗位价值排序与薪酬分布象限图。运用要素计点法对 10 个典型岗位进行评分，建立岗位价值矩阵（X 轴为岗位评价分数，Y 轴为现行薪酬），计算薪酬比较比率（岗位薪酬中位值/市场 50 分位值），并绘制岗位价值-薪酬分布象限图，分析异常点。

③设计宽带薪酬结构。基于市场薪酬散点图，建立薪酬政策线（示例：$Y=2.5X+3500$，$R^2\geqslant 0.7$），设计宽带薪酬结构（示例：P5 系列，幅宽 40%，重叠度 30%，适用岗位为初级研发工程师），并编制成本测算表，确保人员成本增幅控制在 15%以内。

④编制薪酬制度优化方案。制定详细的薪酬制度优化方案，包括固浮比设计、特殊津贴设置和绩效奖金联动机制。方案应包含现行体系诊断报告、市场薪酬回归方程（$R^2\geqslant 0.7$）和成本测算表，诊断报告需分析四象限异常点并提出改进措施，确保总成本增幅控制在 15%以内。

⑤整理材料，制作薪酬结构方案展示 PPT，包括岗位价值排序、宽带薪酬设计、成本测算等。

（3）师生互动。模拟企业薪酬谈判，教师扮演 CFO，学生分组准备薪酬结构调整方案（包括岗位价值排序、宽带薪酬设计、成本测算等），每组派代表与教师进行谈判，教师提出质询，学生进行答辩，教师根据方案的可行性和答辩表现进行评分。

Tips：背景资料及问题

教师需提前准备以下材料。

(1) 一家真实企业材料，包括企业背景、企业现行薪酬表、岗位说明书样例以及行业薪酬报告等真实数据素材。

(2) 工具模板，例如海氏评价法要素表 (带评分标准)、薪酬成本测算自动计算表 (含保护公式) 等。

(3) 该企业面临的薪酬管理问题说明。

请仔细阅读并思考以下问题。

(1) 如何通过满意度调查定位研发岗离职的主因？

(2) 当岗位评价显示 A 岗位价值高于 B 岗位时，如何平衡历史薪酬差异？

(3) 若发现企业 75 分位薪酬仅达到市场 50 分位，应选择领先型/跟随型策略？财务可行性？

(4) 如何设计技术序列的“技能认证津贴”实现薪酬宽带化？需设置哪些认证维度？

9.2　福利管理

9.2.1　福利

1. 福利的含义

福利是组织为员工提供的，除工资、薪金之外的各种形式的报酬和待遇。

福利具有独特的特性：多以实物或延期支付的形式提供；通常呈现类似固定成本的性质；通常通过集体购买或集体自发的方式提供生活用品或公共用品。

2. 福利的作用

(1) 吸引优秀员工

完善的福利制度比高工资更能吸引优秀员工，优秀员工是组织发展不可或缺的资源。

(2) 提高员工满意度，提升组织绩效

良好的福利制度可以解除员工的后顾之忧，提升员工对组织的满意度，增强员工的归属感，从而使其更投入地工作，为改善和提高组织经营业绩奠定基础。

(3) 降低员工流失成本

完善的福利制度能够留住合格和优秀的员工，降低员工流失率，从而减少组织因员工流失造成的损失。

3. 福利的分类

福利，按其是否具有强制性分为法定福利和组织自主福利。

(1) 国家法定福利

①社会保险有五种：养老保险、医疗保险、失业保险、工伤保险以及生育保险。养老保险提供退休后的收入保障；医疗保险提供医疗费用补偿；失业保险为非自愿失业者提供经济保障；工伤保险为工伤或职业病提供物质帮助；生育保险保障女职工生育期间的基本生活和医疗需求。

②住房公积金是国家建立的住房保障制度，单位和职工共同缴纳，用于职工购房、建房、修缮住房或支付房租。

③法定假期是指根据国家法律法规，用人单位必须给予职工的带薪休假，包括节假日和年休假等。法定假期包括公休假日（工作满一个工作周后的休息时间）、法定休假日（法定节日休假）和带薪年休假（职工连续工作满一定年限后享有的带薪休假）。

(2) 组织自主福利

①组织补充保险是社会保险的辅助和补充，由组织和职工共同出资建立。它具有补充性、灵活性、半强制性和局限性等特点。常见的组织补充保险包括组织补充养老保险和团体人寿保险，组织可根据自身经济状况和员工需求灵活选择。

②额外现金补贴，例如电话通信补贴、交通补贴、餐饮补贴、出差补贴、过节费等。

③员工服务福利包括工作和生活咨询、员工教育援助计划、免费或低

价餐饮以及健康服务等。这些福利能够有效增强员工的归属感，提高工作积极性。

9.2.2 弹性福利计划

弹性福利计划是一种灵活的员工福利制度，允许员工根据自身需求自由选择和组合福利项目。这种“自助餐式”的福利模式强调员工参与，组织会根据员工情况设置福利限额。弹性福利计划能够更好地满足员工的个性化需求，提高员工满意度和忠诚度。

1. 自助餐式福利计划的五种形式

（1）核心外加式福利计划要求员工必须选择包含基本保障的核心福利组合，然后可以在额外提供的福利项目中自由选择，直到达到福利总额上限。它既保证了员工的基本保障，又提供了个性化选择的空间。

（2）典型自助餐式福利计划，员工可以在组织提供的所有福利项目中自由选择，完全根据自身需求定制福利“套餐”。这种计划灵活性最高，但管理难度也较大。

（3）标准组建式福利计划，组织预先将福利项目组合成若干个“套餐”，员工只需选择其中一个。这种计划简化了选择流程，方便组织管理，但灵活性相对有限。

（4）选高则低型弹性福利计划，针对可分级的福利项目（如医疗保险），组织提供不同水平的选择，员工可以选择更高水平并支付额外费用，或者选择较低水平并获得一定补偿。

（5）弹性支用账户式福利计划，员工预先设定一定金额，用于支付特定的、未报销的医疗或托儿等费用，并享受税收优惠。但需要注意，账户资金通常有使用期限，未用完的部分可能会被清零。

2. 弹性工作安排

（1）弹性工作时间制允许员工在组织规定的核心工作时间之外，自主选择开始和结束工作的时间。组织通常会设定一个所有员工必须在岗的“核心时间段”。

（2）远程办公是指员工可以在远离传统办公场所的地方完成工作任务，并通过电子通信工具与同事和客户进行沟通协作。

（3）压缩工作周是指员工在少于五个工作日内完成标准的工作时长，从而缩短每周的工作天数。

（4）工作分担是指两个或多个员工共同承担一个全职岗位的职责和工作量，并按照约定的比例分配工作时间和薪酬。

9.2.3 福利管理

1. 福利管理流程

福利设计受到内外多种因素的影响。从外部来看，组织必须遵守法律法规，同时也要参考人力资源市场的标准。从内部来看，福利设计应与组织战略保持一致，体现组织文化，并充分考虑员工的多元化需求。福利管理的有效实施需要遵循一套完整的流程。

（1）调查阶段，组织通过问卷调查等方式了解员工对福利的需求，为后续的福利设计提供依据。

（2）规划阶段，组织根据调查结果和自身情况，确定福利项目，进行成本预算，并制定详细的实施计划。

①福利成本核算是福利管理的重要组成部分。组织需要根据自身的财务状况，计算出福利总费用的上限，并与竞争对手的福利标准进行比较。在此基础上，组织应为主要福利项目制定详细的预算，并确定每个员工的福利成本，制定相应的成本计划。最终目标是在满足员工福利需求的前提下，尽可能地降低福利成本，实现福利效益的最大化。

②福利计划方案一般包括总则、福利种类、福利标准、福利给付等内容。

③福利计划管理制度是组织规范福利管理、保障员工权益的重要文件。它应明确福利目标、适用范围和管理原则，详细列出福利项目、享受条件和申请流程。同时，制度还应包括福利预算的编制与执行、福利的申请与审批、福利的发放与监督等环节。此外，制度还应明确福利调整与变

更的流程，以及对违规行为的处理措施。通过完善的福利计划管理制度，组织可以确保福利的公平、透明和有效实施，从而提升员工满意度和组织竞争力。

（3）实施阶段，组织应严格按照计划执行，同时也要保持灵活性，根据实际情况进行适当调整。

（4）反馈阶段，组织需要对福利的实施效果进行评估，发现问题并总结经验，为持续改进福利管理提供支持。需重点把握以下原则：紧扣目标导向、确保预算执行、按计划分步推进、保持适度灵活性、防范潜在漏洞，并建立定期检查机制以确保实施效果。

2. 福利调查

福利调查贯穿福利管理的三个环节：制定前的需求调查、年度使用情况调查和项目实施后的反馈调查，形成完整的福利管理闭环。

（1）福利调查的分类

①内部调查

员工个人访谈适用于深入了解个体需求（如高管或关键岗位员工）或敏感话题（如福利隐性不满），其优势在于获取细节信息并建立信任感，但需注意保证匿名性以避免员工顾虑。

集体访谈（焦点小组）适用于快速收集群体意见（如部门代表讨论弹性福利方案），能够激发观点碰撞并发现共性需求。

问卷调查适用于大规模量化调研（如全员福利满意度评估），其设计需包含封闭式评分和开放式意见收集，覆盖福利类型、满意度等多维度，具有成本低、易统计分析的优势。

②行业福利市场调查

公共数据搜索是通过政府工作报告和行业协会统计（如社保缴费基数、行业福利白皮书）获取权威福利数据的有效方式。

第三方数据购买是通过专业咨询公司报告获取行业基准数据的高效途径。

组织自行调查是指由组织人力资源管理部门主导开展对标组织福利调研的方法，实施过程中需特别注意数据收集的合规性和保密性要求。

（2）福利调查的基本流程

①明确目标，需要聚焦具体问题，如降低离职率、优化福利成本或提升员工满意度等关键指标。

②设计调查方案，需要合理选择方法组合（如问卷结合高管访谈）并科学确定样本范围（全员覆盖或抽样调查），以确保数据收集的有效性和代表性。

③数据收集分为内部收集和外部收集两种方式。内部通过 HR 系统或邮件发放问卷并安排访谈来完成，外部则通过购买权威数据或与同行组织交换数据（需签署保密协议）来完成。

④数据分析，包括对量化数据（如满意度得分、福利使用率）的统计分析，以及对质性数据（如访谈中的高频需求关键词）的归纳整理，从而全面把握员工福利状况。

⑤调查的最终阶段需要输出包含现状分析、对标差距、核心诉求及可行性建议（如引入健康管理平台）的完整报告，并通过试点后的二次调研形成持续改进的闭环管理机制。

（3）福利调查的注意事项

确保数据收集的匿名性与透明度以维护员工信任，选择同行业、同规模、同地域的组织数据进行对标，同时严格遵守数据合规要求，防范商业机密泄漏风险。

3. 福利沟通

福利沟通贯穿福利方案制定的全过程，在计划阶段（需求调研）、实施阶段（方案宣导）和反馈阶段（效果评估）均发挥关键作用，是确保福利方案有效性的重要保障。

（1）福利沟通必要性

福利沟通是确保福利计划有效实施的关键环节。它既能消除组织与员工之间的信息不对称，又能提升员工对福利的认同感，进而提高工作绩效，同时还能有效传递组织的价值观和文化理念。

（2）福利沟通方法

有效的福利沟通是提升员工满意度的关键。研究表明，员工对福利的满意度不仅取决于投入金额，更取决于福利项目与员工需求的匹配度。组织可通过问卷调查、视频介绍、典型员工访谈、福利项目公示、内部刊物宣传、福利反馈调查等多种方式进行福利沟通，并持续收集员工反馈，从而设计出更符合员工需求的福利方案。

实训 9-2

福利管理体系设计与优化

1. 实训目的

（1）了解福利管理的基本概念和操作流程，包括福利、弹性福利计划、福利成本、福利调查和福利沟通。

（2）理解福利管理在提升员工满意度和企业竞争力中的作用，以及各模块之间的关联。

（3）掌握设计和实施弹性福利计划的方法，以及如何进行福利成本控制和福利沟通。

2. 实训任务

（1）个人任务

①设计福利调查问卷。设计一份包含 20 题以上的福利调查问卷，涵盖福利需求、福利满意度和福利偏好三个维度，并使用 SPSS 或问卷星完成 Cronbach 的 α 信度检验，确保信度值大于 0.7。

②分析福利成本。收集企业现有福利项目的成本数据，包括健康保险、员工培训、员工旅游、节日福利等，使用 Excel 制作福利成本分析表。

③设计弹性福利计划。设计一份弹性福利计划，选择 5 个典型福利项目（如健康保险、员工培训、员工旅游、节日福利、员工关怀计划），并设计员工福利选择表。

（2）小组任务与报告

①小组组建与角色分配。自由组建 5～7 人的小组，明确每位成员的分工。

②设计福利沟通方案。设计一份详细的福利沟通方案，制定沟通计划，包括沟通渠道（如公司内网、员工手册、培训会等）和沟通内容（如福利项目介绍、申请流程、常见问题解答等），并编制福利沟通材料，如员工手册和培训 PPT。

③编制一份详细的福利优化方案，包括现行福利体系诊断报告、福利成本分析、福利项目调整建议和员工沟通计划，诊断报告需分析福利项目的成本效益并提出改进措施，成本测算表应详细列出各福利项目的成本变化，确保总成本增幅控制在 10%以内。

④整理材料，制作福利沟通方案展示 PPT，包括沟通渠道、沟通内容和员工反馈机制等。

(3) 师生互动

①课堂讨论。主题为“如何平衡员工福利需求与企业成本控制”，学生分组准备论点和论据，进行 10 分钟的讨论，教师担任主持人，引导讨论并确保每个小组都有机会发言。

②模拟福利沟通。教师扮演 HR 经理，每组派代表与教师进行模拟沟通，教师提出质询，学生进行答辩，教师根据方案的可行性和答辩表现进行评分。

Tips：背景资料及问题

教师需提前准备以下材料。

(1) 一家真实企业材料，包括企业背景、企业现有福利项目成本数据等真实数据素材。

(2) 工具模板，例如福利调查问卷模板、Excel 福利成本分析模板等。

(3) 该企业面临的福利管理问题说明。

请仔细阅读并思考以下问题。

(1) 如何通过福利调查了解员工的真实需求和偏好？

(2) 如何设计一套符合员工需求的弹性福利计划？

(3) 如何控制福利成本，确保企业财务健康？

(4) 如何有效沟通福利政策，提高员工的知晓度和利用率？

9.3 精准化薪酬与福利创新

1. 精准化薪酬与福利的概念与意义

(1) 概念

精准化薪酬：指运用大数据分析和人工智能技术，综合考虑岗位价值、个人能力及绩效表现等多维度因素，构建的差异化薪酬管理体系。

精准化福利：指借助智能需求识别技术和数字化平台，为员工量身定制的个性化福利解决方案。

精准化薪酬与福利创新正重塑现代人力资源管理，组织运用大数据和 AI 技术构建差异化薪酬体系，通过智能需求识别和数字化平台实现个性化福利匹配，在提升激励效果和员工满意度的同时优化人才管理成本。

(2) 发展背景

数字化转型、新生代员工个性化需求和组织降本增效要求共同驱动了精准化薪酬福利的发展，标志着人力资源管理从标准化向定制化的转变，未来这一模式将成为组织人才战略的关键支柱。

①数字化转型推动人力资源管理变革

数字化转型浪潮下，云计算、大数据和 AI 技术正重塑人力资源管理方式，推动其从传统经验判断转向数据驱动的科学决策。借助 HRIS 系统和数字化分析工具，组织能够基于员工绩效、技能和发展需求的实时数据，构建精准化的薪酬福利体系，实现管理效能和决策精准度的双重提升。

②新生代员工对个性化福利的需求增长

90 后、00 后新生代员工已成为职场主力，他们更看重个性化的工作体验和价值实现，推动组织从传统统一福利转向弹性福利、职业发展支持和心理健康服务等定制化方案。这种代际差异要求组织在福利设计中提高透明度和员工参与度，以有效提升员工满意度和组织忠诚度。

③组织降本增效的管理需求

市场竞争加剧促使组织必须优化人力成本结构，精准化薪酬福利管理通过数据分析实现资源高效配置，既满足员工核心需求又提升激励效果，助力组织在人才竞争中实现成本与效益的最佳平衡。

(3) 意义

①提高薪酬福利的激励有效性

传统普惠式薪酬福利难以满足员工差异化需求，而精准化薪酬福利通过大数据分析员工表现和能力，为高绩效者提供薪酬激励、为技能型人才设计培训福利，这种个性化方案显著提升激励效果和组织绩效。

②优化人力资源成本结构

传统薪酬福利模式常因资源错配导致效率低下，而精准化管理通过动态调整、需求识别和数字化监控，在控制成本的同时最大化福利价值。组织可据此优化福利结构，如增加健康管理等高效项目，实现成本与员工满意度的双赢

③增强员工满意度和忠诚度

精准化薪酬福利管理通过个性化匹配、透明化沟通和即时反馈机制，有效提升员工满意度和组织认同感。例如为不同年龄段员工定制差异化福利方案，并通过数字化平台实现福利价值的可视化呈现和持续优化。

④提升组织人才竞争力

在激烈的人才竞争中，精准化薪酬福利通过实时市场对标、个性化福利设计和差异化激励策略，既增强了组织人才吸引力，又优化了人才结构质量。这种模式通过快速响应市场变化和打造“以人为本”的雇主品牌，有效提升了组织在人才市场的核心竞争力。

2. 精准化薪酬体系设计

(1) 技术支撑体系

大数据分析平台是精准化薪酬福利的核心技术支撑，通过整合绩效系统、培训记录等多源数据，建立分析模型来揭示薪酬福利与员工行为、组织绩效的内在关联，为离职风险预测、福利需求分析和薪酬竞争力评估等提供数据支持。

人工智能算法通过机器学习识别薪酬敏感因素，运用自然语言处理挖掘员工隐性需求，并基于智能推荐系统实现福利个性化匹配，从而提升薪酬福利管理的精准度和有效性。

云计算基础设施采用混合云架构，通过私有云保障核心薪酬数据安全，公有云处理大数据分析降低成本，并结合微服务架构实现福利应用的快速迭代升级。

（2）实施路径

岗位价值评估数字化通过智能系统将岗位说明书等非结构化数据转化为标准化指标，运用德尔菲法和回归分析自动建立岗位等级矩阵，实现科学客观的岗位价值量化评估。

员工能力建模采用三维评估体系，通过认证考试量化硬技能，360 度评估分析软技能，并结合学习曲线预测发展潜力，实现员工能力的全面数字化评估。

绩效数据实时采集通过物联网设备和 API 接口实现多维度考核，如销售岗位业绩与佣金的实时关联，以及研发岗位代码提交量与质量的双重评估。

市场薪酬数据对标通过接入专业数据库建立动态调整机制，包括关键岗位的行业百分位定位和不同城市的地域系数调节，确保薪酬竞争力的精准把控。

（3）典型模式

动态薪酬调整机制通过季度性 CPI 联动调薪、重大项目即时奖励和业绩下滑自动冻结的三重设计，实现薪酬管理的灵活响应和风险防控。

项目制薪酬方案采用基础工资+分级项目津贴+利润分成的复合结构，特别适合矩阵式组织，在保障员工基本收入的同时实现项目难度与收益的精准挂钩。

技能导向的薪酬结构采用市场化定价机制，例如，对区块链开发等紧缺技能给予 35%溢价，多语言能力按语种叠加 5%基数，并对跨界认证组合设置 15%的额外加成系数。

3. 精准化福利创新实践

（1）需求识别技术

智能问卷调研运用 AI 技术实现精准需求收集，通过智能跳转逻辑自动适配问题（例如，向已婚员工显示育儿选项），语义分析引擎挖掘潜在需求（例如，将午休诉求转化为睡眠舱方案），并生成可视化数据看板呈现不同群体的需求特征（例如，90后程序员偏好健身补贴）。

员工行为数据分析通过多维度建模挖掘潜在需求，包括解析内购平台消费记录识别健康关怀需求、追踪在线学习轨迹发现技能提升诉求，以及分析内部社交网络捕捉隐性需求（例如，居家办公偏好）。

生命周期需求预测模型根据员工不同职业发展阶段智能匹配福利需求。例如，为单身期员工提供住房补贴，为家庭形成期员工配置子女教育金，为职业稳定期员工规划养老方案等。

（2）实施方式

弹性福利平台通过电商化界面提供多维度筛选功能，基于员工画像智能推荐个性化福利，并支持移动端便捷领取，实现福利管理的数字化和智能化。

福利积分制度采用市场化运作模式，通过基础积分（按职级/司龄发放）和成就积分（与绩效挂钩）相结合的方式，建立透明规范的福利兑换机制，实现激励效果的最大化。

个性化福利套餐采用模块化设计，包含全员基础包和可选进阶包（如健康达人包、学习先锋包等），同时为特殊群体提供定制方案，实现福利的灵活配置和精准覆盖。

4. 实施效果评估与优化

（1）评估指标体系

组织可通过员工满意度、人力成本效益比、人才保留率和组织绩效四大核心指标，系统评估薪酬福利体系的实际成效。这些指标既关注员工体验，又衡量管理效能，为福利策略优化提供数据支撑。

（2）持续优化机制

组织通过定期需求调研、技术系统升级和管理流程优化三位一体的持续改进机制，确保薪酬福利体系与时俱进，保持最佳运行状态。

（3）未来发展趋势

未来薪酬福利管理将深度融合新兴技术，包括区块链保障薪酬数据安全、赛博空间创造沉浸式福利体验，以及AI驱动的超个性化方案设计，推动人力资源管理进入智能化新阶段。

实训 9-3

数智时代薪酬与福利管理

1. 实训目的

（1）了解数智时代企业薪酬与福利管理的基本概念和最新趋势。

（2）理解数智技术如何影响企业薪酬与福利的管理方式。

（3）掌握如何运用数智工具进行薪酬与福利的优化和管理。

2. 实训任务

（1）个人任务

①选择一家感兴趣的公司，调研其在数智时代下的薪酬与福利管理策略。重点关注该公司如何利用数智技术提升员工满意度和工作效率。

②撰写一份调研报告，分析该公司薪酬与福利管理的优缺点，并提出改进建议。

（2）小组任务与报告

①小组组建与角色分配。自由组建 5～7 人的小组，明确每位成员的分工。

②案例讨论。小组成员选择一个实际案例，讨论该企业在数智时代下如何优化其薪酬与福利管理。每个小组成员负责一个方面的分析，如技术应用、员工反馈、成本效益等。字数不少于 1000 字。

③方案设计。基于案例讨论的结果，小组合作设计一个数智化薪酬与福利管理方案，包括具体的技术工具、实施步骤和预期效果。字数不少于 3000 字。

（3）师生互动

课堂上，每个小组进行 10 分钟的汇报，以 PPT 的形式展示其案例讨论和方案设计，小组互评，教师点评并对学生提出的观点进行追问，对每个小组的汇报提供反馈，并指导学生如何进一步改进方案。

Tips：仔细阅读并思考以下问题

(1) 数智技术如何帮助企业更有效地管理薪酬与福利？请列举具体的应用场景。

(2) 数智化管理如何提升员工的满意度和忠诚度？请结合实际案例进行分析。

(3) 数智化薪酬与福利管理对企业成本有何影响？请从长期和短期两个角度进行分析。

(4) 数智化管理中，如何平衡技术应用与员工隐私保护？请提出具体的措施和建议。

第 10 章　劳动关系管理

学习目标

1. 了解劳动关系管理的基本概念，包括员工关系、劳动关系、劳动合同和劳动争议处理的概述，以及人机协同背景下劳动关系管理的新挑战。

2. 理解劳动争议的内涵，以及处理劳动争议的组织机构和程序，包括调解、仲裁和两审终审制度。

3. 掌握劳动合同的订立、内容、履行、变更、续订、解除和终止等核心要素，以及集体谈判的相关知识。

10.1　劳动关系管理

10.1.1　劳动关系管理概述

1. 员工关系

员工关系是员工与组织之间基于工作而建立的相互关系，以劳动合同为基础，体现为组织管理中的人际互动。它既包括法律层面的权利义务关系，也包含社会层面的情感和伦理关系。源于西方人力资源管理体系的员工关系管理，旨在缓和劳资冲突，提升员工参与度，并受到组织文化、价值观等因素的深刻影响。

员工关系的特点主要体现在三个方面：它以和谐的劳动关系为基础，表现为组织内部的工作和人际关系，并本质上是一种以劳动合作为纽带的利益关系。

2. 员工关系管理

员工关系管理通过制定和实施人力资源政策，并运用管理沟通等手段，调节组织与员工的关系，以实现组织目标并为员工和社会创造价值。员工关系管理核心在于组织与员工的沟通，旨在协调员工关系，营造积极的工作环境，并提升员工满意度。员工关系管理的内容主要包括劳动关系管理和劳动保护。

劳动关系管理涉及劳动合同、劳动纪律及争议处理等。

劳动保护则涵盖劳动时间、职业安全、压力管理和员工援助计划等方面。

员工关系管理至关重要，它能预防和降低组织风险，降低经营成本，是保证组织目标顺利完成的重要手段，并能塑造良好的组织形象。通过优化人力资源环境，调动员工积极性，并提升组织形象，员工关系管理对组织发展具有深远影响。

员工关系管理是人力资源管理的基本职能，贯穿于整个体系，主要体现在人力资源扩展、激励管理、人力资源开发以及人力资源保留和维护等方面。它通过价值观认同、法律规范、培训、激励措施等，促进员工发展，维护良好的劳动关系。

3. 劳动关系

劳动关系是指用人单位（雇主）和劳动者（雇员）之间在运用劳动者的劳动能力、实现劳动过程中所发生的关系。

劳动关系是员工关系建立的基础，劳动者与用人单位通过劳动合同确立的权利义务关系，包含主体（劳动者、工会、用人单位）、客体（劳动报酬、劳动时间等）和内容（法定权利义务）三大要素，涉及劳动过程中各方责、权、利的分配与协调。

劳动关系本质上是一种经济关系，源于生产要素所有权的分离，表现为生产资料与劳动力相结合的形式。劳动关系的主体是雇员和雇主。劳动关系的本质是劳动给付与工资的交换，劳动是连接雇主与雇员的桥梁，体现了劳动力的价值。

4. 劳动关系管理

劳动关系管理可从不同维度解读。广义上，它在法律框架下规范和管理劳动者与用人单位的权利义务；狭义上，则聚焦于劳动合同管理与争议处理。从目标层面看，劳动关系管理旨在保障权益、构建和谐，进而提升组织竞争力。从过程层面看，它通过规章制度、沟通、绩效管理等手段，对劳动关系进行全方位管理。

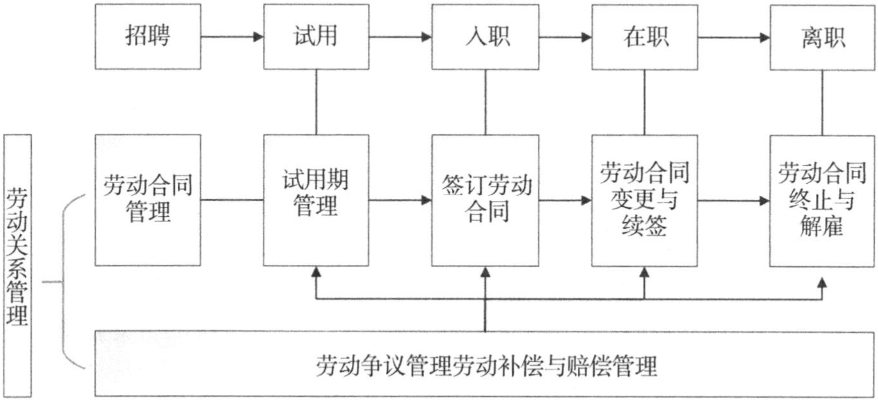

图 10-1　劳动关系管理过程

资料来源：李亚慧，韩燕．人力资源管理综合实训［M］．北京：首都经济贸易大学出版社，2023：288

劳动关系管理涉及劳动合同管理、工资福利管理、社会保险管理、劳动争议处理和员工关系管理，旨在规范劳资关系，保障双方权益。劳动合同管理涵盖签订、履行、变更、解除/终止；工资福利管理涉及工资支付、福利待遇、薪酬调整；社会保险管理包括参保登记、缴费、待遇申领；劳动争议处理则包括争议预防、调解、仲裁/诉讼；员工关系管理则侧重于员工沟通、关怀和工会合作。

为实现劳资关系的和谐稳定，劳动关系管理常采用多种方法和策略，如建立健全并公示规章制度、开展多渠道员工沟通、实施科学的绩效管理、提供培训发展机会、构建积极的组织文化以及进行风险管理。

劳动关系管理也面临诸多问题与挑战，例如劳务派遣的合规性与社保问题、加班管理中的费用与工时限制、员工离职的挽留与手续办理、劳动争议的预防与处理、用工成本控制与员工权益保障，以及新业态用工的管理。

劳动关系管理的法律法规体系主要由《中华人民共和国劳动法》和《中华人民共和国劳动合同法》构成，确立了劳动关系的基本原则和劳动合同的规范。《中华人民共和国社会保险法》保障社会保险权益，《中华人民共和国工会法》规范工会作用。此外，还包括其他相关法律法规和各地的地方性法规规章，共同构建了劳动关系管理的法律框架。

10.1.2 劳动合同管理

1. 劳动合同的概念

劳动合同是确立劳动关系的法律文件，明确了劳动者与用人单位的权利和义务。劳动合同约定了劳动者的劳动内容、用人单位的劳动报酬，以及工作条件和社会保险等，是保障劳动者权益的重要依据。

2. 劳动合同的内容

劳动合同的内容是双方平等协商确定的权利义务，经合法程序签订后具有法律效力，不得随意更改。这些内容主要分为法定条款和约定条款两类。

法定条款是劳动合同中必须包含的、由法律强制规定的内容，缺少这些条款，合同将无法成立。这些条款包括用人单位信息、劳动者身份信息、劳动合同期限、工作内容、工作地点、工作时间、休息休假、劳动报酬、社会保险、劳动保护、劳动条件、职业危害防护、劳动纪律以及劳动合同终止的条件等。

约定条款，即用人单位和劳动者还可以协商约定试用期、培训、竞业禁止、补充保险和福利待遇等其他事项。这些约定条款丰富了劳动合同的内容，体现了双方的自主协商权。

3. 劳动合同的订立

劳动合同的签订是指劳动者和用人单位双方就各自的权利义务协商一致而签订的对双方具有约束力的，并以书面形式明确双方责任义务以及权利的法律行为。

（1）劳动合同订立原则

劳动合同订立应遵循平等、自愿、协商一致的原则，体现双方平等的法律地位和真实意愿。同时，合同内容必须公平、合法，且双方应诚实守信，维护对方利益，不得欺诈。

（2）劳动合同订立程序

①要约和承诺。要约是指一方（通常是用人单位）提出订立劳动合同的建议，而承诺是被要约方（通常是劳动者）对要约的完全同意。

②相互协商。双方应进行平等协商，如实介绍自身情况，并就劳动合同的各项条款进行充分沟通。协商一致是订立合法有效劳动合同的关键环节。

③双方根据《中华人民共和国劳动合同法》的规定签约。

（3）劳动合同的注意事项

①行使知情权

劳动合同当事人有权了解相关信息。用人单位在订立劳动合同前，应如实告知劳动者工作内容、工作条件等，劳动者也应如实说明与劳动合同直接相关的基本情况。

②禁止担保和收取财物

《劳动合同法》禁止用人单位扣押劳动者证件或以任何名义收取财物，以保障劳动者的合法权益，特别是禁止收取保证金或风险抵押金。

③“临时工”纳入事实劳动关系

《劳动合同法》规定，用人单位自用工之日起即与劳动者建立劳动关系，从而禁止了用人单位以“临时工”为由不签订合同或不缴纳社保的行为，以此保护劳动者的合法权益。“临时工”属于事实劳动关系。

④试用期

试用期是用人单位与劳动者约定的劳动合同内容，但其期限受到严格限制，且不得单独约定。试用期工资不得低于最低工资标准，用人单位在试用期解除劳动合同需说明理由，并可能承担赔偿责任，以保障劳动者的合法权益。试用期属于劳动合同期限的一部分。

请注意，录用通知、就业协议等文件虽有约定，但不可替代劳动合同的法律效力。

4. 劳动合同的履行

劳动合同的履行是指劳动者和用人单位按照劳动合同的约定，全面履行各自义务的行为。劳动合同的履行是劳动关系得以维持和发展的基础，也是保障劳动者权益和用人单位合法权益的重要环节。

劳动者在履行劳动合同时，应按时完成工作任务，遵守规章制度，维护用人单位利益，接受管理和监督，并依法缴纳个人所得税。用人单位在履行劳动合同时，应按时足额支付劳动报酬，提供符合要求的劳动条件，履行社会保险义务，保护劳动者的合法权益，并进行安全卫生教育。

劳动合同的履行应遵循全面履行、诚实信用和协作履行的原则。双方应按照合同约定全面履行义务，诚实守信，并相互配合，共同完成合同的履行。

在劳动合同履行过程中，如需变更合同，应协商一致并书面进行；解除合同则需符合法律规定并办理相关手续。发生劳动争议时，应及时协商解决，协商不成可申请仲裁或诉讼。

5. 劳动合同的变更

劳动合同的变更，是指劳动合同双方当事人就原劳动合同的部分条款进行修改、补充或废止的协议，而非重新签订一份新的劳动合同。

劳动合同的变更需经双方平等协商，并以书面形式通知对方。法律保障劳动者拒绝违规指令和危险作业的权利，同时明确企业变更不影响劳动合同的效力，以维护劳动关系的稳定和劳动者的合法权益。

（1）劳动合同变更的条件

劳动合同变更的情形包括：法律法规或规章制度的变化；客观情况的重大变化，如自然灾害、企业事故、生产任务调整、企业合并或分立以及劳动者个人情况发生变化等情形。

（2）劳动合同变更的程序

劳动合同变更的流程包括：发出变更要约；协商与承诺；签订书面协议。

6. 劳动合同的续订

劳动合同续订是劳动合同期限届满后劳动者和用人单位继续延长劳动合同有效期的法律行为。续订劳动合同无需试用期。

一般的续订流程包括：用人单位提前 30～60 天发出续订意向，员工确认后，双方协商合同条款并签署。

7. 劳动合同的解除

劳动合同的解除是指劳动合同签订后尚未履行完毕之前一方或双方当事人依法提前终止劳动合同的履行，解除双方劳动权利和义务关系的法律行为。

劳动合同的解除方式多样。

（1）双方协商解除

双方协商一致解除劳动合同，员工和企业均可主动提出，无需提前通知。用人单位需按劳动者工作年限支付经济补偿金，但有上限规定；若用人单位违法解除或终止合同，则需支付双倍经济补偿金。由员工提出解除劳动合同的，企业则无须支付经济补偿金。若员工违反竞业限制协议或服务期约定，并给用人单位造成损失，则可能需要承担违约责任，并支付违约金。

（2）用人单位单方解除劳动合同

①过失性解除，用人单位可以因劳动者存在过错而单方解除劳动合同，不受提前通知的限制，且无需支付经济补偿。根据《劳动合同法》第三十九条，当劳动者出现特定情形时，用人单位可以单方解除合同，例如试用期内不符合录用条件，或严重违反用人单位规章制度等。

②非过失性解除，指并非因劳动者过错，而是由于其他原因导致用人单位解除劳动合同。在这种情况下，用人单位应当提前 30 天以书面形式告知劳动者，并依法支付经济补偿。

③经济性裁员，指用人单位因生产经营状况发生变化等原因而进行的

裁员。用人单位进行经济性裁员时，应提前 30 天以书面形式通知劳动者，并依法支付经济补偿。此外，经济性裁员也受到用人单位不得解除劳动合同的法律限制。

《劳动合同法》第四十二条规定了用人单位不得解除劳动合同的情形，如劳动者从事职业病危害作业未离职体检、患职业病或工伤丧失劳动能力、处于医疗期、女职工在孕期产期哺乳期，在本单位连续工作满 15 年，且据法定退休年龄不足 5 年的，以及法律行政法规规定的其他情形。

（3）劳动者单方解除劳动合同

依据《劳动合同法》第三十七条，劳动者提前 30 日（试用期内 3 日）书面通知用人单位即可解除合同。同时，当用人单位未提供劳动保护、未足额支付工资、未缴纳社保等，或存在暴力、威胁等行为时，劳动者也可单方解除合同，无需提前通知。

8. 劳动合同的终止

劳动合同终止是指劳动合同在依法生效后，由于符合法律规定的情形或当事人约定的情形，导致合同的效力消失，双方当事人之间的权利和义务关系也随之结束。

劳动合同终止的法定情形包括合同期满、劳动者开始享受养老保险待遇、劳动者死亡或失踪、用人单位破产或被吊销执照等。此外，对于符合特定情形的劳动者，合同需续延至相应情形消失时终止，而因工伤丧失劳动能力的劳动合同终止则适用工伤保险相关规定。

劳动合同的中止与终止在法律上有着本质区别：中止是指合同效力暂时停滞，存在恢复的可能；而终止则意味着合同效力永久结束，不再继续履行。

10.1.3 劳动争议处理

1. 劳动争议的内涵

劳动争议，亦称劳动纠纷或劳资争议，是指劳动关系双方当事人因劳动权利、义务及相关利益的不同主张而产生的争议。劳动争议可分为个体争议和集体争议。

我国处理劳动争议的依据有《中华人民共和国劳动法》《中华人民共和国劳动合同法》《中华人民共和国企业劳动争议处理条例》和《中华人民共和国劳动争议调解仲裁法》等等。

劳动争议内容广泛，涉及劳动关系的各个方面，包括就业、工资、劳动保护等。根据我国法律，劳动争议受理范围主要围绕劳动关系的建立、履行和解除展开，涵盖劳动报酬、工作时间、劳动保护、社会保险、福利待遇、劳动纪律以及争议处理程序等多个方面，几乎涉及劳动者在劳动过程中可能遇到的所有权利和义务问题。

2. 处理劳动争议的组织和机构

劳动争议的解决途径包括：用人单位内部的劳动争议调解委员会、依法设立的基层人民调解组织；具有准司法性质的劳动人事争议仲裁委员会；人民法院。此外，工会和劳动监察部门也在劳动争议处理中发挥重要作用，共同构建了调解、仲裁、诉讼等多层次的争议解决体系。

3. 劳动争议处理的程序

劳动争议处理程序通常始于当事人之间的协商，以自愿为基础。协商不成时，当事人可选择调解、仲裁或诉讼等法律途径解决。我国劳动争议处理的一般程序为“一调一裁两审”。

（1）劳动争议调解

劳动争议调解是指由用人单位内部的调解委员会解决劳动争议。调解委员会仅负责调解，不具备裁决权，其调解意见不具有强制约束力。适用于解决用人单位内部发生的一般劳动争议。调解不成，当事人可以在劳动争议发生之日起 60 日内，向劳动人事争议仲裁委员会申请仲裁。

特殊情况：当工会与企业因履行集体合同发生争议时，不宜通过调解委员会进行调解，应直接申请劳动人事争议仲裁。

（2）劳动争议仲裁

劳动争议仲裁是指劳动争议仲裁委员会依法对劳动争议进行事实判断和权利义务裁决的法律制度。劳动争议案件由劳动合同履行地或用人单位所在地的仲裁委员会管辖。劳动争议仲裁委员会是由劳动行政主管部门、工会和企业代表组成的独立机构。劳动争议仲裁是解决劳动争议的重要途径，具有强制性，是提起诉讼的前置程序。

劳动争议仲裁的受案范围包括确认劳动关系、劳动合同的订立、履行、变更、解除和终止、除名、辞退、辞职、离职、工作时间、休息休假、社会保险、福利、培训、劳动保护、劳动报酬、工伤医疗费、经济补偿或赔偿金等，以及法律法规规定的其他劳动争议。

劳动争议调解不成的，当事人既可以选择向劳动人事争议仲裁委员会申请仲裁，也可以直接向其申请仲裁。劳动争议仲裁程序分为五个阶段：受理（60 日内申请，7 日内决定）、调查取证（拟定提纲并审查证据）、调解（自愿合法原则，调解书具有约束力）、裁决（调解无效时作出）和执行（履行生效文书）。各阶段严格遵循法定时限和程序要求，确保争议解决的规范性和效力。仲裁裁决具有法律效力，当事人应履行无异议的裁决。若对裁决不服，可向法院提起诉讼，但必须先经过仲裁程序。

（3）法院两审终审

劳动争议案件通常需先经过仲裁程序，当事人对仲裁结果不服的，可在收到裁决书后 15 日内向法院提起诉讼。劳动争议案件经基层人民法院和中级人民法院两级法院审理后，即告终结，实行两审终审制。企业内部调解活动则贯穿于整个劳动争议处理过程。

4. 劳动争议管理

劳动争议管理旨在预防和妥善处理劳动争议，以维护企业稳定和员工权益。妥善处理劳动争议对维护企业稳定至关重要。处理不当可能损害员工信任、企业形象，并增加运营成本和管理风险，最终影响企业发展。

企业处理劳动争议应遵循预防为主、调解优先、及时处理和依法处理的原则。通过积极预防、优先调解、及时应对和严格遵守法律，将争议的负面影响降到最低，确保处理的合法合规性。

企业应采取多重策略处理劳动争议。各级管理者积极配合相关部门工作，鼓励内部协调解决，并加强劳动保护措施，以预防和妥善处理争议。

劳动争议调解是劳动关系管理的重要环节。鉴于国家对劳动者权益保护的加强，企业应高度重视劳动争议的预防和处理，以降低败诉风险，维护良好的劳资关系。妥善处理劳动争议对维护企业稳定至关重要。

5. 集体谈判

集体谈判是指劳方通过工会等集体组织，与资方就雇佣条件进行谈判，资方有参与义务，且谈判结果具有法律约束力。其核心目标是在平等基础上维护劳工权益，保障劳工获得合理的雇佣条件。集体谈判对劳资双方均具有重要意义，有助于维护劳工权益和稳定劳资关系。集体谈判并非解决所有劳资冲突的万能方法，劳资对立在市场经济下难以完全消除，双方可能采取罢工或停工等方式。

（1）集体谈判的原则

①双赢原则

在协商过程中，应同时兼顾职工和企业的利益目标。通过有效的协商和共识，使双方的利益趋于一致，实现双赢。

②4P 原则

4P 原则即政策（Policy）、预测（Predict）、准备（Preparation）和陈述（Presentation），是谈判成功的关键。在谈判中，坚持自身政策，预判对方反应，并充分准备资料，清晰阐述立场有助于达成目标。

③2C 原则

2C 原则即控制（Control）与协调（Coordination），是谈判中的关键。有效的控制确保谈判按计划推进，且内部协调促成团队协作，共同达成目标。

（2）集体谈判的要点

集体谈判的策略制定至关重要，协商代表应进行整体运筹，灵活运用进攻、退却和迂回等策略。集体谈判涉及多个关键要素，以下为主要要点。

①充分的准备是集体谈判成功的关键。这包括明确谈判目标、收集全面信息、制定详细策略以及组建经验丰富的谈判团队，以确保谈判顺利进行。

②谈判过程需要灵活运用技巧和策略。这包括以积极友好的方式开场，按照既定议程进行，充分交流信息并明确立场，适时回应、寻求共

识，并在必要时做出让步，以推动谈判达成。

③有效的谈判技巧包括认真倾听、运用开放式提问、清晰沟通、保持情绪稳定和合理的时间管理。这些技巧有助于理解对方、引导交流，并确保谈判高效进行。

④协议的签订与执行是集体谈判的最终环节。协议文本应清晰明确，并经双方签字盖章生效。同时，建立监督机制和明确争议解决机制，以确保协议的有效执行。

实训 10-1

劳动关系管理实务综合演练

1. 实训目的

（1）了解劳动关系管理的基本流程和关键环节，包括员工关系、劳动合同管理和劳动争议处理。

（2）理解劳动合同的订立、履行、变更、解除和终止等核心要素，以及处理劳动争议的法律依据和实践方法。

（3）掌握运用所学知识，分析劳动关系管理中的实际问题，并能够提出合理的解决方案。

2. 实训任务

（1）个人任务

要求学生查阅《中华人民共和国劳动合同法》《中华人民共和国劳动争议调解仲裁法》等法律法规，结合案例，撰写一份关于劳动合同解除情形及风险防范的报告，重点分析不同解除情形下的风险，并提出具体的风险防范措施，报告字数1000～1500字，且需引用相关法律条文和案例。

（2）小组任务与报告

①小组组建与角色分配。自由组建5～7人的小组，明确每位成员的分工。

②角色扮演环节：各小组选择一个案例，组员分别扮演企业方、员工

方、调解员或仲裁员等角色，进行模拟。

③模拟过程：各小组需根据选定的案例背景，完整模拟劳动争议调解或仲裁的全过程，包括证据收集、陈述辩论和协议达成。模拟时间为 2 小时。

④任务成果：各小组需提交一份小组模拟报告，报告内容应涵盖案例分析、争议焦点、双方观点以及最终的调解或仲裁结果。报告字数 1500～2000 字。

（3）师生互动

各小组进行 10～15 分钟的展示，内容包括总结本次实训的收获与体会，分析在劳动关系管理中遇到的问题与挑战，并结合实际案例提出改进建议和未来发展方向。展示后，小组间相互点评。教师将引导讨论，并针对学生在实训中遇到的问题进行解答和引导。

Tips：背景资料及问题

案例 1：未签订书面劳动合同引发的争议

张某于 2023 年 5 月入职某科技公司，担任软件工程师，双方仅口头约定了工作条件，但未签订书面劳动合同。一年后，公司以“试用期不合格”为由解除了劳动关系，且未支付经济补偿金。本案例涉及未签订书面劳动合同的法律责任、公司解除合同的合法性以及经济补偿金的支付问题。

根据《劳动合同法》第八十二条，用人单位未在一个月内与劳动者订立书面劳动合同的，应支付双倍工资。同时，依据第三十九条，试用期内不符合录用条件是用人单位可以解除劳动合同的情形。第四十七条则规定了经济补偿金的计算标准。

针对此情况，劳动者可向劳动监察部门举报，要求公司支付未签订劳动合同的双倍工资；也可向劳动争议仲裁委员会申请仲裁，要求公司支付经济补偿金。若公司解除合同违法，劳动者还有权要求公司继续履行合同或支付赔偿金。

案例 2：加班费纠纷

李某在广告公司担任创意总监，双方签订了标准工时制的劳动合同。

由于工作需要，李某经常加班，但公司未按规定支付加班费。争议焦点在于加班费的计算、支付以及加班时间的认定。

根据《劳动法》第四十四条，用人单位安排劳动者延长工作时间，应支付不低于工资150%的工资报酬；休息日工作支付不低于200%的工资报酬；法定休假日工作支付不低于300%的工资报酬。同时，《劳动合同法》第三十条规定，用人单位应及时足额支付劳动报酬。

针对此案例，劳动者可先与公司协商，要求支付加班费。协商不成，可向劳动争议仲裁委员会申请仲裁，并注意保留考勤记录、邮件、微信聊天记录等加班证据。

案例3：工伤认定与待遇争议

王某，某建筑公司电焊工，在工作期间因操作不当导致手臂受伤。公司未及时申报工伤，且否认其受伤为工伤，拒绝承担相关费用。争议焦点在于王某的受伤是否属于工伤以及工伤待遇的支付问题。

根据《工伤保险条例》第十四条，职工在工作时间和工作场所内，因工作原因受到事故伤害的，应当认定为工伤。第十七条规定，发生工伤后，应向社会保险行政部门提出工伤认定申请。

针对此案例，王某可向社会保险行政部门申请工伤认定。若认定为工伤，公司应承担相关工伤待遇。若公司对认定结果有异议，可申请劳动争议仲裁。同时，王某应注意保留受伤证据及医疗证明。

案例4：竞业限制纠纷

赵某，某科技公司高级研发工程师，离职前与公司签订了竞业限制协议，约定离职后两年内不得从事与公司业务相关的竞争性工作。离职后，赵某随即入职了一家从事类似业务的公司。原公司遂要求赵某支付违约金，并要求其停止在新公司的工作。争议焦点在于竞业限制协议的有效性、竞业限制的范围和期限是否合理以及违约金的支付问题。

根据《劳动合同法》第二十四条，竞业限制的人员限于用人单位的高级管理人员、高级技术人员和其他负有保密义务的人员，竞业限制的期限不得超过二年。第二十三条规定，用人单位可以在劳动合同或保密协议中约定竞业限制条款。

针对此案例，赵某可与原公司协商，要求解除或减轻违约金；若协商不成，原公司可申请劳动争议仲裁，要求赵某支付违约金；赵某也可主张竞业限制协议无效或不合理。双方应提供竞业限制协议、离职证明、新公司入职证明等证据。

案例 5：女职工权益保护争议

孙某，某公司销售代表，怀孕后向公司请假，但公司以“工作繁忙”为由拒绝，并要求其继续工作，导致孙某在孕期因过度劳累而流产。争议焦点在于公司是否侵犯了女职工的合法权益，以及是否应承担赔偿责任。

依据《中华人民共和国妇女权益保障法》第二十七条，各单位应依法保护女职工在劳动中的安全和健康；《女职工劳动保护特别规定》第五条明确，用人单位不得因女职工怀孕而降低其工资、辞退或解除合同；第六条规定，女职工在孕期不能适应原劳动的，用人单位应减轻其劳动量或安排其他适宜劳动。

针对此案例，孙某可与公司协商，要求赔偿；协商不成，可向劳动争议仲裁委员会申请仲裁，要求赔偿；同时，也可向劳动监察部门举报，要求公司承担行政责任。孙某应保留医疗证明、请假记录、工作证明等证据。

(1) 在撰写劳动合同解除风险防范报告时，如何准确适用相关法律条文?

(2) 如何区分合法解除和违法解除劳动合同?

(3) 如何有效收集和保存证据，以应对劳动争议?

(4) 在模拟劳动争议处理过程中，如何平衡企业和员工的利益?

(5) 如何运用法律知识和沟通技巧，促成调解或仲裁的成功?

(6) 如何评估劳动争议的风险，并制定相应的应对策略?

(7) 在劳动关系管理中，如何有效预防劳动争议的发生?

(8) 如何利用人工智能等新技术，提升劳动关系管理的效率和水平?

(9) 在人机协同的背景下，劳动关系管理面临哪些新的挑战?

10.2 人机协同的劳动关系治理

1. 人机协同时代的劳动关系新挑战

(1) 伦理与价值观的重塑

在人机协同的工作环境中，传统劳动关系面临新的伦理挑战。由于 AI 决策缺乏人类的伦理价值判断，可能引发算法偏见、隐私侵犯和责任界定不清等问题。为此，组织需要建立新的伦理框架，确保 AI 应用符合公平性、透明性和可解释性原则，并兼顾效率与人文关怀。同时，员工需要适应与 AI 协作的道德规范，管理者则应在技术应用与人性化管理之间寻求平衡，促进组织价值观的更新。

(2) 技能与知识的转型

在人机协同时代，HR 专业人员需掌握数据分析、算法应用等新技能以适配 AI 工具，而员工则需学习与 AI 协作的新工作模式；组织应通过培训提升全员数字素养，同时重视日益复杂的知识产权保护问题。在人机协同环境下，组织需建立新型知识产权保护机制，既要合理界定 AI 与人类在创新中的贡献比例，又要完善员工创新成果的权益保障体系，从而平衡技术创新与人才激励。

(3) 劳动关系管理模式的变革

人机协同推动了劳动关系管理模式的变革。首先，劳动合同需要智能化，以适应远程办公、灵活就业等新型工作模式，明确人机协同下的权利义务。其次，绩效评估也趋向智能化。平衡数据驱动与人文关怀，是绩效管理的核心。在争议解决方面，AI 可以辅助调解并提高效率，但也要避免调解过程缺乏人文关怀。最后，组织文化需要重塑。构建适应人机协同时代的新型组织文化，例如扁平化管理、远程协作等，是组织成功的关键。

(4) 法律法规的完善

人工智能的快速发展要求完善数据保护与算法监管的法律体系，既要规范数据采集使用以保护隐私，又需建立算法审查机制防止歧视和滥用。此外，针对新兴的劳动关系，如灵活就业、远程办公等，制定相应的法律法规也至关重要，这有助于保护劳动者的合法权益，构建更加公平、和谐的社会环境。

(5) 员工参与沟通

组织引入 AI 技术时需将员工作为关键伙伴，通过透明沟通消除技术应用的疑虑，并主动征求员工意见来优化方案设计，从而建立信任并确保实施公平性。组织应建立畅通的反馈渠道，鼓励员工对 AI 应用提出建议，通过持续优化方案来提升人机协作效能，最终实现工作效率的整体提升。

2. 智能工具与技术在劳动关系管理中的应用

(1) 自然语言处理（NLP）在劳动关系管理中的应用

自然语言处理（NLP）技术在劳动关系管理中有两大核心应用。

一是，在合同审查方面，NLP 可自动识别劳动合同中的模糊表述、合规性问题及潜在法律风险，例如快速标记与最新劳动法相冲突的条款，并生成风险评估报告。

二是，在员工情绪分析方面，NLP 技术可处理员工满意度调查、内部论坛等文本数据，通过情感分析识别员工关注焦点，例如捕捉“加班”“压力”等高频负面词汇，帮助管理层及时发现并解决管理问题。

这些应用既优化了人力资源管理流程，又为决策提供了可靠的数据支持。

(2) 机器学习与预测分析应用

机器学习技术在人力资源管理中的预测分析主要应用于两个场景。

一是，员工流失预警系统通过整合历史数据，运用算法构建预测模型，可准确识别潜在离职员工，帮助 HR 部门及时采取留任措施。

二是，在劳动争议处理方面，机器学习分析历史案例库后，能识别争议类型和处理周期等关键因素，通过分类模型推荐最优调解方案。

这种智能化的处理方式不仅缩短了纠纷解决时间，也显著降低了组织的法律风险，从而提升了整体管理效能。

3. 人机协同在劳动关系管理中的实践

(1) 智能合同管理

人工智能技术正在革新合同管理领域，其核心应用包括智能审查和系统管理两大功能。

在智能审查方面，基于自然语言处理技术的AI系统可自动解析合同文本，精准识别条款中的法律风险和合规性问题，例如自动标注违规条款、生成风险评估报告。

在系统管理方面，智能合同管理系统实现了合同的协同编辑、版本控制和全生命周期管理，通过区块链等技术确保合同版本的可追溯性，并支持多方在线协作。

这些智能化应用不仅降低了组织的法律风险，还优化了合同管理的整体流程。

（2）智能争议解决

人工智能在劳动争议解决领域展现出显著的应用前景，主要体现在AI辅助调解和虚拟法律助理两个方面。

首先，在AI辅助调解方面，基于机器学习的智能系统能够分析历史案例，为调解员提供最优解决方案和相关案例推荐，从而提升调解效率和成功率。

其次，虚拟法律助理为劳动者提供了便捷的法律咨询服务。通过构建基于自然语言处理技术的法律咨询机器人，劳动者可以随时随地获取法律知识、政策解读和个性化建议，有效降低了维权成本，提高了法律服务的可及性。

（3）数据驱动的劳动关系优化

数据驱动的劳动关系优化是提升管理效能的关键。

组织通过深入分析员工反馈数据，能够精准识别员工的核心诉求，并据此制定有针对性的改进方案，例如调整晋升机制和工作分配方案。

此外，智能化绩效管理与反馈机制也为劳动关系优化提供了有力支撑。通过应用人工智能技术，组织可以优化绩效评估流程，实现更客观、全面的绩效考核，并提供个性化的反馈建议，进而激发员工的积极性和创造力。

实训 10-2

数智劳动关系：云端治理与伦理护航

1. 实训目的

(1) 了解数智化技术（如大数据分析、人工智能、云计算等）在劳动关系管理中的应用场景。

(2) 理解数智化技术为劳动关系管理带来的效率提升机遇，以及伴随的风险管理与伦理挑战。

(3) 掌握针对数智化时代劳动关系管理中伦理问题，提出可行解决方案的能力。

2. 实训任务

(1) 个人任务

针对一项新兴数智化技术（如人工智能、区块链、情感计算等）在劳动关系管理中的潜在应用，撰写一份技术应用简报（300～500 字），内容包括：技术简介、在劳动关系管理中的潜在应用场景，以及该技术的优势与局限性分析。

(2) 小组任务与报告

①小组组建与角色分配。自由组建 5～7 人的小组，明确每位成员的分工。

②案例讨论。开展“数智化时代劳动关系管理伦理挑战”主题研讨，形成问题清单。

③方案设计。针对讨论中发现的伦理问题，设计相应的解决方案。制作展示 PPT，内容应包括问题概述、问题分析、解决方案（具体措施、实施步骤、预期效果）以及风险评估与应对措施。

(3) 师生互动

在课堂上，各小组进行 10 分钟方案汇报，其他小组进行提问和点评，教师点评并对学生提出的观点进行追问，引导学生就数智化时代劳动关系管理的最新发展趋势、热点问题等进行讨论。

Tips：仔细阅读并思考以下问题

(1) 数智化技术在劳动关系管理中主要应用于哪些方面？

(2) 数智化技术给劳动关系管理带来了哪些机遇？

(3) 数智化技术给劳动关系管理带来了哪些挑战？

(4) 如何保障数智化劳动关系管理中的员工权益？

(5) 如何防范数智化劳动关系管理中的伦理风险？

(6) 未来数智化劳动关系管理的发展趋势是什么？

参考文献

[1] 林子雨. 数字素养通识教程：大数据与人工智能时代的计算机通识教育 [M]. 北京：人民邮电出版社，2025.

[2] 李亚慧，韩燕. 人力资源管理综合实训 [M]. 北京：首都经济贸易大学出版社，2023.

[3] 翟群臻. 人力资源管理实验实训教程 [M]. 北京：清华大学出版社，2019.

[4] 魏钧. 人力资源管理实训 [M]. 北京：科学出版社，2019.

[5] 陈洪艳. 人力资源管理：理论、实训与微课 [M]. 北京：机械工业出版社，2018.

[6] 鲍立刚. 人力资源管理综合实训 [M]. 北京：中国人民大学出版社，2017.

[7] 蔡啟明. 人力资源管理实训——基于标准工作流程 [M]. 北京：机械工业出版社，2016.

[8] 余珊，窦先琴，宋雯. 人力资源管理综合实训 [M]. 北京：高等教育出版社，2016.

[9] 卢海萍，王俊峰，李贺. 企业人力资源管理：理论实务实训 [M]. 上海：上海财经大学出版社，2015.

[10] 迈尔舍恩伯格，库克耶. 大数据时代 [M]. 盛杨燕，周涛，译. 杭州：浙江人民出版社，2013.

[11] 翟海燕. 人力资源管理实验教程 [M]. 北京：中国财政经济出版社，2012.

[12] 新道科技股份有限公司. 新道 DBECloud：数智实践教学平台，2022.